语出《淮南子》

淮南市政协文史资料委员会 编

全国百佳图书出版单位
时代出版传媒股份有限公司
黄山书社

图书在版编目（CIP）数据

语出《淮南子》/淮南市政协文史资料委员会编.—合肥：黄山书社，2011.9
ISBN 978-7-5461-2191-8

Ⅰ.①语…　Ⅱ.①淮…　Ⅲ.①淮南子-成语-通俗读物
Ⅳ.①B234.4-49

中国版本图书馆CIP数据核字（2011）第178367号

语出《淮南子》
YU CHU HUAINANZI

淮南市政协文史资料委员会　编

出品人　王晓光
责任编辑　刘　羊　张月阳
责任印制　戚　帅　李　磊
封面设计　韩玉英
出版发行　时代出版传媒股份有限公司（http：//www.press-mart.com）
黄山书社（http：//www.hspress.cn）
地址邮编　合肥市蜀山区翡翠路1118号出版传媒广场7层　230071
印　　刷　安徽国文彩印有限公司
版　　次　2015年8月第1版
印　　次　2018年6月第2次印刷
开　　本　960mm×787mm　1/16
字　　数　350千
印　　张　19.5
书　　号　ISBN 978-7-5461-2191-8
定　　价　108.00元

服务热线　0551-63533706
销售热线　0551-63533761
官方直营书店　（https：//hsss.tmall.com）

宛如豆腐的文化美食

安徽省地方志办公室主任　朱文根

《淮南子》在书山学海中巍峨高耸，它由那个时代的一位壮志未酬的政治家和一批来自山野的饱学之士集体合作而成。这些人也许未曾想过做学问，没想到却做出了大学问，为中国文化宝库留下了一部不朽之作。

刘安是一位政治家，在朝廷的猜疑和父亲的阴影下度过一生。他俯仰千古，雄视八荒，有远大政治抱负，有经天纬地之才，但又不能充分施展。他在孤独失落的政治生涯中身居高位而不能建功立业，但又不甘碌碌无为。于是他和一批学者高人，或坐而论道、谈古论今、谈天说地，或学道炼丹、探索自然、追求长生。坐而论道，论出了《淮南子》，论出了治国之道、治学之道、修身之道；学道炼丹，制成了中国菜的代表作"青菜豆腐"。中国菜，虽然品种繁多、美不胜收，但价廉物美、养生至要的莫如青菜豆腐。不论在高堂之上，还是在棚户之中，人们都离不开青菜豆腐。《淮南子》流传千古，青菜豆腐走进千家万户。一部《淮南子》、一块豆腐，其济世之功难以定评。即使刘安生前实现了远大抱负，也未必功高过此。

"左丘失明，厥有《国语》"；刘安失意，遂有《淮南子》。《淮南子》是刘安的胸襟和门客们的博学天然结合的产物，常人难以望其项背。所以，千百年来人们知道老子、庄子的多，知道刘安的少，知道《淮南子》的更少。但是，《淮南子》是一座思想宝库、学术宝库，迟早要被开发出来。在淮南市有一批像姚尚书、熊国安这样的学者在寂寂书斋，始终坚持研究《淮南子》，并且取得可喜的成就。

《语出〈淮南子〉》，这宛如豆腐的文化美食，是熊国安同志的一部新作，也是一部力作。作者批阅数载，引经据典，终于编著完成这部带有普及性的学术著作，为今天的人们更容易、更好地走近《淮南子》做了一项出色的工作。

人间的幸福不可尽言。读一本好书是幸福，获得一门知识是幸福，明白一个道理是幸福。当您读《语出〈淮南子〉》时，会感到幸福。

二〇一四年六月二十六日于淮南洞山宾馆

凡　例

一、收词

本书收录可列为主词条的源于《淮南子》的成语349条、源于“淮南国”的成语29条、源于八公山的成语22条；收录与主词条同义异字或字序不同的成语666条，列为副词条，在主词条的“释义”之后，以“也作”格式排列。

二、立目

按主词条的第一个汉字的笔画数为序排列立目，子目有释义、出处、示例、浅析、典故、感悟几个部分。每条成语所列的层面不尽相同，有则列之，无则略矣，灵活机动，不拘一格。

三、注音

主词条一律按汉语普通话注音，文中少量生僻字或古代读音加以括号注音。对于人名、地名、专有名词，按第一个字母大写注音。

四、释义

一般先解释成语中难懂的字，后释义。先列本义或古义，再列引申义、比喻义或现代义。对浅显易懂的成语直接释义；对含有褒贬色彩或特定用法的成语，释义后加以说明。

五、溯源

以成语的考源求实为重点。由于一部分成语在溯源、征引方面的分歧较多、困难很大，因此，在“出处”后面，除标明出自《淮南子》或由《淮南子》衍生而来之外，还用“一说”标明有争议的典籍，便于读者辨析。

六、引例

所引用的示例，大都为古典名著，并注明朝代、作者、书名、篇名。所引内容加以冒号、引号，以示尊重原文。浅析、典故及感悟的内容，以《淮南子》原文的本义为基础，分析拓展，翻译编撰。

七、插图

兼顾图文并茂。随文插图，是与该条成语相关的图解，具有直观性、欣赏性，给人触景生情、身临其境的感觉。封面设计融入淮南八公山的元素，以体现地情资源的特色。

八、索引

本书具有工具性，但不是工具书一类的成语词典，故只在目录内排列所收的主词条成语，无其他索引。

目　录

源于《淮南子》的成语

一　画

【一定之法】 yī dìng zhī fǎ

〔释　义〕一定：固定不变。一经确定下来，就不再改变的法规。

〔出　处〕《淮南子·氾论训》：“何况乎君数易世，国数易君？人以其位，达其好憎；以其威势，供其嗜欲，而欲以一行之礼，一定之法，应时偶变，其不能中权，亦明矣。”

〔示　例〕《明史·吕坤传》：“如轻重可以就喜怒之情，则例不得为一定之法。”

〔浅　析〕《淮南子·氾论训》指出，物质文明和科学技术的发展，是战胜自然，随着时代发展而产生的。对于法制和礼乐制度，“不宜则废之”。圣人治政，不能凝滞不化，要“论事而为之治”。何况国君经常面临世道变化，国家多次变更国君的情况呢？人君凭着他的地位，行其所好，去其所憎；用他的权威，满足他的嗜欲。根据一时确定的法律，利用片面的礼节，来应付时势的变化，这明显不符合权变的要求。

〔摘　选〕古今汉语成语词典.山西人民出版社，1985：19.

【一定之规】 yī dìng zhī guī

〔释　义〕指一定的规则或规划。今多用来比喻已经确定的主意。

〔出　处〕由“一定之法”衍生而来。

〔示　例〕宋·彭龟年《应诏论雷雨为灾奏》：“唯庙议无一定之规，故出有令二三之惑。”

〔摘　选〕汉语成语源流大辞典.开明出版社，2009：1347.

【一定之计】 yī dìng zhī jì

〔释　义〕 指事先拟定的计划、策略或大政方针。

〔出　处〕 由“一定之规”衍生而来。

〔示　例〕 宋·洪迈《容斋续笔》：“人臣之遇名主，于始见之际，图事揆策，必有一定之计，据以为决，然后终身不易其言。”

〔摘　选〕 汉语成语源流大辞典.开明出版社，2009：1347.

【一定不易】 yī dìng bù yì

〔释　义〕 易：改变。原指一定下来就不变更，后形容事理正确，不可改变。也作“一定不移”。

〔出　处〕 《淮南子·主术训》：“今夫权衡规矩，一定而不易，不为秦楚变节，不为胡越改容。”

〔示　例〕 宋·陈亮《书林勋〈本政书〉后》：“然后勋所定之制，可以一定而不易，庶几勋之志也。”

〔浅　析〕 《淮南子·主术训》提出，治国要实行“无为而治”，就是按照自然和社会规律办事。治国之本在于安民，“民者，国之本也”。舟行水面，车行路面，是自然规律。被水流拍打而伤船身，被木石撞击而折车轴。无人埋怨水流、木石，而怪罪撑船、推车的人技巧笨拙，没有按“道”行驶。定下来的正确事理，不可改变。一日作为典范，万代不变相传。

〔摘　选〕 汉语成语源流大辞典.开明出版社，2009：1347.

【一定之论】 yī dìng zhī lùn

〔释　义〕 指创立、确立之后不可改变的论点、主张或学说。

〔出　处〕 《淮南子·原道训》：“夫性命者与形俱出其宗，形备而性命成，性命成而好憎生矣。故士有一定之论，女有不易之行。”

〔示　例〕汉·班固《答宾戏》：“盖闻圣人有一定之论，烈士有不易之分。”

〔摘　选〕汉语成语源流大辞典.开明出版社，2009：1347.

【一节一行】 yī jié yī xíng

〔释　义〕谨守一种德行。常指丢弃大义而注重小节。

〔出　处〕《淮南子·人间训》：“今捲捲然守一节，推一行，虽以毁碎灭沉，犹且弗易者，此察于小好，而塞于大道也。”

〔浅　析〕《淮南子·人间训》认为，具有整体和宏观思维的“心”，处理各种复杂问题的“术”，把握和运用体现自然和社会规律的“道”，三者全备，才是处理人世间各种复杂矛盾的关键。若辛苦地守着一种节操，推行一种德行，只是见到了小的好处，而在“大道”上却被堵塞了。

〔摘　选〕古今汉语成语词典.山西人民出版社，1985：7.

【一夫当关，万夫莫开】 yī fū dāng guān, wàn fū mò kāi

〔释　义〕意思是山势又高又险，一个人把着关口，上万个人也打不进来。形容地势十分险要。也作“一夫当关，万夫莫摧”、“一夫荷戈，万夫莫前”、“一夫荷戟，万夫趑趄”、“一夫荷戟，万夫莫当”、“一夫敢死，万夫莫当”、“一人守隘，万夫莫向”、“一将守关，万夫莫开”、“一夫当关”。

〔出　处〕《淮南子·兵略训》：“硖路津关，大山名塞，龙蛇蟠，却笠居，羊肠道，发笱门，一人守隘，而千人弗敢过也，此谓地势。”

〔示　例〕李白《蜀道难》：“剑阁峥嵘而崔嵬，一夫当关，万夫莫开。”

〔浅　析〕《淮南子·兵略训》认为用兵有三势，即气势、因势、地势。将帅充满勇气而轻蔑敌人，士兵勇敢而乐于战斗，三军百万，斗志昂扬，气冲霄汉，怒如狂风，吼如雷霆，这叫气势；根据对方士兵疲劳困倦、松懈混乱、饥饿干渴、寒冷暑热的情况，乘势动摇对方的军心，这叫因势；狭窄山路，大河险关，名山大塞，像龙蛇一样盘曲，像竹笠一样起伏，像羊肠一样屈伸，像鱼笱一样险峻，一个人把守要隘，而千万人不能通过，这叫地势。占据了这样的地势，就是取得胜利的绝佳条件。

〔摘　选〕成语探源辞典.首都师范大学出版社，2008：370.

【一叶知秋】 yī yè zhī qiū

〔释　义〕从一片树叶的凋落，就知道秋天的到来。比喻通过个别

一叶知"璆"（qiú 美玉）

细微的迹象，可以看到整个形势的发展趋向与结果。也作“落叶知秋”、“一叶惊秋”、“一叶报秋”、“睹叶知秋”、“梧桐一叶落”、“一叶落知天下秋”。

〔出　处〕《淮南子·说山训》：“见一叶落，而知岁之将暮；睹瓶中之冰，而知天下之寒，以近论远。”

《一年容易又秋风》
齐白石

〔示　例〕唐·鲍溶《始见二毛》：“百川赴海返潮易，一叶报秋归树难。”宋·唐庚《文录》引唐人诗：“山僧不解数甲子，一叶落知天下秋。”

〔摘　选〕成语探源辞典.首都师范大学出版社，2008：370.

【一心同归】 yī xīn tóng guī

〔释　义〕齐心趋向同一目的。也作“一心同体”。

〔出　处〕《淮南子·泰族训》：“上唱而民和，上动而下随，四海之内，一心同归。”

〔示　例〕《西游记》：“话说唐僧复得了孙行者，师徒们一心同体，共诣西方。”

〔浅　析〕《淮南子·泰族训》提出，圣人治政要掌握根本，不能舍本求末。国家大治，“得贤”与“得人心”是最根本的要求。圣主要能“举贤而立功”，“得天下之心”。君主倡导而百姓响应，国君行动而臣下跟随。四海之内，人心所向，治国安邦，天下太平。

〔摘　选〕汉语成语大全（第2版）.商务印书馆，2011：1785.

【一寸光阴一寸金】 yī cùn guāng yīn yī cùn jīn

〔释　义〕极言时光的可贵。

〔出　处〕 由“寸阴尺璧”衍生而来。

〔示　例〕 唐·王贞白《白鹿洞二首·其一》：“读书不觉春已深，一寸光阴一寸金。不是道人来引笑，周情孔思正追寻。”清·严元照《柯家山馆词·定风波》：“一寸光阴一寸金，养花天气半晴阴。”

〔摘　选〕 中华成语大词典(第2版).内蒙古大学出版社,2012:1564.

【一寸山河一寸金】 yī cùn shān hé yī cùn jīn

〔释　义〕 极言祖国山河大地的珍贵。多就保护领土不被异国侵吞而言。

〔出　处〕 由“一寸光阴一寸金”衍生而来。

〔示　例〕 宋·徐梦莘《三朝北盟会编》：“君王莫听捐燕议，一寸山河一寸金。”

〔摘　选〕 汉语成语源流大辞典.开明出版社，2009：1346.

【一目之罗】 yī mù zhī luó

〔释　义〕 目：网眼。只有一个网眼的罗网。比喻只看到一点，而忽视全局。也作“罗之一目”。

〔出　处〕 《淮南子·说山训》：“有鸟将来，张罗而待之。得鸟者，罗之一目也。今为一目之罗，则无时得鸟矣。”

〔示　例〕 南怀瑾《宗镜录略讲》第二十：“一目之罗不能得鸟，得鸟者，罗之一目耳。”

〔浅　析〕 人们张网捕鸟时，鸟儿入网被捉住，只是一个网眼绊着；但如果只编织一个网眼，就不可能捉到鸟了。“一目之罗”的寓意很明确，说的是局部只有在整体中才能发挥作用。如果脱离了整体，局部也就失去了其原来的意义。在现实社会中发生的许多事情，究其根源，即在于人们过多地关注个体而忽视整体，关注眼前的利益而缺乏远大的理想。如果人类继续拘于一人、一家、一国或人类自身的利益，而不端正与别人、别家、别国乃至宇宙万物休戚相关的态度，则人类必将得到应有的惩罚。

〔摘　选〕中华成语大词典.商务印书馆，2009：1755.

【一年四季】 yī nián sì jì

〔释　义〕指一年中的四个季节。也指一整年。

〔出　处〕《淮南子·天文训》："天地之袭精为阴阳，阴阳之专精为四时，四时之散精为万物。"

〔示　例〕元·关汉卿《鲁斋郎》四折："俺这出家人，一年四季，春夏秋冬，好是快活也啊！"

〔浅　析〕《淮南子》肯定宇宙万物之天然状态，认为其中包涵着人所不可违逆的秩序。因此，"尊天保真"是《淮南子》的要义之一。

作为人所生存的原始环境与基本条件，"天"突出地体现了"纯粹朴素、质直皓白”的自然秩序。人必须“知逆顺之变，避忌讳之殃，顺时运之应，法五神之常”。人与天和谐共处，人文与天文有机结合，才能一年四季“不乱其常”，以达到“天人合一”的境界。若逆天而行，无法无天，必然自讨惩戒。

《淮南子》穷究地理，目的是使人们对于承载万物的大地及其附属物有一个通透的了解。万物与我皆出于天地自然之流衍，地人同体，万物一体。不与物为敌，不因地上的奇形怪状而受到惊扰，保持心底坦荡，“通回周备”的状态，通于物但又不为物所迁扰。地不远人，人不远物，法地顺物，一切随顺自然之道而行。

现代人往往把“时”视作一种量化流逝的机械时间，一种抽象的客观的度量单位。然而，古人所说的“时”却内涵丰富。《周易》说“时”乃万物存在的一个基本情境；《尚书》说任何存在物都不可违“时”，否则会造成百谷、社稷、家庭等皆不安宁；《孟子》称赞孔子之所以能为集大成者，是因为随“时”而动。《淮南子》阐述的“时”，不仅仅是均匀流逝的时间，而且涉及天运、地力、人则，三者灵活应变，“终而复始，转于无极”。四季时令，十二月令，“日回而月周，时不与人游”。

《淮南子》认为，天、地、时对人的根本意义在于：“天为绳，地为准，春为规，夏为衡，秋为矩，冬为权。”天、地、四时，乃是包括人在内的万物行事之规矩准绳，为一切生存物的活动，提供了一种不可违逆的原则和规范。万物只有顺此而行，方为正道。

古人留给今人的有些知识或许不够科学，可也留给今人很多有价值的智慧，我们汲取了多少？违背了多少？该到反思的时候了。

〔摘　选〕 新华成语大辞典.商务印书馆，2013：1799.

【一沐三捉发】 yī mù sān zhuō fà

〔释　义〕 沐：洗头。捉：用于攥住。意思是洗一次头，中间要停下三次。形容渴求贤才，谦恭下士；也形容为延揽贤才而操心忙碌。也作“一沐三握发”、“一沐三捉发，一饭三吐哺”。

〔出　处〕 《淮南子·氾论训》：“当此之时，一馈而十起，一沐而三捉发，以劳天下之民。”一说出自《史记》。《史记》是在引用《淮南子》语“一沐三捉发”之后，加上“一饭三吐哺”，不足为源。

〔示　例〕 《史记》：“周公戒伯禽曰：‘我文王之子，武王之弟，成王之叔父，我于天下亦不贱矣。然我一沐三捉发，一饭三吐哺，起以待士，犹恐失天下之贤人。’”

〔摘　选〕 中华成语大词典（第2版）.内蒙古大学出版社，2012：1561.

【一馈十起】 yī kuì shí qǐ

〔释　义〕 馈：以食物送人，这里指吃饭。吃一顿饭要起来十次。形容事务繁忙。

〔出　处〕 《淮南子·氾论训》：“当此之时，一馈而十起，一沐而三捉发，以劳天下之民。”

〔示　例〕 晋·常璩《华阳国志·公孙述刘二牧志》：“古人一馈十起，辄沐挥洗，良有以也。”

〔典　故〕

“一馈十起”的由来

古时候是禅让制，就是帝王选择贤良的人来继承自己的位置。尧把地位禅让给舜，舜又禅让给大禹。大禹执掌江山后，勤于政事，给自己制造了五件乐器，用来辅助处理公务。这五件乐器是鼓、钟、铎、磬、鞀，声音都很洪亮，全部悬挂在大禹的宫殿下。他规定，欲拿道来指导的可以击鼓，欲用义来教诲的可以敲钟，欲告之以事情的可以摇铎，欲诉之忧愁的可以击磬，欲打官司的可以摇鞀鼓。夏禹广泛听取民意，可谓中国古代君主的楷模。

这样，大禹整天可就忙不过来了。刚端起碗吃饭，外面鼓响了，他赶紧放下出去看看。好不容易处理完，回来再吃饭，那边又有人敲磬，他只好放下碗又出来。就这样吃一顿饭要起来十多次，即所谓“一馈十起”。这一成语，颂扬了大禹勤政爱民的为政态度。

〔摘　选〕 汉语成语词典.四川辞书出版社，2006：996.

二　画

【八节四时】 bā jié sì shí

〔释　义〕八节：立春、春分、立夏、夏至、立秋、秋分、立冬、冬至；四时：春、夏、秋、冬。泛指一年四季各个季节。

〔出　处〕由《淮南子》中二十四节气和成语“一年四季”衍生而来。

〔示　例〕唐·杜甫《短歌行赠四兄》：“四时八节还拘礼，女拜弟妻男拜弟。”宋·沈瀛《减字木兰花》：“八节四时人贺喜，汉俗成风。”

〔摘　选〕汉语成语大全.商务印书馆，2011：26.

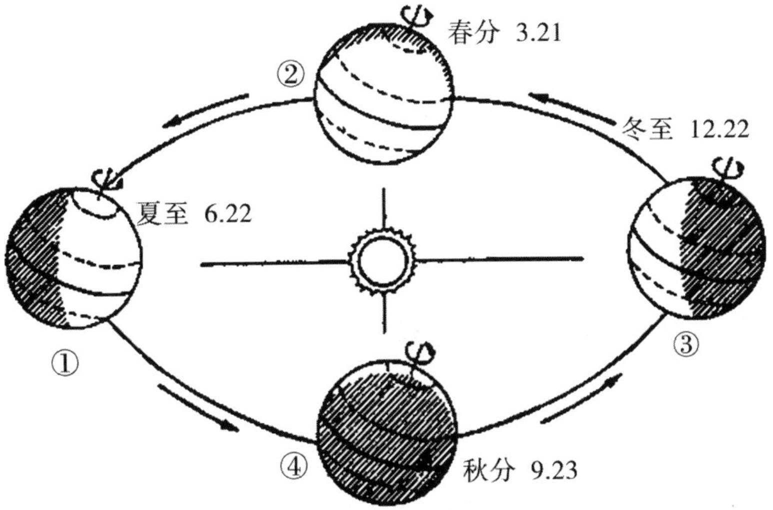

地球公转示意图

【七宝楼台】 qī bǎo lóu tái

〔释　义〕 指广寒宫。也指仙境中的琼楼玉宇。也作“瑶台银阁”。

〔出　处〕 由《淮南子》中的“月里嫦娥”衍生而来。

〔示　例〕 元·高明《琵琶记·中秋望月》：“丹桂飘香清思爽，人在瑶台银阙。”清·王韬《淞隐漫录·陆月舫》：“广寒宫阙皆以水晶筑成，内外通明，表里透澈。……西偏峥嵘耸霄汉者，曰七宝楼台，乃以诸天宝贝所建造者，盖即嫦娥所居也。”

〔摘　选〕 汉语成语大全.商务印书馆，2011：1129.

【人尽其才】 rén jìn qí cái

〔释　义〕 每个人都能充分发挥自己的才能。也作“各尽其才”、“各尽其能”、“人尽其材”。

〔出　处〕 《淮南子·兵略训》：“若乃人尽其才，悉用其力，以少胜众者，自古及今，未尝闻也。”

〔示　例〕 《太平经》：“吾师为道，所能穷尽人志，使人贤不肖，各尽其才。”宋·王安石《上曾参政书》：“故人得尽其材，而乐出乎其时。”

〔浅　析〕 《淮南子·兵略训》认为“兵之胜败，本在于政”，战争胜败的根本在于政治，取决于民心的向背。有兵家说：“少数人可以对付多数人。”这是指所带领的军队数量，不是说实际战斗的军队数量。将帅带领的人多，而可以使用的人少，是士兵不能同心协力；将帅带领的人少，而可以使用的人多，是大家能够同心协力。如果每个人都发挥了自己的才能，都用尽了自己的力量，能有以少胜多的战例，从古到今，还没有听说过。

〔摘　选〕 中华成语大词典.商务印书馆，2009：1228.

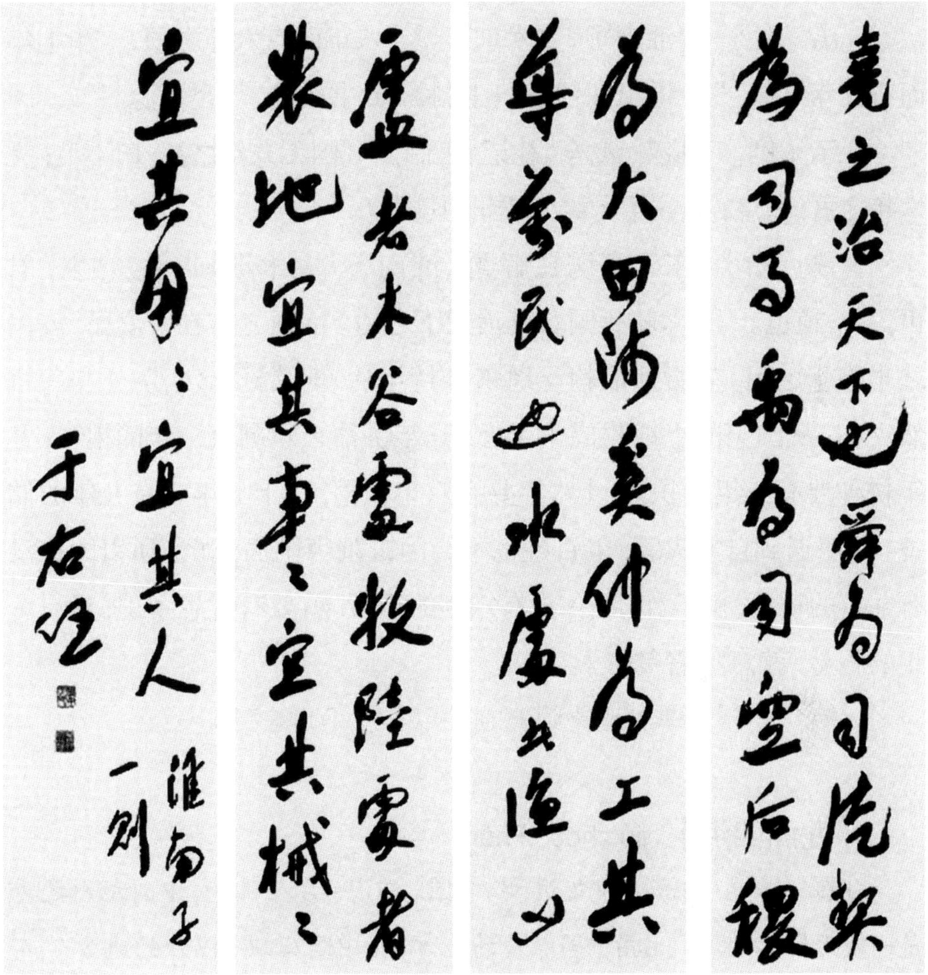

于右任书《淮南子·齐俗训》一则

【九年之蓄】 jiǔ nián zhī xù

〔释　义〕 蓄：积聚，储藏。九年的储备。指国家平时有所积蓄，以备非常之用。也作“九年之储”。

〔出　处〕 《淮南子·主术训》：“十八年而有六年之积，二十七年而有九年之储。”一说出自《礼记·王制》，此书较晚，不足为源。

〔示　例〕 西汉·戴圣《礼记·王制》：“国无九年之蓄，曰不足；无六年之蓄，曰急；无三年之蓄，曰国非其国也。”

〔浅　析〕 东汉高诱在解题《淮南子·主术训》时说：“主，君也。术，道也。”主术就是国君统治天下之道。治国之本在于安民，安民之本在于足用。老百姓依赖土地来维持生活，时常还有洪涝、干旱等自然灾害。从国家的土地收成来考虑，三年耕种必须剩余一年的粮食，九年耕种要有三年的积蓄，十八年要有六年积蓄，二十七年要有九年的储备。即使遇到自然灾害，老百姓也不会因饥饿穷困而流亡。所以国家没有九年的积蓄，就算作不足；没有六年的积蓄，就要有忧患意识；没有三年的积蓄，就意味着贫穷了。

〔摘　选〕 中华成语大词典.商务印书馆，2009：810.

【九洲四海】 jiǔ zhōu sì hǎi

〔释　义〕 九洲：即九州，指中国。四海：古人认为，中国九州之外是一望无际的大海，此指中国以外的地方。指中国及四周以外的地方。

〔出　处〕 《淮南子·地形训》：“何谓九州？东南神州曰农土……阖四海之内，东西二万八千里，南北二万六千里。”

〔示　例〕 唐·卢照邻《登封大酺歌》：“九洲四海常无事，万岁千秋乐未央。”

〔摘　选〕 汉语成语大全.商务印书馆，2011：816.

【九州八极】 jiǔ zhōu bā jí

〔释　义〕 九州：中国古代地域共划分为九州；八极：九州之外最边远的地方。泛指天下所有最远的地区。也作“九荒八极”、“四荒八极”、“九垓八埏”。

〔出　处〕《淮南子·地形训》：“天地之间，九州八极。土有九山，山有九塞，泽有九薮，风有八等，水有六品。”

〔示　例〕 唐·白居易《八骏图》：“四荒八极踏欲遍，三十二蹄无歇时。”

〔浅　析〕《淮南子·地形训》提出了独树一帜的地理观，如生物进化论、图形地理图式等是在《天文训》阐明“天人关系”的基础上，进一步探讨“地人关系”的专论，反映了其由天及地、由地到人的思维模式。文中首先研究了自然地理，第一次纯粹以方位来划分“九州”，展现了一个无限大的世界。作者认为不同的地理条件为人们提供了不同的生存环境和不同的物产资源，也决定着人们不同的生理和心理特征，而人类须与地相应，不可违逆。本训认为地球东西短、南北长，并提出了东西为纬、南北为经的测量方法。文中记载了我国境内的九山、九塞、九薮（sǒu，湖泽）以及四十多条水道，组成一幅比较完整的中国古代地形图。

〔摘　选〕 古今汉语成语词典.山西人民出版社，1985：46.

三　画

【三寸之辖】 sān cùn zhī xiá

〔释　义〕 辖：车轴头上套的小铁棍，使轮子不脱落。指车辖。比喻事物的关键。

〔出　处〕 《淮南子·人间训》："夫车之所以能转千里者，以其要在三寸之辖。"

〔浅　析〕 《淮南子·人间训》指出，处理事情要抓住问题的关键所在。用万人调试大钟，不能和六律相协调，如果明白其中的音理，一个人就足够了。游说者的论辩也类似这样，如果能掌握其中的方法，不必说很多话就可以了。车子之所以能够运行千里，是因为要害在于三寸长的车辖。劝说人而不能使人心服，禁止人而不能使人停止，是采用的方法没有道理造成的。

〔摘　选〕 古今汉语成语词典.山西人民出版社，1985：50.

【土龙致雨】 tǔ lóng zhì yǔ

〔释　义〕 旧时迷信的人认为土龙可以引来降雨。比喻无用的东西也有被利用的机会或场所。

〔出　处〕 《淮南子·地形训》："磁石上飞，云母来水，土龙致雨，燕雁代飞。"

〔摘　选〕 古今汉语成语词典.山西人民出版社，1985：59.

【土龙刍狗】 tǔ lóng chú gǒu

〔释　义〕 泥土捏的龙，稻草扎的狗。比喻名不副实。也作“草狗泥龙”、“土鸡石犬”、“土龙木猴”、“土牛木马”。

〔出　处〕 《淮南子·说林训》：“譬若旱岁之土龙，疾疫之刍狗，是为帝者也。”

〔示　例〕 《三国志·蜀书·杜微传》：“曹丕篡弑，自立为帝，是犹土龙刍狗之有名也。”

〔浅　析〕 《淮南子·说林训》强调法随时变，不能凝滞僵化，那种“以一世之度制治天下”，就像刻舟求剑一样可笑。文中指出如果只知道追随一个角落的遗迹，而不知道按照自然规律的变化而行事，这可算是最糊涂的了。比如就像干旱时用来求雨的土龙，得病时用来祈求消灾的刍狗，这些只是人们迷信的心理上有所寄托的祟物。

〔摘　选〕 汉语成语源流大辞典.开明出版社，2009：1185.

【土崩瓦解】 tǔ bēng wǎ jiě

〔释　义〕 瓦解：制瓦时先把陶土制成圆筒形，一分为四，即成瓦。比喻事物的分裂，像土崩塌瓦破碎一样，不可收拾。也比喻彻底崩溃。也作“土崩瓦散”、“冰散瓦解”。

〔出　处〕 《淮南子·泰族训》：“武王左操黄钺、右执白旄以麾之，则瓦解而走，遂土崩而下。”一说出自《史记》，《史记》较晚，不足为源。

〔示　例〕 西汉·司马迁《史记·秦始皇本纪》：“秦之积衰，天下土崩瓦解。”

〔典　故〕

亡国之君商纣王

商纣王是商朝末代君主，是一个暴虐无道的昏君。他贪恋酒色、荒淫无度，整日花天酒地，寻欢作乐，不理朝政；他听信谗言，重用奸臣，残害忠良，滥杀无辜；他强征暴敛，动用巨资，强迫百姓为自己修建宫苑；他惨无人道，制造种种酷刑，以观看人受刑后的痛苦为乐。在他暗无天日的统治下，百姓无不怨声载道，苦不堪言。虽说商朝的疆土辽阔广袤，士兵不下数万，但打起仗来，因为兵士不愿意为纣王战死，所以"倒矢而射"，把兵器扔在一边。商朝军队士气如此低落，商朝的政权自然是岌岌可危了。

当周武王左手擎着用黄金作装饰的大斧，右手举着牦牛尾装饰的白色旌旗，坐着战车，势不可挡地杀来时，所到之处，无不披靡。商纣王军队溃败，政权垮台，就如瓦片碎裂，泥土倒塌，迅速而无法挽救。

〔摘　选〕 汉语成语源流大辞典.开明出版社，2009：1185.

【寸辖制轮】 cùn xiá zhì lún

〔释　义〕 一寸来长的辖能管住轮子使其不脱落。比喻居于关键地位的小事物，能够控制全局。

〔出　处〕 《淮南子·缪称训》："故终年为车，无三寸之辖，不可以驱驰；匠人斫户，无一尺之楗，不可以闭藏。"

〔示　例〕 南朝梁·刘勰《文心雕龙》："故事得其要，虽小成绩，譬寸辖制轮，尺枢运关也。"

〔摘　选〕 汉语成语源流大辞典.开明出版社，2009：229.

【寸金难买寸光阴】 cùn jīn nán mǎi cùn guāng yīn

〔释　义〕 光阴：时间。一寸长的黄金却难以买到一寸光阴。形容时间的可贵，应该十分珍惜。

《偷得浮生半日闲》　齐白石

〔出　处〕 由“寸阴尺璧”衍生而来。

〔示　例〕 明·罗懋登《西洋记》：“可叹一寸光阴一寸金，寸金难买寸光阴。寸金使尽金还在，过去光阴哪里寻？”

〔摘　选〕 中华成语大词典.商务印书馆，2009：313.

【寸阴尺璧】 cùn yīn chǐ bì

〔释　义〕 阴：日影，光阴；寸阴：指极短的时间。日影移动一寸时间的价值，比直径一尺的璧玉还要珍贵。极言时间可贵。也作“寸阴千金”。

〔出　处〕 《淮南子·原道训》：“时之反侧，间不容息，先之则太过，后之则不逮。夫日回而月周，时不与人游。故圣人不贵尺之璧，而重寸之阴，时难得而易失也。”（《文子》中也有此话）

〔示　例〕 宋·黄公度《春日宴共乐台》：“花发鸟啼春耐事，夜阑客散月多情。寸阴自古千金重，一笑人间万虑轻。”梁启超《新民议》：“销磨其风云进取之气，耗损其寸阴尺璧之时，虽有慧质，亦无暇从事于高等事业。”

〔浅　析〕 对于时间问题，自古圣贤们就作了非常积极的回答，无不强调时间的宝贵。《尚书》早就说过，时间一天天过去，人应当珍惜时光，奋发向上。孔子也在河边叹道："逝者如斯夫，不舍昼夜。"随着时间的一去不复还，人的生命也在流逝。因此，把握好时间，就是善待自己的生命。

正是在古圣先贤对时间与生命思索的基础上，《淮南子》提出了"不贵尺之璧，而重寸之阴"的命题。人的生命是不能用金钱来计算和衡量的，生命自有其特殊的意义和价值。珍惜时间，不能就时间论时间，而应就生命存在的价值来论时间。就像不同行业的人，时间有其不同的价值取向。对农民来说"时间就是丰收在望"，对教师来说"时间就是教学相长"，对医生来说"时间就是病人健康"，等等。

作为一个自由而独立的人，每个人都能活出自己的意义和价值。"日回与月周，时不与人游"，我们应当抓住每一个当下，无所懈怠，一个人的生命才能愈显丰厚、愈加壮美。

〔典　故〕

禹不拾履

夏禹为了不失去宝贵的时间，走路时鞋子掉了，却没有工夫去拾；帽子被风吹落在树枝上，也顾不上看一眼。他不是争着走到前面，而是珍惜大好时光为民造福。所以明智的人不认为尺璧是宝贵的，而重视寸阴的价值，因为时光难得却容易失去。

〔摘　选〕 中华成语大词典.商务印书馆，2009：314.

【马去马归】 mǎ qù mǎ guī

〔释　义〕 比喻世事多变，有得有失，得失无常。也作"失马得马"。

〔出　处〕 由"塞翁失马"衍生而来。

《马》 徐悲鸿

〔示　例〕 宋·陈鹄《耆旧续闻》："褐衣褐见，莫陈汉戍之便宜；马去马归，敢计塞翁之倚伏。"明·袁中道《寄长孺》："载米百石，书千卷，放浪江湖，且欲遍览名山胜水。失马得马，安知非计也！"

〔摘　选〕 中华成语大词典.商务印书馆，2009：971.

【女娲补天】 nǚ wā bǔ tiān

〔释　义〕 女娲炼五色石补好了天空。形容改造天地的雄伟气魄和大无畏的斗争精神。

〔出　处〕 《淮南子·览冥训》："往古之时，四极废，九州裂，天下兼覆，地不周载；火爁（làn）炎而不灭，水浩洋而不息……于是女娲炼五色石以补苍天，断鳌足以立四极，杀黑龙以济冀州，积芦灰以止淫水。”

〔示　例〕 宋·胡仲弓《晋安城东温泉》：“女娲补天愁天破，石底知年埋宿火。”

〔典　故〕

女娲补天

传说盘古开天辟地，女娲用黄泥造人，日月星辰各司其职，子民安居乐业，四海歌舞升平。后来共工与颛顼争帝位，失败而头触不周之山，导致天柱折，地维绝，四极废，九州裂，天倾西北，地陷东南，洪水泛滥，大火蔓延，人民流离失所。

女娲看到万民陷入巨大灾难之中，十分关切，决心炼石以补苍天。女娲在天台山顶堆巨石为炉，取五色土为料，又借来太阳神火，历时九天九夜，炼就了五色巨石36501块。然后又历时九天九夜，用36500块五彩石将天补好。剩下的一块遗留在天台山中汤谷的山顶上。

天是补好了，却找不到支撑四极的柱子。女娲只好将背负天台山之神鳌的四只足砍下来支撑四极。可是天台山要是没有神鳌的负载，就会沉入海底，于是女娲将天台山移到东海之滨的琅琊，传说就是今天日照市涛雒镇一带。至今天台山上仍然留有女娲补天台，补天台下有被斩了足的神鳌和补天剩下的五彩石，后人称之为“太阳神石”。

女娲补天之后，天地定位，洪水归道，烈火熄灭，四海宁静。人们在天台山载歌载舞，欢庆补天成功，同时在山下建立女娲庙，世代供奉。

在河南省济源市邵原镇，至今仍可见许多五彩石。中国民间文艺家协会认为，五彩石可能是女娲补天时所留，邵原镇因此被该协会确定为“中国女娲神话之乡”。

〔摘　选〕 汉语成语词典.四川辞书出版社，1985：581.

女娲补天

【才乏肆应】 cái fá sì yìng

〔释　义〕指才能短绌，对复杂的事情不能应付自如。也作“才非肆应”、“才非任剧”。

〔出　处〕《淮南子·原道训》：“是故响不肆应，而景不一设；叫呼仿佛，默然自得。”（景：通“影”）

〔示　例〕郑观应《盛世危言·西学》：“中外通商已数十载，事机迭出，肆应乏才。”

〔摘　选〕汉语成语源流大辞典.开明出版社，2009：127.

【山栖谷饮】 shān qī gǔ yǐn

〔释　义〕在深山中居住，汲饮峡谷里的水。指隐居的生活。也作“岩居谷饮”、“林栖野处”、“云栖木食”、“餐松饮涧”。

〔出　处〕《淮南子·人间训》：“单豹倍世离俗，岩居谷饮，不衣丝麻，不食五谷，行年七十，犹有童子之色。卒而遇饥虎，杀而食之。”（倍：通“背”）

〔示　例〕唐·王勃《九成宫颂》：“山村野墅，家连菌草之园；谷饮川居，户有桃符之水。”清·吴伟业《口占》：“欲买溪山不用钱，倦来高枕白云眠。吾生此外无他愿，饮谷栖丘二十年。”

〔典　故〕

单豹与张毅

古代鲁国的隐士单豹，告别世俗，居住在岩洞之中，喝的是山泉之水，不穿丝帛麻布，不吃五谷粮食，刻意养生，满七十岁了，不显老相，面如童颜。家人屡劝他下山居住，可他不听。一日他在山沟汲水，被饿虎咬死吃了。

古代又一显士张毅，整天忙于应酬。走在街上，见人必打招呼，热烈拜舞致敬，不管是达官贵人还是平民百姓。有人劝他不要太累，他说广交朋友对养生有好处。一日奔赴礼宴九家，还有一家没有赶到。他心急如焚，热血冲顶，一病呜呼，只活了四十岁。单豹养生，岩居谷饮，只顾心安，不顾身安，结果让虎伤身。张毅养生，沉溺世俗，只顾身安，不顾心安，结果热病攻心。

得道之人，外变而内不变。外变，是为了能与世人和谐相处；内不变，是为了保全自己身心健康。

〔摘　选〕汉语成语源流大辞典.开明出版社，2009：1035.

【小黠大痴】 xiǎo xiá dà chī

〔释　义〕 黠：聪明而狡猾。指在小事上显得机灵精明，而在大事情上却往往糊涂失算；耍小聪明却成了大傻瓜。也作"小黠大愚"。反其意而用，作"小痴大黠"，指小事糊涂，大事精明。

〔出　处〕 《淮南子·说山训》："人不小学，不大迷；不小慧，不大愚。"

〔示　例〕 宋·黄庭坚《寺斋睡起二首》："小黠大痴螳捕蝉，有余不足夔怜蚿。退食归来北窗梦，一江风月桃李船。"宋·陆游《出游》："扫除身外闲名利，师友书中古圣贤……小痴大黠君无笑，买断秋光不用钱。"

〔浅　析〕 《淮南子·说山训》中强调要防患于未然，"良医常治无病之病，故无病；圣人常治无患之患，故无患"。人拘泥于小知小觉而不广博，不能通达道旨，就会有大的糊涂；人卖弄聪明，不能通晓变化，就显得特别愚蠢。所以"玉在山而草木润，渊生珠而岸不枯"。

〔摘　选〕 汉语成语源流大辞典.开明出版社，2009：1269.

【千枝万叶】 qiān zhī wàn yè

〔释　义〕 树的枝叶很多。形容关系错综复杂。

〔出　处〕 《淮南子·缪称训》："辟若伐树而寻其本，千枝万叶，则莫得弗从也。"

〔示　例〕 清·郑板桥《竹》："一节复一节，千枝攒万叶。我自不开花，免撩蜂与蝶。"

〔浅　析〕 《淮南子·缪称训》指出，圣人治政就像处理那些砍伐剩下来的木材，没有什么用不上的。所以利用一百个人的才能，就能够得到一百个人的力量；推举重用万众所爱戴的人，就能够得到万众的忠心。这就好比砍伐大树时，要拔起它的根，上面的千枝万叶，没有不跟随而动的。

〔摘　选〕 古今汉语成语词典.山西人民出版社，1985：86.

【千篇一律】 qiān piān yī lǜ

〔释　义〕 泛指事物只有一种形式，呆板无新意。也作“千人一律”、“千手一律”、“千幅一律”。

〔出　处〕 《淮南子·说林训》：“异音者不可听以一律，异形者不可合于一体。”南朝梁·钟嵘《诗品》：“张公虽复千篇，犹一体耳。”后世将“千篇”、“一律”合用，遂为成语。

〔示　例〕 宋·苏轼《答王庠书》：“今程试文字，千人一律，考官已厌之。”

〔摘　选〕 汉语成语源流大辞典.开明出版社，2009：919.

【亡羊得牛】 wáng yáng dé niú

〔释　义〕 丢了羊，而得到牛。比喻损失小而收获大。

〔出　处〕 《淮南子·说山训》：“亡羊而得牛，则莫不利失也。断指而免头，则莫不利为也。”

〔浅　析〕 《淮南子·说山训》指出，看问题不要绝对化，有时小的损失反而会有大的收获。失去一只羊而得到一头牛，无人不认为是有益的；折断手指而免除砍头之祸，无人不认为是值得的。因此，从人的心理上讲，对于利益要力争多一点，对于灾祸要尽量少一点。

〔摘　选〕 中华成语大词典.商务印书馆，2009：1515.

【亡羊之叹】 wáng yáng zhī tàn

〔释　义〕 为丢失了羊而叹息。比喻探索学问，徘徊歧路，结果一无所得，空留遗憾。也比喻因情况复杂多变而迷失方向，误入歧途。也作“亡羊歧路”、“亡羊多歧”。

〔出　处〕 由《淮南子》中“亡羊得牛”衍生而来。《列子·说符》上作“大道以多歧亡羊，学者以多方丧生”。有的成语词典上立目有“亡羊之叹”，但未注明出处。

〔示　例〕 宋·黄庭坚《次韵奉送公定》：“得马折足祸，亡羊多歧悲。”清·魏源《默觚上·学篇十一》：“道以多歧亡羊，学以多方丧生，其为治也亦然。”

〔摘　选〕 中华成语大词典.商务印书馆，2009：1515.

四　画

【不见天日】 bù jiàn tiān rì

〔释　义〕 天日：天空和太阳，借指光明。看不见天空和太阳。①比喻政治黑暗。②比喻行为不轨，见不得人。③比喻与世隔绝。

〔出　处〕 《淮南子·地形训》：“烛龙在雁门北，蔽于委羽之山，不见日。其神人面龙身而无足。”

〔示　例〕 清·遁庐《童子军·越墙》：“俺平生只是性情不好，不肯做那不见天日的勾当，才走到这山穷水尽的地步。”

〔摘　选〕 成语探源词典.首都师范大学出版社，2008：366.

【不可揆度】 bù kě kuí duó

〔释　义〕 揆度：估量，揣测。指无法推测。也作“不可测度”、“不可测识”、“莫可测识”。

〔出　处〕 《淮南子·兵略训》：“能治五官之事者，不可揆度者也。”一说出自《礼记·礼运》，该书较晚，应以《淮南子》为源。

〔示　例〕 明·张岱《赠沈歌叙序》：“若世间之刚柔相错，与人心之强弱迭更，真有不可测识者。”

〔摘　选〕 中华成语大词典.商务印书馆，2009：143.

【不拔之柱】 bù bá zhī zhù

〔释　义〕 指根基稳固足以凭依的支柱。

〔出　处〕 《淮南子·精神训》：“夫至人倚不拔之柱，行不关之涂……无往而不遂，无至而不通。”（涂：通“途”）

〔摘　选〕 汉语成语源流大辞典.开明出版社，2009：80.

【不图打鱼图混水】 bù tú dǎ yú tú hún shuǐ

〔释　义〕 比喻不打算贪求什么实惠，或不在乎有什么结果，只不过乘机闹腾一下，或把事情搞乱，以取快一时。也作“不图打鱼，只图混水”。

〔出　处〕 由“浑水摸鱼”衍生而来。

〔示　例〕 《金瓶梅词话》：“进粮之时，香里头多上些木头，蜡里头多搀些柏油，哪里查账去！不图打鱼，只图混水。”

〔摘　选〕 汉语成语源流大辞典.开明出版社，2009：524.

【不幸之幸】 bù xìng zhī xìng

〔释　义〕 灾祸或不幸运之中包含着可以使人宽慰、庆幸的成分。

〔出　处〕 《淮南子·说林训》：“失火而遇雨，失火则不幸，遇雨则幸也。故祸中有福也。”

〔感　悟〕

“不幸之幸”人生路

在人的一生中，谁都会遇到大大小小的不幸。但不幸之幸也时有发生。

倪娣雅双目失明，没有垂头丧气把自己关在家里，而是走街串巷靠卖花为生。一次维苏威火山爆发，引发了大地震，整座庞培城笼罩在浓烟和尘埃中。惊慌失措的市民们像无头苍蝇，跌来撞去地寻找出路。而她不用眼睛却可以行走如常，因为她本来就看不见，多年来又在城里各处卖花，此时她的不幸反而成了她的大幸，她凭着自己的触觉和听觉找到了生路，不但救了自己，而且还带路救了许多人。

1914年12月9日晚，美国的爱迪生工厂失火。那一晚，爱迪生损失了200万美元，他的许多研究成果也付之一炬。面对如此的不幸，爱迪生却微笑着说："我们所有的过错，都将随着火灾而毁灭，可以从头做起啦。"三周后，世界上第一部留声机就在那里诞生了，谁又能说这不是不幸之幸呢？

丹麦物理学家雅各布在做实验时，不小心打碎了一只珍贵的花瓶。当助于准备将花瓶碎片弄走时，被雅各布制止了。他俯身收起满地的碎片，按大小分类称出重量，结果发现：较大块是次大块的16倍，次大块是小块的16倍，小块是碎片的16倍……于是，他开始利用这个"碎花瓶理论"，来恢复文物、陨石等不知其原貌的物体，给考古学和天体研究带来了意想不到的帮助。

命运往往在向人们关闭一扇门时，同时又为人们打开一扇窗户。这个世界就像多棱镜一般，我们看到的往往只是其中的一面，这一面是不幸，但不幸是可以转化的，也许另一面就是从未有过的幸运，如何把握它，关键在于自己的心态。

〔摘　选〕 成语探源辞典.首都师范大学出版社，2008：366.

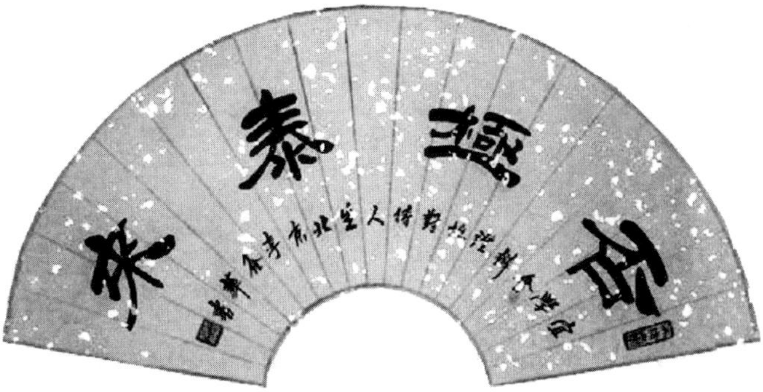

【日中则移，月满则亏】 rì zhōng zé yí, yuè mǎn zé kuī

〔释　义〕太阳到了正中午时就开始向西移动，月亮到了最圆满时就开始了亏缺。比喻事物盛极必衰，发展到极致就向相反方向转化。

〔出　处〕《淮南子·道应训》："夫物盛而衰，乐极则悲，日中而移，月盈而亏。"

〔摘　选〕中华成语大词典（第2版）.内蒙古大学出版社，2012：1055.

【日薄虞渊】 rì bó yú yuān

〔释　义〕虞渊：神话传说中日入之处。多比喻人已经衰老、病重或事物衰败腐朽，临近死亡、终结。也作"日薄西山"、"日薄桑榆"、"日落西山"。

〔出　处〕《淮南子·天文训》："至于虞渊，是谓黄昏。至于蒙谷，是谓定昏。"

〔示　例〕元·黄公望《大痴道人集》："人生无奈老来何，日薄崦嵫已不多。大抵年华当乐事，好怀开处莫空过。"（崦嵫：古代指日落之地）

〔摘　选〕汉语成语源流大辞典.开明出版社，2009：998.

【日长一线】 rì cháng yī xiàn

〔释　义〕一线：古代相当于三尺。指冬至节气一到逐渐天长，气候开始转暖，临近春天。也作"日添一线"。

〔出　处〕《淮南子·天文训》："日冬至……八尺之修，日中而景丈三尺。日夏至……八尺之景，修径尺五寸。"宋·陈元靓《岁时广记》引："魏晋间，宫中以红线量日影，冬至后日影添长一线。"（景：通"影"）后世将这两段语意衍生合用，遂为成语。

〔示　例〕宋·晏殊《木兰花》："东风昨夜回梁苑，日脚依稀添一线。旋开杨柳绿蛾眉，暗拆海棠红粉面。"宋·刘克庄《冬至四绝》："日添一线书中见，雪染千丝镜里明。"

〔浅　析〕《淮南子·天文训》指出：子午、卯酉四辰像两条直绳，划出二至、二分，丑与寅、辰与巳，未与申、戌与亥成为四钩。北斗星的斗柄向北正当"绳"处，指向子位，正是冬至。冬至时立八尺高的表，日中时影长一丈三尺。冬至这天，太阳位于黄经270度，阳光几乎直射南回归线，是北半球一年中白昼最短的一天。冬至以后，随着地球绕日运行，阳光直射地带便逐渐北移，使北半球白天逐渐增长约90秒，夜间逐渐缩短。民谣说："吃了冬至饭，一天长一线。"天文学上规定：冬至为北半球冬季的开始。

〔摘　选〕汉语成语源流大辞典.开明出版社，2009：998.

【日修夜短】 rì xiū yè duǎn

〔释　义〕修：长。指夏至前后几个月昼长夜短。也作"日长夜短"。

〔出　处〕《淮南子·天文训》："阳气胜则日修而夜短，阴气胜则日短而夜修。"

〔摘　选〕中华成语大词典（第2版）.内蒙古大学出版社，2012：1053.

【日短夜修】 rì duǎn yè xiū

〔释　义〕白天的时间短，夜晚的时间长。多指冬季的时光。也作"日短夜长"。

〔出　处〕《淮南子·天文训》："阳气胜则日修而夜短，阴气胜则日短而夜修。"

〔示　例〕《水浒传》："此时正是十月间天气，日短夜长，容易得晚。”

〔浅　析〕《淮南子·天文训》全面论述了宇宙的起源、日月、五星、二十八宿等天文知识，并涉及与天文密切相关的二十四节气、岁星、干支纪年法等历法知识，八风以及与之相关的气候、物候、农事等气象知识，乃至五音、十二律等音律知识，以及大地东南西北的长度和日高的度量等数学知识，代表了当时天文方面的最高科学成就。

文中对日月星辰的成因及运转规律作了描述，在中国历史上第一次完整地记录了二十四节气名称及其确定方法，对气候变化也进行了探讨。指出太阳从东方旸谷升起，在咸池里洗澡，从扶桑树下拂过，这时称作“晨明”；经衡阳山到达昆吾，这时称作“正中”；经悲泉到达虞渊，这时称作“黄昏”。虽然其中的数字与现行的不符，但这种敢于探索宇宙奥秘的精神，则是十分可贵的。天体的起源和演化的问题，是自古以来人们就关心的问题，也是现代科学还没有解决的问题。秦以前的诸子在谈到自然界的时候，都没有完整的概念。说得比较清楚有系统的，《淮南子·天文训》是第一次。《天文训》中这一朴素的天体起源理论，经东汉天文学家张衡的肯定，曾流传了一千多年。

《天文训》紧扣“天人合一”的主题，在探求“天文”的过程中时时不忘其对于“人文”的价值和意义“天文”也构成了“人文”的一个内在要素，而“人文”的发展使更多了一层约制。这样，“天”、“人”之间就自然不再会有不可逾越的鸿沟，会自然地联为一体。如此的智慧，值得今人去耐心品味。

〔摘　选〕中华成语大词典（第2版）.内蒙古大学出版社，2012：1053.

【长天老日】 cháng tiān lǎo rì

〔释　义〕指夏至前后一段时间里的白天。也作“长天大日”。

〔出　处〕《淮南子·天文训》："日夏至则斗南中绳，阳气极，阴气萌，故曰夏至为刑。……阳气极，则南至南极，上至朱天。……八尺之景，修径尺五寸。景修则阴气胜，景短则阳气胜。"（景：通"影"）后世据此语意衍生而来，遂为成语。

〔示　例〕《红楼梦》："贾母因向宝钗道：'你也去，连你母亲也去；长天老日的，在家里也是睡觉。'"

〔浅　析〕《淮南子·天文训》指出：子午、卯酉四辰像两条直绳，划出二至、二分，丑与寅、辰与巳，未与申、戌与亥成为四钩。北斗星的斗柄向南正当"绳"处，正是夏至。夏至时阳气达到顶点，向南达到南极，向上达到西南方的天空，是肃杀之气产生之时。这时，立八尺高的表，日中时影长一尺半。日影很短，阳气处于优势。

夏至时节，太阳几乎直射北回归线，是太阳在一年中所能达到北半球最高的纬度，也是北半球一年中白昼时间最长的一天。且越往北白昼时间越长。过了这天，太阳的直射位置逐渐向南移动，北半球的白天也就逐渐变短，民谣说："吃了夏至饭，一天短一线。"

〔摘　选〕汉语成语源流大辞典.开明出版社，2009：154.

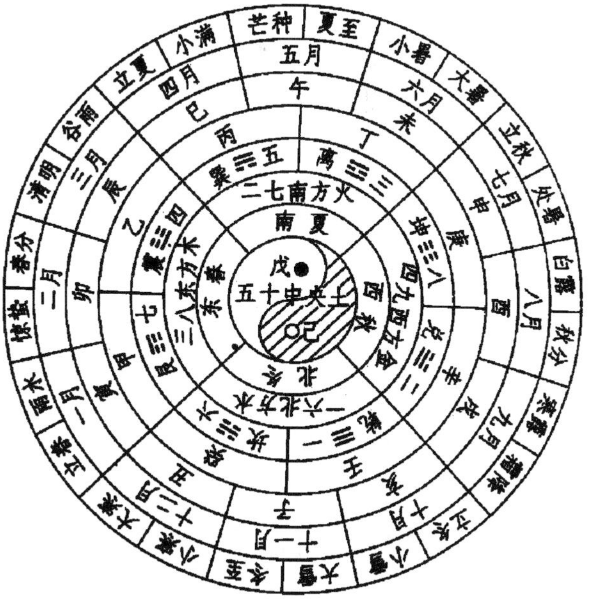

二十四节气图

二十四节气歌

根据《淮南子》二十四节气改编

立春梅花分外香，
春耕生产动手忙。
一年之计在于春，
全年计划订周详。

雨水逢春贵如油，
润开红杏欲出墙。
顶凌覆膜防春旱，
果树修剪细端详。

惊蛰天暖地气开，
镇压冬麦可保墒。
河跃鲤鱼乌鸦叫，
五更惊梦听雷响。

春分昼夜一样长，
果园灭菌正适当。
青梅如豆柳如眉，
麦过春分昼夜长。

清明踏青草色新，
点瓜种豆好时光。
植树造林多绿化，
祭祖扫墓新风尚。

谷雨果树可嫁接，
抓紧播种小杂粮。
蜜蜂采花酿花蜜，
姑娘采茶歌声扬。

立夏蚕豆蒜薹鲜，
能收油菜可育秧。
麦田防治病虫害，
管好温棚把风防。

小满暖和百鸟来，
麦粒渐满还生长。
及时套种粮油棉，
家庭副业把蚕养。

芒种雨少气温高，
收麦插秧人倍忙。
蔬果追肥保稳产，
儿童嚷着过端阳。

夏至常刮西南风，
夜晚最短白天长。
棉花结蕾勤管理，
玉米追肥粘虫防。

小暑风催早豆熟，
有心赏莲逛荷塘。
天气渐热已入伏，
苹果防螨修白杨。

大暑炎热暴雨狂，
防汛排涝紧跟上。
防暑降温莫轻心，
稻瘟病害早预防。

立秋向日葵花放，
秋后一伏天不凉。
精耕细作土变金，
枝头知了声声唱。

处暑移栽大白菜，
举目可见红高粱。
玉米灌水葱壅土，
枝叶喷药果树旺。

白露夜凉白天热，
燕雁代飞各一方。
凉稻晒田收葵花，
草木顶露菊花放。

秋分桂花遍地香，
一叶知秋天渐凉。
苹果诱人稻子黄，
收割脱粒粒归仓。

寒露拾棉摘石榴，
大豆花生收上场。
秸秆还田秋施肥，
国庆中秋把月赏。

霜降种麦正当时，
山芋切晒和鲜藏。
大葱萝卜陆续收，
芦花如絮染芦荡。

立冬夜冻白天消，
果树涂白“添衣裳”。
冬灌培土不容缓，
兴修水利有保障。

小雪地封雪初飘，
幼树葡萄快埋藏。
利用冬闲积肥料，
庄稼没肥要白忙。

大雪瑞雪兆丰年，
松柏傲雪迎风狂。
多种经营早致富，
科学发展建家乡。

冬至夜长昼最短，
从此进入数九天。
取暖设施准备好，
家禽家畜要防寒。

小寒到了三九天，
民歌民舞庆元旦。
冬季参加培训班，
学习农技谈经验。

大寒虽冷农家乐，
富民政策夸不完。
种地补贴免公粮，
团圆和谐过新年。

廿四节气定于汉，
是对人类大贡献。
出处就在《淮南子》，
产地就在八公山。

【长夜漫漫】 cháng yè màn màn

〔释　义〕漫漫：无边际的样子。漫长的黑夜无边无际。多用来比喻社会的黑暗。

〔出　处〕《淮南子·宁戚〈饭牛歌〉》："生不逢尧与舜禅，短布单衣才至骭（gàn小腿，也指肋骨），从昏饭牛薄（迫近）夜半，长夜漫漫何时旦？"（今本《淮南子》无此文）

〔示　例〕吴伯箫《啼晓鸡》："鸡啼呢，就好：长夜漫漫何时旦？……啼鸡一声，就有了盼头了。"

〔典　故〕

宁戚放牛

春秋时期，齐桓公派管仲去接陈国和曹国的军队联合讨伐宋国。管仲路上遇到了放牛娃宁戚。宁戚骑牛唱道："生不逢尧与舜禅，短布单衣才至骭，从昏饭牛薄夜半，长夜漫漫何时旦？"管仲发现宁戚很有才华，就回禀齐桓公。齐桓公见他有学问就任他为大夫。

〔摘　选〕中华成语大词典.商务印书馆，2009：207.

【长夜难明】 cháng yè nán míng

〔释　义〕比喻漫长的黑夜岁月难以过去。

〔出　处〕由《淮南子》中"长夜漫漫"衍生而来。有的成语词典有立目，未注明出处；有的成语词典认为语出毛泽东《浣溪沙·和柳亚子先生》："长夜难明赤县天，百年魔怪舞翩跹。"当以《淮南子》为源。

〔示　例〕门吉寿《瞻仰无名烈士墓》："从红军走后一直到遵义解放，在那长夜难明、水深火热的十五年里，当地群众一直在传颂、悼念着这位无名烈士。"

〔摘　选〕汉语成语源流大辞典.开明出版社，2009：207.

【为之以歙，应之以张】 wéi zhī yǐ xī, yìng zhī yǐ zhāng

〔释　义〕 歙：收敛；张：伸展，扩张。要收敛某件事情，用暂时扩张开来的办法，造成错觉，然后再收敛起来。

〔出　处〕 《淮南子·兵略训》："用兵之道，示之以柔而迎之以刚，示之以弱而乘之以强，为之以歙而应之以张。"

〔浅　析〕 "为之以歙，应之以张"是一种军事谋略。用兵的法则，即对敌人先装作软弱的姿态，后以坚强的力量迎击它；对敌人先装作弱小的姿态，后以强大的力量打击它；在作战中，先装作收缩的姿态，实际上是要扩张，寻得机会，立即进攻。

〔摘　选〕 古今汉语成语词典.山西人民出版社，1985：179.

【丰上杀下】 fēng shàng shā xià

〔释　义〕 杀：收束，不丰。额头宽大，脸颊瘦削。也作"丰上锐下"。反其意用作"丰下锐上"。

〔出　处〕 《淮南子·道应训》："卢敖游乎北海……见一士焉，深目而玄鬓，泪注而鸢肩，丰上而杀下，轩轩然方迎风飞舞。"（《吕氏春秋·明理》亦有"丰上杀下"，用来指云气的形状）

〔示　例〕 《辽史·太祖纪》："（耶律亿）身长九尺，丰上锐下，目光射人。"《新唐书·侯希逸传》："侯希逸，营州人。长七尺，丰下锐上。"

〔摘　选〕 汉语成语源流大辞典.开明出版社，2009：351.

【心怡气和】 xīn yí qì hé

〔释　义〕 心情舒畅，心境平和。

〔出　处〕 《淮南子·览冥训》："心怡气和，体便轻毕。"

〔浅　析〕 《淮南子》中最基本的养生理念就是一个有机整体的

三个方面。

养生要天人相通，即人与其生存的环境密切相关。如《地形训》所说“障气多喑”、“风气多聋”、“谷气多痹”、“丘气多狂”，就是把人的身体状况与地理环境联系起来；《时则训》所说“仲夏之月……慎身无躁”、“仲冬之月……宁身体，安形性”等，则把人的养生策略与季节结合起来。人的生命活动与自己的生存环境有着千丝万缕的联系，在不同地区、不同气候等条件下，注意与之相适应，采取不同的养生方法。

在现今所见文献中，《淮南子》是最早提出并系统阐述形、气、神是养生三大基本要素的著作。“形者，生之舍也”，指的是生命的载体，有形的生理结构，构成了生命的物质基础；“气者，生之充也”，又称血气，指生命所需要的各种营养物质，血气的盈亏决定了人体生命力的强弱；“神者，生之制也”，即生命的主宰，指意志对人的行为的制约。这三大要素相互联系，密不可分，各司其职，“一失位，则三者伤”。

人体的各个器官也是彼此相连、相互影响的。《精神训》认为人的五脏与五官相通。“肺主目，肾主鼻，胆主口，肝主耳。外为表而内为里，开闭张歙（xī），各有经纪。”正是基于这种认识，中医在治病时，不仅诊断病变的部位，而且了解相关的器官。这种内在的有机联系，对于疾病的治疗和养生都具有实用价值，难怪明代学者郎瑛猜测《黄帝内经》也是刘安主编的作品。

养生最为重要的是养神，“神清志平，百节皆宁”。在现实生活中，人们更多关注养形而忽略养神。人的神志往往困于各种烦扰之中，自然会对人的形、气造成伤害，很难有那种“心怡气和”、“心旷神怡”的体验。而《淮南子》强调“心者，五藏之主也”，对当今乐于养生的人们，不能不算是忠告。

〔摘　选〕 中华成语大词典.商务印书馆，2009：1644.

【心小志大】 xīn xiǎo zhì dà

〔释　义〕 办事小心，抱负远大。指人的志向。

〔出　处〕 《淮南子·主术训》："凡人之论，心欲小而志欲大，智欲圆而行欲方，能欲多而事欲鲜。"

〔浅　析〕 《淮南子·主术训》鼓励人们要敢于树立远大的志向。因为志向能决定一个人事业的方向，只有这个大方向确定了，在做人做事的过程中，才能有一个明确的目标，"志之所在，逾于千里"；同时，立志也意味着一个人的真正自觉与独立，以及对自己责任感的醒悟。可见，立志是事业的起点，具有巨大的效力，故不可不慎。

历史上对"立志"阐述得最透彻的人，要数南宋大思想家陆象山。"夫子十五而志学，则既得其端绪矣……今学者诚知端绪，则亹（wěi）亹翼翼（形容孜孜不倦），自致日新之效者，其能自已乎？"人之为人、为学、为事只有把握好开端和起点，才能如木有根，如源有水，每天都有新的收获，向着自己的目标迈进；反之，如果这个端绪迷乱了，人就有可能走很多弯路，以至于不知所措。

自古至今，大凡有成就的人，都有着远大的志向与追求。我们要想做一番对人类有益的事业，都应当有一种"心小志大"的自觉性，并为实现自己的理想而一步一个脚印地走下去。

〔摘　选〕 古今汉语成语词典.山西人民出版社，1985：181.

【心怡神旷】 xīn yí shén kuàng

〔释　义〕 心境开阔，精神愉快。也作"心旷神怡"、"心旷神驰"、"心旷神开"、"心逸神畅"、"心爽神怡"、"心旷神飞"、"心旷神恬"、"心旷神愉"。

〔出　处〕 由《淮南子》中的"心怡气和"衍生而来。一说出自晋·王肃之《兰亭四言》；一说出自宋·范仲淹《岳阳楼记》；一说出自明·胡文焕《泰和记刘苏州席上写风情》。后世之书，只是引用《淮南子》中的词意而已，不足为源。

〔示　例〕 晋·王肃之《兰亭四言》："在昔暇日，味存林岭；令我斯游，心怡神静。"宋·范仲淹《岳阳楼记》："登斯楼也，则有心旷神怡，宠辱偕忘，把酒临风，其喜洋洋者矣。"清·曹雪芹《红楼梦》："正值风清气爽之时，那乐声穿林渡水而来，自然使人神怡心旷。"

〔摘　选〕 新华成语大辞典.商务印书馆，2013：1675.

【尺璧非宝，寸阴是竞】 chǐ bì fēi bǎo, cùn yīn shì jìng

〔释　义〕 直径一尺的璧玉并不珍贵，极短的时间也要争取。谓不应当看重珍宝，而应当珍惜时间。

〔出　处〕 《淮南子·原道训》："故圣人不贵尺之璧，而重寸之阴，时难得而易失也。"南朝梁·周兴嗣《千字文》："尺璧非宝，寸阴是竞。"周兴嗣语本《淮南子》之词意，后人延用，遂为成语。

〔摘　选〕 中华成语大词典（第2版）.内蒙古大学出版社，2012：176.

【化干戈为玉帛】 huà gān gē wéi yù bó

〔释　义〕 玉帛：玉即玉，帛为丝织品。二者皆为进贡之上品，在此引申为重归于好，相互礼尚往来的意思。干戈：兵器的意思，借指战争或者争斗。比喻使战争转变为和平。也作"偃干戈，修文德"、"玉帛干戈"。反其意而用，作"舍玉帛而干戈"。

〔出　处〕 《淮南子·原道训》："昔者，夏鲧作三仞之城，诸侯背之，海外有狡心。禹知天下之叛也，乃坏城平池，散财物，焚甲兵，施之以德，海外宾服，四夷纳职。合诸侯于涂山，执玉帛者万国。故机械之心藏于胸中，则纯白不粹，神德不全。在身者不知，何远之所能怀！”

〔示　例〕 老舍《茶馆》第一幕：“三五十口子打手，经调人东说西说，便都喝碗茶，吃碗烂肉面，就可以化干戈为玉帛了。”

〔浅　析〕 大禹的父亲夏鲧通过修高城池来防卫国内外的叛乱，但结果却是越防越乱，不仅自己的诸侯国背叛自己，连海外各国也都对其怀有狡诈之心。后来大禹执政事，完全改变了父亲以“防”杜乱的方略，转而采用“疏”的政策，拆除城墙，填平护城河，散发财物，焚烧兵器盔甲，广施仁德，由此迎来了四海宾服、夷族纳贡的大治景象，带着玉器、锦缎来进贡的诸侯国数以万计。

这条成语寓意深刻，发人深省。就治国而言，最根本的是施以德政，休养生息，藏富于民。“仓廪实则知礼节，衣食足则知荣辱”，为政者将民生问题解决好了，百姓自然就不会无缘无故地生乱，“虽有甲兵，无所陈之”。

就为人处世而言，机巧之心不能过重，要善于随顺事物之自然，以简驭繁。大禹在治国中，善于顺民之性而为，在治水的传说中，也是顺地势之自然，疏而导之，使洪水随地势顺利入海。

〔摘　选〕 汉语成语源流大辞典.开明出版社，2009：499.

【手足重茧】 shǒu zú chóng jiǎn

〔释　义〕 手上和脚上长满了厚茧。形容长期奔波劳累。又作“双足重茧”。

〔出　处〕 《淮南子·修务训》：“昔者楚欲攻宋，墨子闻而悼之，自鲁趋而十日十夜，足重茧而不休息，裂衣裳裹足，至于郢。”

〔示　例〕 清·蒲松龄《聊斋志异·崂山道士》：“过月余，手足重茧，不堪其苦，阴有归志。”

〔典　故〕

墨子止楚

公元前约440年，楚国准备攻打宋国，请著名工匠鲁班制造攻城的云梯等器械。墨子听到消息后亲自出马劝阻楚王。他日夜兼行，鞋破脚烂，十天后到达楚的国都郢（今湖北江陵县附近）。鲁班引荐墨子见楚王。墨子说："现有一个人，丢掉自己的彩饰马车，却想偷邻居的破车子；丢掉自己的华丽衣裳，却想偷邻居的粗布衣，这是个什么人呢？"楚王不假思索地答道："这个人一定有偷窃病！"墨子趁机对楚王说："楚国土地富饶，物产丰富，而宋国疆域狭窄，资源贫困。两相对比，正如彩车与破车、锦绣与破衣。大王攻打宋国，这不正如偷窃癖者一样？如攻宋，大王一定会丧失道义而失败。"

楚王理屈词穷，借鲁班已造好攻城器械为由，拒绝放弃攻宋的决定。墨子又对楚王说："鲁班制造的攻城器械也不是取胜的法宝。大

鞋破脚烂去止楚　包伤裹脚撕衣布

王如果不信，就让我与他当面演习一下攻与守的战阵，看我如何破解它！”楚王答应后，墨子就用腰带模拟城墙，以木片代表各种器械，同鲁班演习各种攻守战阵。

鲁班组织了九次进攻，结果九次被墨子击破。墨子又义正词严地说：“我早已布置好，我的大弟子禽滑厘能代替我用墨家制造的器械指挥守城，同宋国军民一起严阵以待！即使杀了我，你也无法取胜！”这番话彻底打消了楚王攻宋的念头，放弃了攻打宋国的计划。

〔摘　选〕 汉语成语源流大辞典.开明出版社，2009：1093.

【方趾圆颅】 fāng zhǐ yuán lú

〔释　义〕 方脚圆头，指人类。也作 “圆颅方趾”、“圆首方足”。

〔出　处〕 《淮南子·精神训》：“故头之圆也像天，足之方也像地。”

〔浅　析〕 《淮南子·精神训》研究了精神与形体的关系，认为人的形体、精神、气血是互相依赖、密不可分的。指出人的外面五官是表象，而内部是脏腑。张开闭合，各有一定的规则。头是圆形像天，脚是方形像地。天有四季、五行、九解、三百六十日，人也有四肢、五脏、九窍、三百六十个关节。强调要养生以和，理性命之情，返太素而入于大通。

〔摘　选〕 成语探源辞典.首都师范大学出版社，2008：370.

【方枘圆凿】 fāng ruì yuán záo

〔释　义〕 枘：榫（sǔn）头；凿：榫眼，卯眼。方形的榫头，圆形的卯眼。比喻两不相合，格格不入。也作“方底圆盖”、“方木圆孔”、“圆凿方”。

〔出　处〕 《淮南子·氾论训》：“今世之法籍与时变，礼义与俗

易，为学者循先袭业，据籍守旧教，以为非此不治，是犹持方枘而周圆凿也。”（《文子》中也有此话）

〔示　例〕唐·崔佑甫《广丧朋友议》：“慎无以方枘施圆凿，自取辱焉。”唐·杜甫《入衡州》：“嗟彼苦节士，素于圆凿方。”

〔摘　选〕汉语成语源流大辞典.开明出版社，2009：331.

【月晕础润】 yuè yùn chǔ rùn

〔释　义〕比喻某些事情发生前就会出现征兆。也作“月晕知风，础润知雨”、“月晕而风，础润而雨”。

〔出　处〕《淮南子·说林训》：“山云蒸，柱础润。”宋·梅尧臣《月晕》：“月晕已知风，灯花先作喜；明日挂帆归，春潮能几里？”宋·苏洵《辨奸论》：“事有必至，理有固然，唯天下之静者，乃能见微而知著。月晕而风，础润而雨，人人知之。”后世将“月晕”、“础润”合而用之，遂为成语。

〔示　例〕梁启超《新民说·论私德》：“今日中国之现象，其月晕础润之几既动矣。若是乎，则智育将为德育之蠹；而名德育而实智育者，益且为德育之障也。”

〔摘　选〕新华成语大辞典.商务印书馆，2013：1944.

【月里嫦娥】 yuè lǐ cháng é

〔释　义〕嫦娥：神话中月宫里的仙女，相传她是羿的妻子，因偷吃不死之药而上了月宫。后来比喻身材苗条、风姿秀美的女子。也作“月宫仙子”、“月里姮娥”、“月殿嫦娥”、“广寒仙子”。

〔出　处〕《淮南子·览冥训》：“羿请不死之药于西王母，姮娥（嫦娥）窃之奔月宫，怅然有丧，无以续之。”

嫦娥奔月

〔示　例〕元·曾瑞卿《王月英元夜留鞋记》："有口难言，月里嫦娥爱少年；恩多成怨，你莫是酒中得道遇神仙……空教我恨绵绵，当初悔不休相见。"明·周朝俊《红梅记·瞥见》："约翩翩翠袖双招，娇滴滴佳人一个。妙也，妙也！真乃是广寒仙子云端里观世音。"

〔典　故〕

偷吃仙药

传说古代天空中有10个太阳同时出来，大地被烤成焦土，羿为民除害射掉了9个太阳，西天的王母娘娘奖赏他长生不老的仙药。他的妻子嫦娥趁羿不注意时偷吃了这些药后，突然就成仙飞向天宫，王母娘娘惩罚她，让她常年在广寒宫里思过。

〔摘　选〕汉语成语源流大辞典.开明出版社，2009：1440.

【牛蹄之涔】 niú tí zhī cén

〔释　义〕涔：雨水。牛蹄印中的积水。形容水量极少。也比喻处在不能有所作为的境地。

〔出　处〕《淮南子·氾论训》："夫牛蹄之涔，不能生鳣鲔，而蜂房不容鹄卵。"《淮南子·俶真训》："牛蹄之涔，无尺之鲤；块阜之山，无丈之材。"

〔示　例〕明·钱希言《剑荚》："然而，世俗浅见犹谓荒唐，是处牛蹄之涔而嘲溟渤之浩瀚。"

〔浅　析〕《淮南子》作者认为，用人要看主流，不能以"人之小过掩其大美"。假如国君评论他的臣下，不是衡量重大功绩、考察主要品行，而只求小的好处，就会失求贤之道。所以，人有大德，不拘小节；人有大誉，不挑小疵。牛蹄大的水坑，长不出大鱼；小山丘上长不了大树；蜂子窝里容不了天鹅蛋。这是因为它们所处的范围太小，而不能容纳巨大的事物罢了。

〔摘　选〕新华成语大辞典.商务印书馆，2013：1041.

【牛蹄之鱼】 niú tí zhī yú

〔释　义〕比喻处于困境时日不多的人。也作"牛蹄中鱼"。

〔出　处〕由"牛蹄之涔"衍生而来。

〔示　例〕《三国志·吕蒙传》："今予以旦夕之命，待不可望之救，犹牛蹄中鱼，冀赖江汉，其不可恃亦明矣。"

〔摘　选〕新华成语大辞典.商务印书馆，2013：1041.

【气充志骄】 qì chōng zhì jiāo

〔释　义〕形容自高自大、气满自得的样子。也作"气骄志满"、"气满志骄"、"气傲心高"、"气得志满"。

〔出　处〕《淮南子·人间训》："昔晋厉公……气充志骄，淫侈无度，暴虐万民。"

〔典　故〕

骄横者亡

从前晋厉公南面讨伐楚国，东面打败齐国，西边进攻秦国，北面侵犯燕国。横行天下，威震四方。于是在柯陵会盟诸侯，傲气满胸，骄横异常，荒淫奢侈无度，暴虐万民。内部没有辅佐他的大臣，外部没有诸侯的帮助。最终自己被杀，国家也灭亡了。

〔摘　选〕 中华成语大词典.商务印书馆，2009：1136.

【气充志定】 qì chōng zhì dìng

〔释　义〕 充：充实，充足。精力充沛，意志坚定。

〔出　处〕 《淮南子·人间训》："昔晋厉公……气充志娇，淫侈无度，暴虐万民。"《明史·范济传》引用《淮南子》中"气充志骄"之意，写作"气充志定"，后世延用，遂为成语。

〔摘　选〕 中华成语大词典（第2版）.内蒙古大学出版社，2012：954.

【气冲斗牛】 qì chōng dǒu niú

〔释　义〕 斗：北斗星；牛：牵牛星。泛指天空。用以形容豪壮之气或不平之气十分昂扬。

〔出　处〕 由《淮南子·氾论训》"志厉青云"和《淮南子·兵略训》"气厉青云"衍生而来。一说出自唐·杨炯《杜袁州墓志铭》："宝剑之沉，夜气冲于牛斗。"后世只是引用《淮南子》之词意，不足为源。

〔示　例〕 宋·陆游《客谈荆渚武昌慨然有作》："丰城宝剑已化久，我自吐气冲斗牛。"

〔摘　选〕 新华成语大辞典.商务印书馆，2013：1117.

【气冲霄汉】 qì chōng xiāo hàn

〔释　义〕 多形容豪迈的气概压倒一切。也指愤气极盛。也作“气凌霄汉”、“气干青云”、“气干云霄”、“气凌风云”、“气腾风云”、“气逸九霄”、“气逸烟霞”、“气陵高秋”、“气逾霄汉”。

〔出　处〕 由《淮南子·氾论训》“志厉青云”和《淮南子·兵略训》“气厉青云”衍生而来。

〔示　例〕 毛泽东《渔家傲·反第一次大“围剿”》：“万木霜天红烂漫，天兵怒气冲霄汉。”

〔摘　选〕 汉语成语源流大辞典.开明出版社，2009：907.

【六月飞霜】 liù yuè fēi shuāng

〔释　义〕 六月盛夏，天上降下霜来。比喻惨痛的冤狱、冤情。又作“六月霜”、“五月飞霜”。

〔出　处〕 出自《淮南子·览冥训》。唐·李善注引《淮南子》：“邹衍尽忠于燕惠王，惠王信谮而谮之。邹子仰天而哭，正夏而天为之降霜。”唐徐坚《初学记》卷二引《淮南子》：战国时，邹衍尽忠于燕惠王，而被人陷害入狱。邹衍在狱中仰天大哭，时正炎夏，却忽然降霜。一说出自汉·王充《论衡》，此书较晚不足为源。

〔示　例〕 汉·王充《论衡·感虚》：“邹衍无罪，见拘于燕，当夏五月，仰天而叹，天为陨霜。”

〔典　故〕

邹衍冤

传说战国时期的邹衍，学过黄老学说，研究阴阳五行，燕昭王很佩服他，把他请到燕国的国都，给他在幽州蓟县西30公里的地方盖了一个碣石宫，拜他为师。昭王死后，惠王继位，大臣们纷纷说邹衍的坏话，惠王误信谗言，就把邹衍关进了牢狱。

邹衍受了诬陷，人们都为他鸣不平。据说，那年夏天，燕国土地上竟然降了霜。人们纷纷传说：莫不是老天也知道邹衍受了冤屈？后来，惠王把邹衍放了。邹衍从牢里出来，跑到旷野里吹起了竹乐，于是阳光和照，大地上的五谷又生长起来了。

邹衍一生著述甚丰。《汉书·艺文志》在阴阳家类录《邹子》49篇、《邹子终始》56篇。《史记·孟子荀卿列传》说他著有“《终始》、《大圣》之篇十余万言”。邹衍在音乐、方技方面也颇有造诣。

〔摘　选〕汉语成语源流大辞典.开明出版社，2009：745.

【户辩家说】 hù biàn jiā shuō

〔释　义〕挨户通告，人人知晓。也作“户告人晓”、“家喻户晓”、“家至人说”、“家闻户知”、“家见户说”、“家到户说”、“门告户说”。

〔出　处〕《淮南子·泰族训》：“四海之内，莫不仰上之德，象主之指，夷狄之国，重译而至。非户辩而家说之也，推其诚心，施之天下而已矣。”

〔浅　析〕《淮南子·泰族训》中论述了君主在施政过程中的诚心。政令的贯彻执行要靠人的精诚。四海之内，都仰慕君主的恩德，依顺君主的意旨，远方国家通过多次翻译前来朝见，这不是靠挨家挨户地劝说宣传实现的，而是靠君主将自己的诚心施行于天下。《诗经》中说：“爱抚国中百姓，就可以进而安抚四方。”这样，内部和顺而外部就会安宁了。

〔摘　选〕 汉语成语大全（第2版）.商务印书馆，2011：643.

【以升量石】 yǐ shēng liáng dàn

〔释　义〕 升、石：容量单位，十升为一斗，十斗为一石。比喻以肤浅的理解力，去推测深奥的道理。

〔出　处〕 《淮南子·缪称训》：“己未必贤，而求与己同者，而欲得贤，亦不几矣。使尧度舜则可，使桀度尧，是犹以升量石也。”

〔示　例〕 我才疏学浅，要我说对此部巨著的见解，如以升量石，只能贻笑大方。

〔浅　析〕 《淮南子·缪称训》告诉我们，一般来说，人们都欣赏自己所喜欢的人。世人大都举荐他们认为贤能的人，但所举荐的人有的能把事办好，有的办不好。这并不是举荐人才时自己欺骗自己，而是所举荐的人只求符合自己的口味。你自己的水平不高，按你的水平去寻求人才时，所得的人就不一定是贤才。这就好比让尧去度量舜，当然可以；但让桀去识别尧，就好像用升去量石一样，是无法衡量的。

〔摘　选〕 汉语成语大全（第2版）.商务印书馆，2011：1816.

【以汤沃雪】 yǐ tāng wò xuě

〔释　义〕 汤：开水；沃：浇。用开水浇雪。比喻效果明显，也比喻事情很容易做。也作“滚汤浇雪”。

〔出　处〕 《淮南子·兵略训》：“若以水灭火，若以汤沃雪，何往而不遂？何之而不用达？”

〔示　例〕 明·李贽《初潭集·夫妇二》：“何邓执权，必为玄害，亦犹排山压卵，以汤沃雪耳，奈何与之为亲。”

〔浅　析〕 高明的人用兵是神出鬼没，如星辰闪烁不定；像天体恢宏运行，进退屈伸，不留痕迹；像鸾鸟飞升、麒麟跳跃、凤凰飞翔、神龙腾空。发动时如飙风，迅猛得像闪电。以生动灵活的态势击败呆滞死板，以旺盛的气势驾驭暮气衰败，以迅猛有力压倒迟缓疲软，以饱满精神制迫萎靡不振，这就像以水灭火、用汤浇雪——这样的神兵哪能会不如愿以偿？哪能会不达目的？《淮南子·兵略训》中这种"兵贵神速"的思想，至今仍不失指导意义。

〔摘　选〕新华成语大辞典.商务印书馆，2013：1849.

【以少胜多】 yǐ shǎo shèng duō

以少胜多的古战例

战役名役	指挥人员	兵力对比	结果
牧野之战	姜尚、周武王	不足10万—17万，一说70万	全军覆没
巨鹿之战	项羽	2万—40万	歼灭
赤亭之战	虞诩	3千—数万	
官渡之战	曹操	2万—10余万	歼7万余人
赤壁之战	周瑜	5万—20余万	为三国鼎立奠定了基础
淝水之战	谢玄	8万—97万	符坚败至洛阳，仅剩10余万
虎牢之战	李世民	3500—10余万	歼灭窦建德
太原之战	李光弼	不满万人—10万	城邑保卫战，歼敌7万余人
雍丘之战	张巡	3千—数万	城邑保卫战，不详
六合之战	赵匡胤	2千—2万	歼5千
郾城之战	岳飞	数千—1.5万	大败金军精锐
鄱阳湖之战	朱元璋	20万—60万	水战，全歼陈友谅
宁远之战	袁崇焕	不满2万—10万左右	

〔释　义〕 用少数的力量战胜多数的力量；以弱小战胜强大。现多指以少量的兵力战胜兵力众多的对手。也作“以少胜众”。

〔出　处〕 《淮南子·兵略训》：“或将众而用寡者，势不齐也；将寡而用众者，用力谐也。若乃人尽其才，悉用其力，以少胜众者，自古及今，未尝闻也。”一说出自宋·周密《志雅堂杂钞·书史》：“贾师宪尝刻《奇奇集》，萃古人用兵，以寡胜众，如赤壁、淝水之类。”此书较晚，不足为源。

〔示　例〕 邓小平《我们有信心把中国的事情做得更好》：“抗美援朝打了三年，我们有以少胜多、以弱胜强的传统。”

〔摘　选〕 新华成语大辞典.商务印书馆，2013：1847.

【水宽鱼大】 shuǐ kuān yú dà

〔释　义〕 水面宽阔，就有大鱼。比喻环境决定着事物的发展。

〔出　处〕 《淮南子·说山训》：“水广者鱼大，山高者木修。”

〔浅　析〕 《淮南子·说山训》用通俗的事例，强调万事万物都是相辅相成的。稻子要生长在水田中，而不能生长在急流中；紫芝生长在高山上，而不能生长在磐石上；礁石能吸引铁，对于铜却不行了。宽阔的水面鱼儿大；高峻的大山树木高。由此可见，自然环境、人文环境等诸多环境因素，对人才的培养与使用，社会的和谐与发展，起着至关重要的作用。

〔摘　选〕 古今汉语成语词典.山西人民出版社，1985：197.

【水大鱼多】 shuǐ dà yú duō

〔释　义〕 水面宽大，鱼必众多。比喻事物随着它所凭借之物的丰盛而丰盛。

〔出　处〕由《淮南子·说山训》“水广者鱼大，山高者木修”衍生而来。

〔示　例〕汉·王充《论衡》：“夫形大，衣不得褊；事众，文不得蝙。事众文饶，水大鱼多。”

〔摘　选〕中华成语大词典（第2版）.内蒙古大学出版社，2012：1189.

【水宿云卧】

shuǐ sù yún wò

〔释　义〕在水边或舟中止宿，在山峦云雾中睡卧。指隐逸、游方之士浪迹所至而露宿；也指闲散的隐逸生活。也作“烟栖霞宿”、“云卧月居”。

〔出　处〕由“山栖谷饮”衍生而来。

〔示　例〕元·黄庚《和杜柳溪韵》：“白发垂垂一老夫，年来渐觉世情疏。石床梦冷和云卧，茅屋灯残共明居。”

〔摘　选〕汉语成语源流大

辞典.开明出版社，2009：1111.

【水浊鱼噞】 shuǐ zhuó yú yǎn

〔释　义〕 水太浑浊了，鱼就喘不过气来。比喻在苛政之下人民不得安居乐业。也作“水浊鱼喁（yóng，鱼口露出水面）”。

〔出　处〕 《淮南子·主术训》：“夫水浊则鱼噞，政苛则民乱。”《淮南子·缪称训》：“水浊者鱼噞，令苛者民乱。”《淮南子·说山训》：“水浊而鱼噞，形劳则神乱。”曾有学者推测此语是《淮南子》作者采用《韩诗外传》词意而改之，也有学者认为“或古有是语两书同采之”。此语出处虽难考，二书用意有不同。《韩诗外传》用以论证的是儒家式的“有为之治”、“礼义之治”。《淮南子》用以喻证的是黄老道家式的、清静无为的“无为而治”。从字面上看，流传至今的“水浊鱼噞”出自《淮南子》并无争议。

〔示　例〕 《邓析子·无厚篇》：“夫水浊则无掉尾之鱼，政苛则无逸乐之士。”

〔浅　析〕 《淮南子》谏言，统治者应该把百姓的意志作为自己的意志，根据百姓的意志和心愿来施政。正如老子所说的“圣人无常心，以百姓心为心”。统治者不能把个人意志强加于百姓头上，也不能有过多的私欲。这样会加剧社会动荡不安，更不能促进经济社会发展和改善民众生活。就像鱼儿与水的关系一样，本来鱼儿的生存和繁殖会对水有一定的需求和适应度。如果人为地改变鱼儿的生存环境，鱼儿就会因为水过于浑浊而无法悠然自得。

老子还说“治大国若烹小鲜”。治理一个大的国家，不能政令繁杂，不可多事扰民。而应该像煎小鱼那样，不能不停地翻动。翻得越多越快，小鱼就会碎得厉害，烂得一团糟。就像一个相对宽松、相对自然的水环境更适合鱼儿生长一样，统治者应该适时适宜颁布政令，而不能政令频出，干扰老百姓正常的生产生活。

〔典　故〕

神农之治

从前神农氏统治天下的时候，精神安静，怀抱着他的仁诚之心，在四方疆界施行仁政。每日按时考察下情，以公心教育万民。他的地域南到交趾（今两广以南和越南北部一带），北达幽都（古代北方山名），东临汤谷（传说日出之处），西接三危（山名，在甘肃敦煌南），没有人不听从的。那时刑法宽松，牢狱空空，而天下习俗统一，无人怀着奸诈之心。

〔摘　选〕汉语成语源流大辞典.开明出版社，2009：1112.

【引譬援类】

yǐn pì yuán lèi

〔释　义〕引：援引；譬：比方。引用相类似的例证来说明事情。

〔出　处〕《淮南子·要略》："言天地四

时而不引譬援类，则不知精微。”

〔示　例〕《列女传·辩通传题序》：“唯若辩通，文辞可从，连类引譬，以投祸凶。”

〔浅　析〕中国古代思想家在宣传他们的道德理想时，往往采取譬喻或援引相类似的事物加以证明。这就是所谓通过“言事”而“言道”。孔子、墨子、惠施、公孙龙等莫不如此。如果我们较好地掌握了“言事”与“言道”这二者的关系以及“引譬援类”的思维方式，对于正确理解中国古代思想家的思想，具有积极意义。

〔摘　选〕古今汉语成语词典.山西人民出版社，1985：194.

【今是昨非】 jīn shì zuó fēi

〔释　义〕形容人们认识和悔恨以前的过错。也作“前非今是”。

〔出　处〕《淮南子·原道训》：“蘧伯玉年五十，而有四十九年非。”

〔示　例〕唐·王起《重寸阴于尺璧赋》：“况乎日就月将，今是昨非，六艺远学，所以知微。”鲁迅《导师》：“但我们究竟还有一点记忆，回想起来，怎样的‘今是昨非’呵。”

〔浅　析〕古代卫国贤相蘧(qú)伯玉活到了五十岁，回顾过去才知道自己四十九年的过错，后人因谓五十岁为知非之年。后人用这个故事，泛指开明豁达之人，善于认识自己的错误并改正之。

〔摘　选〕成语探源词典.首都师范大学出版社，2008：367.

【孔席墨突】 kǒng xí mò tū

〔释　义〕突：灶突，即烟囱。原意是指孔子、墨子四处奔走游说，每到一处，坐席没有坐暖，灶突没有熏黑，又匆匆地到别处去了。后形容忙于世事，到处奔走。也作“孔子无黔突，墨子无暖席”、“孔席不暖，墨突不黔”、“孔席不适”、“突不暇黔”、“突不及黔”、“未及黔突”、“黔突”。

〔出　处〕《淮南子·修务训》：“孔子无黔突，墨子无暖席。”

〔示　例〕汉·班固《答宾戏》：“是以圣哲之治，栖栖遑遑，孔席不暖，墨突不黔。”

〔浅　析〕《淮南子·修务训》列举了以下典故，勉励人们要致力于事业，及时奋进，为济救万民而立功。伊尹背着鼎去为汤效劳，吕望击刀而进入周地，百里奚被转卖，管仲被困禁于桎梏之中，孔子用过的烟囱没有变黑的，墨子坐过的席子没有变暖的。这些圣人不是贪图俸禄、羡慕爵位，而是想担当兴起天下之利，消除万民之害的重任。神农面色憔悴，尧身体瘦弱，舜身上长了黑霉，禹手足结成老茧。这些圣人忧劳百姓是多么辛苦啊！因此，从天子到老百姓，四肢不勤，不动脑筋，而国家富强、人民幸福的，从来没有听说过。

〔摘　选〕汉语成语源流大辞典.开明出版社，2009：672.

【风吹草动】 fēng chuī cǎo dòng

〔释　义〕比喻轻微的动静或变故。也作“风惊草动”。

〔出　处〕《淮南子·泰族训》：“夫湿之至也，莫见其形而炭已重矣；风之至也，莫见其象而木已动矣。”

〔示　例〕唐·《敦煌变文集·伍子胥变文》：“偷踪窃道，饮气吐声。风吹草动，即便藏形。”

〔摘　选〕成语探源辞典.首都师范大学出版社，2008：366.

【风起云涌】 fēng qǐ yún yǒng

〔释　义〕 比喻许多人相继响应或许多事物相继涌现，形成很大声势。也作“风起浪涌”、“风起云蒸”、“风起云扬”、“云涌风起”、“风起水涌”。

〔出　处〕 《淮南子·原道训》：“风兴云蒸，事无不应；雷声雨降，并应无穷。”（《文子》中也有此话）

〔示　例〕 苏轼《后赤壁赋》：“划然长啸，草木震动，山鸣谷应，风起水涌。”

〔摘　选〕 汉语成语源流大辞典.开明出版社，2009：359.

【风起云飞】 fēng qǐ yún fēi

〔释　义〕 秋风起，白云飞。用以表达触景伤怀之情。

〔出　处〕 《淮南子·原道训》：“风起云蒸，事无不应；雷声雨降，并应无穷。”汉·刘彻《秋风辞》：“秋风起兮白云飞……萧鼓鸣兮发棹歌，欢乐极兮哀情多。少壮几时兮奈老何，”

〔摘　选〕 中华成语大词典（第2版）.内蒙古大学出版社，2012：375.

【风发泉涌】 fēng fā quán yǒng

〔释　义〕 比喻言论的发表、诗文的写作滔滔不绝。也作“潮涌澜翻”、“泉涌峡倒（dào如同三峡水倒流）”。

〔出　处〕 由《淮南子》“风起云涌”衍生而来。

〔示　例〕 清·钱谦益《孙幼度诗序》：“诸公子皆奇伟雄骏……作为歌诗，往往风发泉涌，流传人间，而幼度其后出者也。”清·崔述《先孺人行述》：“迈幼而颖慧，十岁能文……三十以后，文格渐老，多直抒所见；潮涌澜翻，浩浩汩汩，不自知其所终极。”

〔摘　选〕 汉语成语源流大辞典.开明出版社，2009：359.

【无往而不利】 wú wǎng ér bù lì

〔释　义〕 指到处都行得通，诸事顺利。也作“无往不遂”、“何往不利”。

〔出　处〕 《淮南子·精神训》：“禀不竭之府，学不死之师；无往而不遂，无至而不通；生不足以挂志，死不足以幽神。”“能知大贵，何往而不遂？”

〔示　例〕 宋·李心传《建炎以来系年要录》：“唯将帅谐和，士卒辑睦，战胜攻取，无往而不利矣。”

〔浅　析〕 《淮南子·精神训》告诉人们：“轻天下，则神无累矣；细万物，则心不惑矣；齐死生，则志不慑矣；同变化，则明不眩矣。”高尚的人从永不枯竭的府库中承受精神财富，在长生不老的师长那儿学得知识；去的地方没有不通的，到达的地方也没有阻碍。尧实行禅让之举，禹小看天下万物，壶子同等对待生死，子求同一看待变化。由此可见，“至贵不待爵，至富不待财”。

〔摘　选〕 汉语成语源流大辞典.开明出版社，2009：1231.

【五帝三王】 wǔ dì sān wáng

〔释　义〕 古代传说中的帝王说法不一，通常五帝指黄帝、颛顼（zhuān xū）、帝喾（kù）、唐尧、虞舜；三王指夏禹、商汤和周文王。

〔出　处〕 《淮南子·氾论训》：“自古及今，五帝三王，未有能全其行者也。”《淮南子·泰族训》：“五帝三王之道，天下之纲纪，治之仪表也。”

〔示　例〕 唐·陈子昂《答制问事》：“顺时兴务，至公至仁，垂训天人，可谓典章在备，制度宏远，五帝三王，所不及也。”

〔典　故〕

尧之举

尧治理天下的时候，政治教化平和，德泽普施百姓，统治天下七十年。于是尧下令推荐一人代他统治天下，大家一致把舜推荐给尧。

尧把两个女儿嫁给舜，观察舜的理家能力。把管理百官的重任交给舜，观察舜的治国能力。让舜进入大森林，舜面临狂风暴雨而不迷失方向。尧把自己的九个儿子嘱托给舜，又赠给舜传国的美玉，最后尧把帝位禅让给了舜。

〔摘　选〕 汉语成语源流大辞典.开明出版社，2009：1021.

五　画

【冬箑夏裘】 dōng shà xià qiú

〔释　义〕冬天扇扇子，夏天穿皮衣。比喻不合时宜，或比喻于事无补的言论、计划、学说、举措等。也作“冬扇夏炉”。

〔出　处〕《淮南子·精神训》：“知冬日之箑，夏日之裘，无用于己，则万物之变为尘埃矣。”

〔示　例〕东汉·王充《论衡·逢遇》：“作无益之能，纳无补之说；以夏进炉，以冬奏扇。”

〔感　悟〕

生命与需求

《淮南子·精神训》指出，懂得扇子在冬天、皮衣在夏天对自己没有用处的道理，那么许多没有用的东西，对于你来说也变得像尘埃一样渺小了。对生命有用的东西就看重，对生命无用的东西就轻视。

在这方面，古希腊哲学家苏格拉底有个小故事：古希腊当时有家闻名的大商场，货物齐全，价格合理。苏格拉底在学生们的怂恿下，逛了那个商场，结果什么也没买。回来后苏格拉底告诉学生们：“此行我最大的收获是认识了世上原来还有那么多东西，是我根本就不需要的。”和中国的先哲们一样，苏格拉底一直过着清贫的生活。他有一句名言：“我们需要得越少，就越接近上帝。”这里的上帝与《淮南子》中的“道”意义相近。

既然如此，那么平常之人怎样才能达到这种大彻大悟的境界呢？《淮南子》已经告诉我们：“重生。重生则轻利。”即看重生命，看重生命就会轻视利益。

〔摘　选〕 汉语成语大全(第2版).商务印书馆，2011：393.

【鸟尽弓藏，兔死狗烹】 niǎo jìn gōng cáng, tù sǐ gǒu pēng

〔释　义〕 比喻事情成功之后，曾经出过力的人就遭到摒弃和杀害。也作“鸟尽弓藏”、“兔死狗烹”、“狡兔死，走狗烹”、“弓藏鸟尽，兔死犬烹”、“藏弓烹狗”、“弓藏兔尽”、“鸟得弓藏”、“烹功狗”、“弓藏”。

〔出　处〕 《淮南子·说林训》：“狡兔得而猎犬烹，高鸟尽而强弩藏。”一说出自《史记》，而《史记》晚于《淮南子》，当以《淮南子》为源。

〔示　例〕 唐·王珪《咏淮阴侯》：“吉凶成纠缠，倚伏难预详。弓藏狡兔尽，慷慨念心伤。”宋·饶节《谒汉高帝庙》：“他日英雄矜胜败，今时田野话兴亡。狗烹兔死已千载，雷动风行尚一方。”清·赵翼《歌风台怀古》：“负心事竟烹功狗，出于威原斩路蛇。”

〔浅　析〕 “鸟尽弓藏，兔死狗烹”这一成语，富有哲理。事物存在都具有条件性。而这种条件性正符合道家“相反者相成”的辩证思维，它决定了该事物是否有存在的意义和价值。《老子·二章》说：“有无相生，难易相成，长短相形，高下相盈，音声相和，前后相随，恒也。”老子解释了现实世界中那些具有深刻内涵的相反相对的关系，提炼出一系列具有现实意蕴的相反相对的概念，从而进入哲学思辨层面，深刻地揭示出事物之间的对立统一、相互依存的规律。因此，后人多用“鸟尽弓藏，兔死狗烹”来形容一个人失去利用价值之后被无情抛弃的凄凉心境和悲惨下场。

〔典　故〕

范蠡“投湖”

春秋末期，吴、越争霸，越国被吴国打败，屈服求和。

越王勾践卧薪尝胆，任用大夫文种、范蠡整顿国政，十年生聚，十年教训，使国家转弱为强，终于击败吴国，洗雪国耻。吴王夫差兵败出逃，连续七次向越国求和。文种、范蠡坚持不允。夫差无奈，把一封信系在箭上射入范蠡营中。信上写道：“兔子捉光了，捉兔的狗没用了，就被杀了煮肉吃；敌国灭掉了，谋臣没用处了，就被抛弃。两位大夫为什么不让吴国保存下来，替自己留点余地呢？”文种、范蠡还是拒绝议和，夫差只好拔剑自刎。

越王勾践灭了吴国，发觉范蠡不知去向。第二天，大家在太湖边找到了范蠡的外衣，以为范蠡投湖自杀了。可过了不久，有人送来一封信，上面写着：“飞鸟打尽了，弹弓被收藏起来；野兔捉光了，狗被杀吃了；敌国灭掉了，谋臣就会遭害。越王为人，只可和他共患难，不宜与他同安乐。大夫至今不离他而去，不久难免有杀身之祸。”文种此时方知范蠡并未死去，而是隐居了。他虽然不尽相信信中所言，但从此告病不上朝，日久引起勾践疑忌。一

范蠡『投湖』　鸟尽弓藏

天勾践登门探望文种，临别留下佩剑一把。文种见剑鞘上有“属镂”二字，正是当年吴王夫差逼忠良伍子胥自杀的那把剑。他明白勾践的用意，悔不该不听范蠡的劝告，只得引剑自尽。

〔摘　选〕 汉语成语源流大辞典.开明出版社，2009：847.

【巧捷万端】 qiǎo jié wàn duān

〔释　义〕 巧捷：机灵敏捷；万端：变化极多。机灵敏捷，变化多端。形容动作或思维机敏，变化极多。

〔出　处〕 《淮南子·俶真训》：“……是犹两绊骐骥，而求其致千里也。置猿槛中，则与豚同，非不巧捷也，无所肆其能也。”

〔示　例〕 曹植《名都篇》：“连翩击鞠壤，巧捷唯万端。”

〔摘　选〕 古今汉语成语词典.山西人民出版社，1985：199.

【击其犹犹，陵其与与】 jī qí yóu yóu, líng qí yǔ yǔ

〔释　义〕 犹犹：犹豫不决的样子；与与：进退不定的样子。趁其犹豫不决的时候进行突然袭击。

〔出　处〕 《淮南子·兵略训》：“故善用兵者，见敌之虚，乘而勿假也，追而勿舍也，迫而勿去也。击其犹犹，陵其与与。”

〔浅　析〕 《淮南子·兵略训》是研究汉代战争思想和理论的完整的传世文献，是对《孙子兵法》、《孙膑兵法》、《六韬》等先秦军事思想的继承和发展。文中认为，善于用兵的人，了解敌人的空虚，乘机不可宽容，追击不可放弃，迫近不要离开，在敌人迟疑犹豫时袭击他们，在敌人进退两难时进攻他们。此乃胜利在握，实属上策。

〔摘　选〕 古今汉语成语词典.山西人民出版社，1985：208.

【失马亡羊】 shī mǎ wáng yáng

〔释　义〕指祸福得失难以预料。

〔出　处〕由《淮南子》中"塞翁失马"、"亡羊得牛"衍生而来。

〔示　例〕明·单本《蕉帕记·揭柬》："耳不闻斩蛇逐鹿，口不言失马亡羊，一任他桑田变海，海变桑田。"

〔摘　选〕汉语成语大全（第2版）.商务印书馆，2011：1333.

【失马塞翁】 shī mǎ sài wēng

〔释　义〕多指失而复得的人或深明祸福相互转化之理的人。也作"丧马之翁"、"失马翁"、"塞翁"。

〔出　处〕由"塞翁失马"衍生而来。

〔示　例〕唐·李群玉《自遣》："浮生暂寄梦中梦，世事如闻风里风……一壶浊酒暄和景，谁会陶然失马翁。"

〔浅　析〕世人都追求幸福，然而幸福里面或许潜伏着灾祸；世人都厌恶灾祸，然而灾祸里面可能隐藏着幸福。庄子所讲的梱（古代人名）的福祸经历也是这个道理，只是更强调"福其实就是祸"的观点。祸福变化无端，奇正善恶也是如此。

但是人们并不是完全明白这个道理，或者即使明白也不遵行。真正有大智慧的人则不然，他们能够辩证地看待和处理这些事情。辩证法的奥妙之处，不仅是让人们能够正确认识事物的发展变化，而且是让人们能够保持平常心，祸来不忧，福到不喜。中国人凡事不走极端之路，而喜欢走中庸之道，或许缘由于此吧。

〔摘　选〕成语探源辞典.首都师范大学出版社，2008：369.

【乐极生悲】 lè jí shēng bēi

乐不可极　乐极生悲

〔释　义〕 正当快乐到极点的时候，发生了令人悲痛的事情。也作“乐往悲来”、“喜极转悲”、“乐极生变”、“乐极悲来”、“乐极灾生”、“乐极生哀”、“乐终而悲”。

〔出　处〕 《淮南子·道应训》：“夫物盛而衰，乐极则悲日，中而移，月盈而亏。”（《文子》上作“乐终而悲”）一说出自《史记》，当以《淮南子》为源。

〔示　例〕 汉·武帝《秋风辞》：“萧鼓鸣兮发棹歌，欢乐极兮哀情多。少壮几时兮奈老何！”唐·吴少微《古意》：“歌终舞罢欢无极，乐往悲来长叹息。”

〔浅　析〕 “物盛而衰，乐极则悲”说的是事物发展到顶点后，若无忧患意识，必然走向另一极端。这种循环往复，在人间还是时有发生。因此，《淮南子》提出了需要人们警惕的五种观点：

其一，“聪明睿智，守之以愚”。聪明人要靠愚笨来持守。就是说，聪明人做事不要总自以为聪明，“智者千虑，必有一失”，只有谦虚谨慎，才能万无一失。

其二，“多闻博辩，守之以陋”。知识渊博的人，要靠孤陋寡闻来持守。庄子说：“吾生也有涯，而知也无涯。”在有限的生命内，人能够掌握的知识，不过是知识海洋中的一滴水。如果以为自己无所不知，那也是一种浅薄的表现。

其三，“武力毅勇，守之以畏”。勇武刚强之人，要靠怯懦畏惧来持守。无论一个人的勇气多大，武功多高，也难敌三军。如果仰仗“艺高人胆大，鞋厚不扎脚”，早晚会付出生命的代价。

其四，“富贵广大，守之以俭”。富贵宽裕，要靠朴素节俭来持守。富贵源于奋斗，幸福来自艰苦。成由勤俭败由奢，“奢者狼藉俭者安，一凶一吉在眼前”。

其五，“德施天下，守之以让”。德泽恩惠施及天下，要靠谦让要持守。君主拥有天下，不能因为惠及万民，就觉得功盖天下。而要爱民如子，心系百姓，才能兴国安邦。

《淮南子》告诫人们，违反这五个方面，随时可能有危险的事情发生。

〔典　故〕

孔子说“罐”

孔子和他的弟子去参观鲁桓公的宗庙，那里有一种巧妙的盛水陶罐，名叫宥卮（yòu zhī）。孔子说：“好啊，我得以见到这个宝物啦。你们快取水来。”水灌至容器中，装得适中容器就端正，装满了容器就倾倒。孔子认真地说：“这才是持盈之道啊！”子贡问：“怎样才能既装满又不倒呢？”孔子说：“减到适当，控制满溢。”子贡又问：“什么叫持盈之道呢？”孔子告诉他：“万物极盛就要走向灭亡，世人快乐到极点就要产生悲哀，太阳过了中午开始向西偏斜，月亮圆满后就会出现亏缺。因此，智慧聪颖的人要保持谦虚，博学多闻的人要自视浅薄，英勇坚强的人要倍加小心，荣华富贵的人要勤俭节约，德高望重的人要谨慎温和。这样就不至于走向反面，才会不遭危难。”

〔摘　选〕 成语探源辞典.首都师范大学出版社，2008：367.

【生寄死归】 shēng jì sǐ guī

〔释　义〕 意思是生如寄托人间，死如回归自然。后用来形容人对待生死的达观态度。

〔出　处〕《淮南子·精神训》："我受命于天，竭力而劳万民，生寄也，死归也，何足以滑和？"

〔示　例〕明·徐宏祖《徐霞客游记·续编》："吾游遍灵境，颇有所遇，已知生寄死归，亦思乘化而游，当更无所墨碍耳。"清·姚元之《竹叶亭杂记》："死归生寄两茫茫，不识他乡与故乡；五十六年都是幻，于今撇却臭皮囊。"

〔感　悟〕

生寄也　死归也

孔子说："未知生，焉知死？"关于生和死，既是一个哲学问题，又是一个宗教问题，无论是什么问题，凡人都逃不出贪恋生命、恐惧死亡的规律。庄子说："以生为丧，以死为反。"生为漂泊，死为归家。照此说来，死并不可怕，相反却是一种休息、一种归宿、一种人生痛苦的解除。文怀沙说过，人生就如同赴宴，吃饱了，喝足了，就该回家了。真是洒脱极致。

但是，当我们真的面对死亡时，谁还能洒脱呢？当一个人一旦深入地思考生与死的问题时，他已经陷入了悲观的深渊。佛学说灵魂不死，但是我们真的能坦然面对、心平气和地接受死后归于虚无的事实吗？也许能，也许不能。

雁渡寒潭，雁去而潭不留影；风吹疏竹，风过而竹不留声。生寄死归，生命如来，终其一生，当作如是观。蒙田说过："收拾好行李，随时准备和人生告别。"生命很短暂，我们怎么追求都不可能得到自己想要的一切。或许我们再坦然一些，再豁达一些，知道生命是侥幸落到我们手中的上帝的恩赐，宁可抱着平静的心情去享受它。

生寄也，死归也。如此而已。

〔典　故〕

“至人”之志

尧做国君时，住房的椽子木头不做加工，屋梁的柱子不加修饰；吃的是糙米饭，喝的是野菜汤；穿的是粗布衣和低劣的皮子。对尧来说，用来养生的东西一点也没增加，而日益增加的是对于国家大事的忧虑。因此，尧把天子之位禅让给舜，把天下权势看得轻，君主之位没有什么值得贪恋的。

大禹到南方巡查，在渡长江时，有条黄龙背负着小船，使船摇晃不稳。船中的人大惊失色。这时，大禹却笑着说：“我受命于上天，竭尽全力为万民操劳，活着只是暂时寄托在人间，死了就像回到自己的住宅，你怎能够扰乱天和呢？”大禹把黄龙看成一条蜥蜴，脸上神色毫无改变。黄龙见状，便很顺从地转尾逃走了。大禹看待庞然大物只不过是很细小的东西。

郑国有个神巫给壶子看相，见壶子有死亡的征兆，便告诉他的学生列御寇。列子一边哭着一边向壶子报告。壶子认为，精神属于上天，形骸属于大地，人死只不过是回到了自己的本土，名誉、财富都不值得在意。生命就算危急，也不是立刻就死，不值得恐惧。壶子把生与死看成是等同的了。

楚国的子来54岁时患上佝偻病，驼背高过了头顶，胸骨挨着下巴。子来爬到井边，对着井水照自己的形象，高兴地说：“真美呀！上天为我造就了这么好的容貌。”子来把体形病变前后的变化看成是同样的了。

由此可见，尧“轻天下”，禹“细万物”，壶子“齐死生”，子来“同变化”。用这些“至人”之志，对照世俗之人的思想意识，世俗之人就感到太羞愧了。

〔摘　选〕 新华成语大辞典.商务印书馆，2013：1333.

【发屋求狸】 fā wū qiú lí

〔释　义〕毁坏房屋去捕捉狸猫。比喻因小失大。

〔出　处〕《淮南子·说山训》："坏塘以取龟，发屋而求狸，掘室而求鼠，割脣而治龋。桀、跖之徒，君子不与。"

〔浅　析〕《淮南子·说山训》强调做事要讲究方法，不能得不偿失，因小失大。用洁净的双手去干耻辱的事情，就像沐浴之后去淘厕所；治疗毒疮，不管好肉坏肉一起割掉；农民锄地，不管禾苗、野草一起锄掉。破坏坝塘去逮乌龟，毁坏房屋去捕捉狸猫，挖掘房间去捉老鼠，割破嘴唇去治龋齿，这是夏桀、盗跖一类人所干的事，谦谦君子是不会做这种事的。

《淮南子》借此以讽刺那些光凭自己的私智、机巧做事的人。这些喜欢要小聪明的人看似在解决问题，实则逞自己的私智，采取的方式、方法却极为不明智，这样解决问题，又造成了新的更大的问题。

〔摘　选〕中华成语大词典.商务印书馆，2009：447.

【龙飞蛇舞】 lóng fēi shé wǔ

〔释　义〕像龙蛇一样飞舞游动。形容书法雄伟生动。也作"龙蛇飞动"、"云龙飞动"、"笔走龙蛇"、"龙蛇奔走"、"笔扫龙蛇"。

〔出　处〕由"龙飞凤舞"衍生而来。

〔示　例〕唐·李白《草书歌行》："起来向壁不停子，一行数字大如斗。恍恍如闻神鬼惊，时时只见龙蛇走。"宋·苏轼《西江月·平山堂》："三过平山堂下，半生弹指声中。十年不见老仙翁，壁上龙蛇飞动。"朱自清《旅行杂记》："壁上贴着一张黄色的磅纸，写着龙蛇飞舞的字。"

〔摘　选〕新华成语大辞典.商务印书馆，2013：903.

【龙飞凤舞】 lóng fēi fèng wǔ

〔释　义〕 形容山势起伏蜿蜒，气势雄壮。形容书法笔势雄放潇洒，生动多姿。或形容字迹潦草，难以辨认。

〔出　处〕 由“龙腾凤飞”衍生而来。

〔示　例〕 晋·郭璞《钱塘天目山诗》：“天目山前两乳长，龙飞凤舞到钱塘。海门一点异峰起，五百年间出帝王。”南朝·梁武帝《草书状》：“厥体难穷，其类多容，婀娜如削弱柳，耸拔如枭长松，婆娑而飞舞凤，宛转而起蟠龙。”

〔摘　选〕 新华成语大辞典.商务印书馆，2013：901.

【龙腾凤飞】 lóng téng fèng fēi

〔释　义〕 比喻气势雄壮，行动迅猛。多用于王者之师。也作“龙骧凤举”。

〔出　处〕 《淮南子·兵略训》：“善者之动也，神出而鬼行……鸾举麟振，凤飞龙腾。发如秋风，疾如骇龙。”

〔示　例〕 吕令问《云中古城赋》：“王师赫怒，爰（yuán，于是）整其旅，雾集云屯，龙骧（xiāng，马抬着头快跑）凤举。”

〔摘　选〕 汉语成语源流大辞典.开明出版社，2009：748.

【龙腾虎跃】 lóng téng hǔ yuè

〔释　义〕 像龙一样飞腾，如虎一样跳跃。多用来形容奋发兴起，气势雄放壮阔。

〔出　处〕 《淮南子·兵略训》：“鸾举凤飞龙腾。发如秋风，疾如骇龙。”唐·严从《拟三国名臣赞序》：“然则圣人受命，贤人受任，龙腾虎跃，风流云蒸，求之精微，其道莫不咸系乎天者也。”后世将“龙腾”、“虎跃”合而用之，遂为成语。

〔示　例〕 梁启超《志未酬》：“登高山复有高山，出瀛海更有瀛海，任龙腾虎跃以度此百年兮，所成就其能几许？虽成少许，不敢自轻。”

〔摘　选〕 汉语成语源流大辞典.开明出版社，2009：748.

【龙腾虎踞】 lóng téng hǔ jù

〔释　义〕 形容书法笔力雄放，气势磅礴。或形容诗文的笔触闳肆，格调奇崛。也作“龙跳虎卧”、“龙威虎振”。

〔出　处〕 《淮南子·兵略训》：“凤飞龙腾。发如秋风，疾如骇龙。”南朝·梁武帝《评书》：“王羲之书……如龙跳天门，虎卧凤阙，故历代宝之，永以为训。”后世将“龙腾”、“虎卧”衍生合用，遂为成语。

〔示　例〕 南朝梁·袁昂《古今书评》：“韦诞书如龙威虎振，剑拔弩张。”清·李佳《左庵词话·下·稼轩词》：“稼轩《千年调》词……用笔如龙跳虎卧，不可羁勒，才情横溢，海天鼓浪。”

〔摘　选〕 汉语成语源流大辞典.开明出版社，2009：748.

【头会箕赋】 tóu kuài jī fù

〔释　义〕 按人数征税，用畚箕装取所征的谷物。指赋税苛刻繁重。也作“头会箕敛”。

〔出　处〕 《淮南子·氾论训》：“秦之时，高为台榭，大为苑囿……头会箕赋，输于少府。”

〔示　例〕 西汉·司马迁《史记·张耳陈余列传》：“头会箕敛，以供军费。”

〔浅　析〕 《淮南子·氾论训》的宗旨是说世间古今得失，提倡法与时变，礼与俗化，归结于“道”。反对崇旧循古，“治国有常，而利民为本；政教有经，而令行为上。苟利于民，不必法古；苟周于事，不必循旧”，体现了作者进步的历史观。头会箕敛是中国最早的产生于秦代的人口赋税制度。作者借以提醒国君，要效法古代圣贤的治国之道，吸取秦朝迅速灭亡的教训，以道家“无为而治”的思想治理国家，轻徭薄赋，藏富于民，才能保证国家的长治久安。

〔摘　选〕 汉语成语大全（第2版）.商务印书馆，2011：1487.

【白璧微瑕】 bái bì wēi xiá

〔释　义〕 洁白的玉上有些小斑点。比喻很完美的人或事物也有小缺点或美中不足。也作“美玉微瑕”、“白玉微瑕”、“荆璧无瑕”。

〔出　处〕 《淮南子·氾论训》：“夫夏后氏之璜不能无考，明月之珠不能无纇（lèi）。然而天下宝之者，何也？其小恶不足妨大美。”

〔示　例〕 明·李开先《闲居集》：“莫为微瑕捐白璧，长因无事谈《黄庭》。新来悟得长生诀，揽镜何愁两鬓星。”

〔浅　析〕 尧、舜、商汤、周武，是古代君王中事业最为隆盛的；齐桓、晋文，是春秋五霸中的英豪。然而尧有不爱儿子的坏名声，舜有使父卑贱的非议，商汤、周武有流放、杀死桀、纣的举动，春秋五霸有刀兵侵伐的计谋，因此君子对任何一个人都不应求全责备。

夏禹时的玉璜，不能没有污点；明月之珠，不能没有瑕疵。然而天下的人都把它们作为宝物，是因为小毛病不能妨碍它们大的珍贵。

〔摘　选〕 汉语成语源流大辞典.开明出版社，2009：17.

【白璧无瑕】 bái bì wú xiá

〔释　义〕 比喻人或事物十分完美。也作“白璧无疵”、“白璧无玷”、“美玉无瑕”、“明珠无纇”、“片玉无瑕”、“琬琰无瑕”、“莹玉无玷”。

〔出　处〕《淮南子·氾论训》："夫夏后氏之璜不能无考，明月之珠不能无纇。然而天下宝之者，何也？其小恶不足妨大美。"

〔示　例〕唐·孟浩然《陪张丞相登荆州城楼……》："白璧无瑕玷，青松有岁寒。"宋·邵雍《诫子吟》："良药有功方利病，白圭无玷始称珍。"

〔摘　选〕新华成语大辞典.商务印书馆，2013：27.

【白兔捣药】 bái tù dǎo yào

〔释　义〕神话。月中有白兔，能捣仙药。

〔出　处〕由《淮南子》中"月里嫦娥"衍生而来。

〔示　例〕唐·李白《把酒问月》："白兔捣药秋复春，嫦娥孤栖与谁邻。今人不见古时月，今月曾经照古人。古人今人若流水，共看明月皆如此。"

〔摘　选〕汉语成语大全.商务印书馆，2011：41.

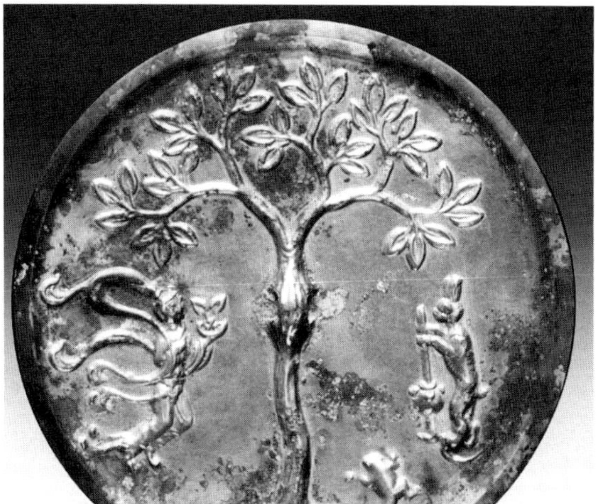

唐朝玉兔捣药铜镜

六　画

【百星不如一月】 bǎi xīng bù rú yī yuè

〔释　义〕 一百颗星星发出的亮光不如一个月亮发出的光明亮。比喻量多不如质优。

〔出　处〕 《淮南子·说林训》:“百星之明，不如一月之光；十牖之开，不如一户之明。”

〔示　例〕 宋·赵匡胤《咏月诗》:“未离海底千山墨，才到中天万国明。”

〔浅　析〕 《淮南子·说林训》意指天下万物之理众多，故名“说林”。此训用具体事例，通俗易懂，以事明理。一轮明月当空，胜过群星闪耀；打开十扇窗户，不如敞开一扇大门；兵不在多而在于精。这都说明了量多不如质优的普遍真理。

〔摘　选〕 汉语成语大全（第2版）.商务印书馆，2011：53.

【百舌之声】 bǎi shé zhī shēng

〔释　义〕 百舌：鸟名，鸣叫如百鸟之鸣。比喻唠叨、多嘴。

〔出　处〕 《淮南子·说山训》:“人有多言者，犹百舌之声；人有少言者，犹不脂之户也。”

〔浅　析〕 申徒狄不忍见纣之乱，背着石头，自己沉没到深渊中，但不幸溺水的人就没有这样的高节。弦高用欺骗秦军的手段保存了郑国，但不能把欺骗作为常德。事情往往只有一点应验，而不能作为规律来遵循。《淮南子·说山训》点出了这两个典故后指出，人有喜欢多言的，就像百舌鸟一样喋喋不休；人有很少言谈的，就像难以开闭的门枢一样。自己刻意求美名，往往得不到美名；自己不追寻美名，或许能得到美名。心里想着丑名，往往不会有丑名；自己回避丑名，或许就有丑名。对个体来说，多说话可能会招来非议和灾祸，但装聋作哑同样有问题。解决的办法，或许是顺其自然。

〔摘　选〕 新华成语大辞典.商务印书馆，2013：39.

【百川归海】 bǎi chuān guī hǎi

〔释　义〕 百川：泛指大小江河。所有江河最终都流入大海。比喻众望所归或大势所趋，也比喻许多事物由分散而汇集到一处。现用于比喻人心所向。也作“百川朝海”、“百川会海”、“百川注海”、“百川朝宗”、“百川赴海”。

〔出　处〕 《淮南子·氾论训》：“百川异源，而皆归于海；百家殊业，而皆务于治。”

〔示　例〕 唐·韦应物《赠卢嵩》：“百川注东海，东海无虚盈。泥滓不能浊，澄波非益清。”清·毛奇龄《禹庙》：“一自百川归海后，长留风雨在江东。”

〔浅　析〕 我们的祖先早先住在山洞里和水旁边，衣着非常粗

百川归海

陋，生活十分艰苦。后来人们建造房屋，从山洞里走出来，住进了可以躲避风雨的房子。人们制造农具和兵器，用来耕作和捕杀猛兽，生活比过去有了保障；定出各种各样的规矩，使人们有了礼节和约束。由此可见，社会是不断发展的，人们不能老用一个方式生活。所以古时候的制度，如果不再适合使用，就应该被废除；如果适合使用，就应该发扬。正如《淮南子·氾论训》写道：“百川异源，而皆归于海；百家殊业，而皆务于治。”千百条来自不同源头的江河，而后都流入大海；千万人家做的事各有不同，然而都是为了社会繁荣，人们过上更美好的生活。

〔摘　选〕新华成语大辞典.商务印书馆，2013：34.

【百川学海】 bǎi chuān xué hǎi

〔释　义〕比喻学术、事业等只要勤于求索积累，终必能进至所期的境界。

〔出　处〕由“百川归海”衍生而来。

〔示　例〕汉·扬雄《法言·学行》：“百川学海而至学于海，丘陵学山不至于山，是故恶夫画也。”（百条河水不停地流动，其归向于大海永远不会止息；丘陵是静止的，虽想向高山靠拢，却不可能达到目的）清·郭嵩焘《中庸章句质疑序》：“嵩焘所疑，又与《章句》微有异同；百川学海，大小曲折随其流衍，蕲至于海而已。”

〔摘　选〕汉语成语源流大辞典.开明出版社，2009：22.

【江海同归】 jiāng hǎi tóng guī

〔释　义〕形容殊途而同归。

〔出　处〕由《淮南子》中“百川归海”衍生而来。

〔示　例〕宋·钱易《南部新书》乙："初若矛楯相向，后类江海同归。三殿谈经，自此始也。"

〔摘　选〕中华成语大词典（第2版）.内蒙古大学出版社，2012：606.

【动不失时】 dòng bù shī shí

〔释　义〕时：时宜，时机。行动不失时机。指不做不切合时宜的事。

〔出　处〕《淮南子·原道训》："恬然无虑，动不失时，与万物回周旋转，不为先唱，感而应之。"《淮南子·人间训》："圣人敬小慎微，动不失时。百射重戒，祸乃不滋。"

〔浅　析〕《淮南子·原道训》认为，"人生而静，天之性也"。这里的"静"不是与"动"相反的寂然不动之意，而是人应当持守的一种谦卑忍让、不自以为是的人生态度。即尊重万物之天然状态，不妄为，推己及人，利人而不争；反观内省，淡然而不为万物所诱。只有循道而行的人，才能"动不失时"，正确处理人与自然之间、人与人之间、人与自己之间的辩证关系。

〔摘　选〕汉语成语大全（第2版）.商务印书馆，2011：394.

【芝艾俱焚】 zhī ài jù fén

〔释　义〕芝艾：比喻善和恶。芝艾同被烧毁。比喻好的和坏的、高贵的和低贱的同归于尽。也作"芝艾俱尽"、"芝艾并焚"。

〔出　处〕《淮南子·俶真训》："巫山之上，顶风纵火，膏夏、紫芝与萧艾俱死。"

〔示　例〕西晋·陈寿《三国志》裴松之注引《魏略》："若苗秽害田，随风烈火，芝艾俱焚，安能自别乎？"《梁书·元帝记》："孟诸焚燎，芝艾俱尽；宣房河决，玉石同沉。”

〔摘　选〕 成语大词典（彩色版）.商务印书馆，2009：1304.

【死不旋踵】 sǐ bù xuán zhǒng

〔释　义〕 旋踵：转动脚后跟，引申为后退。比喻不畏艰险，奋勇向前，或死期就在眼前，并不惧怕。也作“死不还踵”（还：通“旋”）。

〔出　处〕 《淮南子·泰族训》：“孔子弟子七十，养徒三千人，皆入孝出悌，言为文章，行为仪表，教之所以成也；墨子服役者百八十人，皆可使赴火蹈刃，死不还踵，化之所致也。”（《战国策》中也有此话）

〔示　例〕 《战国策·中山策》：“当此之时，秦中士卒，以军中为家，将帅为父母，不约而亲，不谋而信，一心同功，死不旋踵。”

〔典　故〕

李膺执法　死不旋踵

李膺是东汉桓帝时期赫赫有名的“八大俊杰”之一。当时宦官头子张让有个弟弟叫张朔。他依仗其兄的权势，当上了野王县令。张朔当政以后，贪婪残暴。有一天，他酒足饭饱后，突生恶念，说要瞧瞧未出生的婴儿是个什么模样，便令人把一个孕妇活活地剖腹杀害了。李膺查知张朔的罪行后，决定捉拿张朔归案。但前去捕搜的官员回来报告说，张朔畏罪逃到京师，躲在其兄张让家里。

原来，张让府第豪华，有一个镶金雕玉的大厅，竖立着八根又粗又高的松木大柱，其中一根木柱中间掏空，形成一个密室，外面又装饰得和其他几根柱子一模一样，经察访张朔就藏在里边。张让府第门庭森严，一般官吏无法进入。李膺不理那一套，手持令牌，率领洛阳狱卒，抓获张朔归案，并依法将其斩首示众。

张让气得整天寻思着如何谋害李膺，为弟弟报仇，就跑到桓帝那里诬告李膺冤枉了他弟弟，又说李膺先斩后奏，犯欺君之罪。

桓帝把李膺召进殿来，厉声责问："李膺，你眼里还有没有朕？为什么不先奏朝廷再施刑戮？"李膺明白了皇上发怒的原因，若有所思地说："陛下，你不是经常说臣要向古代的贤人学习吗？我杀张朔，正是按圣上的教谕办的。"皇帝质问道："古代贤臣的美德是忠君顺上，以朕意为法，岂有执法不从君命的道理？"李膺答道："从前，晋文公因卫成公乱杀人，就把他带到京师，《春秋》中肯定了这种做法。《周礼》说'公族人违法犯罪，虽想宽容，但有司衙门却执法不从。'听说，孔子在鲁国任司寇时，七天就杀了少正卯。臣已上任十多天了，一直怕因积压案件、执法不严而犯上。如皇上因此问罪于我，纵死黄泉，我决不推脱责任。不过，我请求宽容我五天，等我把那些危害朝廷、残害百姓的祸首铲除掉，再来服罪就戮，这是我有生的唯一愿望。"言罢，昂扬而去。

李膺这一番慷慨激昂的陈词，说得桓帝不再责怪，回头对张让说："这是你弟弟罪有应得，李膺有什么过错呢！"

李膺执法不从君命，至死毫不动摇的行为，震动了整个宫廷。从此，那些不守法度的宦官都小心谨慎了。

〔摘　选〕 古今汉语成语词典.山西人民出版社，1985：275.

【死无遗忧】 sǐ wú yí yōu

〔释　义〕 死后心安理得，没有留下后顾之忧。

〔出　处〕 《淮南子·泰族训》："李克竭股肱之力，领理百官，辑穆万民，使其君生无废事，死无遗忧，此异行而归于善者。"

〔摘　选〕 中华成语大词典（第2版）.内蒙古大学出版社，2012：1206.

【至高无上】 zhì gāo wú shàng

〔释　义〕至：最。高到顶点，再也没有更高的了。也作“至高至上”。

〔出　处〕《淮南子·缪称训》：“道至高无上，至深无下，平乎准，直乎绳，圆乎规，方乎矩，包裹宇宙而无表里，洞同覆载而无所碍。”（《文子》中也有此话）

〔示　例〕梁斌《红旗谱》：“只要能把国家从水深火热里救出来，他就是至高无上的英雄。”

〔感　悟〕

人——至高无上

人，一撇一捺，一个近乎最简单的字眼，同时也是一个最神圣的字眼。生命的价值高于一切。只有把人放在第一位，才是一个社会最大的进步、最大的文明。马丁·路德说：“一个国家的前途不取决于它的国库之殷实，不取决于它的城堡之坚固，也不取决于公共设施之华丽，而在于公民本身。”如果一个国家十分强大，国民却没有自由和尊严，那么，这样的强大究竟有何意义？

捷克前总统哈唯尔说：“事实上存在着一种高于国家的价值，这种价值就是人。”这个道理不应仅仅体现在社会发展观上，亦应体现在社会的每一个细节之上。行人违规，机动车是不是可以撞了白撞？不！生命不是蝼蚁，蝼蚁也是生命；见义勇为，匹夫有责，是不是儿童和孩子也有责任？不！孩子可以免责，这正是对生命的爱护。“亲爱的房客，如果发生火灾，你必须迅速离开，不要救火，因为你的生命比任何东西都宝贵。”这充满对人尊重的提醒多么温馨。

一个国家和政府之所以存在，是为了保护公民的生命和财产安全。《共产党宣言》说，未来的社会将是这样一个联合体，在那里每一个人的自由发展是一切人自由发展的条件。对此，我们的理解是：人——至高无上。

〔摘　选〕 新华成语大辞典.商务印书馆，2013：2025.

【执正持平】 zhí zhèng chí píng

〔释　义〕 坚持执行公平合理，不偏不向。

〔出　处〕 《淮南子·主术训》："使人主执正持平，如从绳准高下，则群臣以邪来者，犹以卵投石，以火投水。"

〔浅　析〕 《淮南子·主术训》指出，国君须诚实公正，让正直的人担任要职，奸邪之人便会躲藏起来；国君不正派，那些奸邪小人便会得志，忠贤良才就要隐居起来。人们不愿去剖击坚硬的玉石，而随意能打开瓜瓠，是因为玉石不可轻易冒犯。如果国君执掌权力公平、公正、公开，就像依循准绳，上下一致，那么群臣中若有不正之风，也犹如鸡蛋碰石头，自取灭亡。

〔摘　选〕 古今汉语成语词典.山西人民出版社，1985：277.

公平正义

【有眼不识荆山玉】 yǒu yǎn bù shí jīng shān yù

〔释　义〕 荆山：山名，此山产宝玉，据传和氏璧就出自此山。比喻人的眼力差、见识浅陋，缺乏识别事物的能力，识别不出珍品或贤人。

〔出　处〕《淮南子·修务训》：“鄙人有得玉璞者，喜其状，以为宝而藏之。以示人，人以为石也，因而弃之。此未始知玉者也。故有符于中，则贵是而同今古；无以听其说，则所从来者远而贵之耳。此和氏之所以泣血于荆山之下。”

〔示　例〕 三国·魏·曹植《与杨祖德书》：“人人自谓握灵蛇之珠，家家自谓抱荆山之玉。”明·兰陵笑笑生《金瓶梅词话》：“我西门庆一时昏昧，不听你之良言，辜负你的好意，正是‘有眼不识荆山玉，拿着顽石一样看’。”

〔浅　析〕《淮南子·修务训》强调要学习和自强，不要随波逐流，要有自己的独立见解，持之以恒，“不为古今易志”，方能成就事业。一个没有学识的人得到一块未经雕饰的玉石，因为喜欢其形状便收藏起来。当他拿给别人看时，别人说是一块普通的石头，于是玉石被扔了。可见，心中有了是非标准，才会尊重客观事实，将古今一以视之；心中缺少是非标准，就只会重视那些来历久远的东西。这正是“卞和啼血”的原因。

〔典　故〕

卞和献玉

春秋时期，楚人卞和看见一只凤凰落在荆山（位于今湖北南漳县境内）的一块青石上。认定那块青石中必有宝玉，便将它献给了楚厉王。楚厉王命玉工辨识，玉工说这只是一块石头。楚厉王大怒，命人砍下卞和的左脚。厉王死后，武王即位，卞和又去献宝。武王又命玉工辨识，玉工仍说是一块石头。于是，卞和又因为欺君之罪被砍去右脚。武王死后，文王即位。卞和抱着璞玉在楚山下痛哭，一直哭得泪水流尽，眼中滴血。文王得知后派人去问其原因，卞和答："我悲伤的不是被砍掉了双脚，而是美玉被当成石头、忠贞之士被当成骗子。"文王使命玉工剖开璞玉，发现里面果真是一块稀世之宝玉。为了彰显卞和之名，文王遂将此玉命名为"和氏璧"。因和氏璧出自荆山，故后人又称之为"荆山玉"。

由于卞和献玉的故事流传很广，"有眼不识荆山玉"就随故事的流传而成为一句成语。至明代后，这一成语中的"荆山玉"一词在口语中渐渐地被发音相近的"金镶玉"所代替，"有眼不识金镶玉"就这样在民间以讹传讹地流传开来。

〔摘　选〕 汉语成语大全（第2版）.商务印书馆，2011：1875.

【有眼不识泰山】 yǒu yǎn bù shí tài shān

〔释　义〕 长着眼睛却不认识泰山。比喻没认出著名的人物。常用作恭维对方的客套话。

〔出　处〕 由"有眼不识荆山玉"衍生而来；《文子》中有"目不见泰山之形"句子，后世合用，遂为成语。

〔出　处〕 《水浒传》第二回："师父如此高强，必是教头，小儿有眼不识泰山。"

〔摘　选〕 中华成语大词典（第2版）.内蒙古大学出版社，2012：1661.

【匡床蒻席】 kuāng chuáng ruò xí

〔释　义〕 匡：方正；蒻：嫩的香蒲。标准的床，柔软的席子。形容床铺非常舒适。

〔出　处〕 《淮南子·主术训》："肥醲甘脆，非不美也，然民有糟糠菽粟不接于口者，则明主弗甘也；匡床蒻席，非不宁，然民有处边城、犯危难、泽死暴骸者，明主弗安也。”

〔浅　析〕《淮南子·主术训》论述了民本民生思想。“民者，国之本也”，治国之本在于安民。要减轻赋税，爱惜民力，富裕民生。高台亭榭，宫室相连，虽是壮丽，然而老百姓中，有人连土室、草棚这样简陋的遮蔽身体的地方都没有，英明的君主是不能快乐的；美酒佳肴，香甜酥脆，虽是美好，然而老百姓中，有人连糟糠豆谷也吃不饱，那么英明的君主吃饭是不香甜的；平稳的床，细软的席子，虽是舒适，然而老百姓中，有人处在边鄙城邑冒着生命危险，死于沼泽暴尸野外，英明的君主是不会平静的。

〔摘　选〕古今汉语成语词典.山西人民出版社，1985：280.

国之本在家

【同甘共苦】 tóng gān gòng kǔ

〔释　义〕一同尝甜的，也一同吃苦的。比喻有福同享，有难同当。也作“分甘共苦”、“甘苦与共”。

〔出　处〕《淮南子·兵略训》：“故将必与卒同甘苦，俟饥寒，故其死可得而尽也。”（《战国策》上也有此话）

〔示　例〕《战国策·燕一》：“燕王吊死问生，与百姓同甘共苦。”

〔感　悟〕

同甘共苦长征路

二万五千里长征途上，不仅有千山万水、雪山草地，更有强大敌军的围追堵截。红军纪律极为严明，用人民军队的新形象，争取了劳苦大众的心。红军每到一地，都要开仓济贫，废除苛捐杂税，为百姓申冤除害。正因如此，红军所到之处，各族群众争相帮助筹粮筹款，当向导，送情报，救护安置伤病员，协助作战，纷纷报名参加红军。

历时两年的长征中，党的领袖和红军各级指挥员始终与普通士兵同甘共苦。每到生死关头，吃苦在前、冲锋在前的都是共产党员和各级领导干部。毛泽东同志除了生病以外，绝大部分时间里和普通战士一样在步行；朱德总司令多次把伤兵扶上自己的坐骑，自己却徒步前进；贺龙率部过草地时，先行品尝哪些野菜可以吃，然后通报各部队。聂荣臻说：“红军打仗打的是干部，打的是党、团员。”正是党和红军各级领导干部的清正廉洁、率先垂范的优良品质和自我牺牲精神，塑造了艰难困苦中红军的强大凝聚力，环境再恶劣、条件再艰苦，战士们也毫无怨言。

为最广大人民的利益而忠诚奋斗的政治力量，是不可战胜的。“得民心者得天下”，这既是红军长征胜利的根本原因，也是夺取政权和执掌政权的千古铁律。

〔摘　选〕 汉语成语词典.四川辞书出版社，1985：833.

【吊死抚伤】 diào sǐ fǔ shāng

〔释　义〕 哀悼死者，抚恤伤残人员。多指关心人民生活疾苦。也作“吊死扶伤”、“吊丧问疾”、“吊死存疾”、“吊死问疾”、“吊死问孤”、“哀死问伤”。

〔出　处〕 《淮南子·修务训》：“轻赋薄敛，以宽民氓；布德施惠，以振困穷；吊死问疾，以养孤孀；百姓亲附，政令流行。”一说出自《史记·伍子胥列传》：“勾践食不重味，吊死问疾，且欲有所用之也。”《史记》只是引用《淮南子》之词而用，不足为源。《战国策》上作“吊死问生”，用意不同。

〔示　例〕 明·袁中道《入都迎伯修榇，得诗十首，效白》：“病死慰生泪暗垂，一身多病不堪支。断肠客路三千里，极目羁魂十二时。”

〔典　故〕

商汤布德

商汤是中国历史上第二个朝代——商朝的创建者。据史载，汤有勇有谋，很有韬略，又善于纳谏，听取不同意见。“以宽治民”、“轻赋薄敛”、“布德施惠”、“吊死问疾”，在商国之内，“百姓亲附，政令流行”。

有一天他到野外散步，看到有人四面张起网来捕鸟兽，还祷告说：“从天上下来的，从四面八方来的，所有的鸟兽统统进入网内。”汤听了不禁感叹：“不能竭泽而渔啊！哪能把鸟兽都打光啊？”于是汤去掉三面网，只留了一面的网。汤之仁德惠及鸟兽，四方诸侯听了大为震动，都投奔商，汤的势力日益壮大。

汤喜欢听人提意见，他说：“用水可以照人的影子，听了大家的意见，才知道国家治理得是好是坏。”汤灭夏建立商朝后，注意吸取夏朝灭亡的教训，要“毋不有功于民，勤力乃事”。相传天大旱，五年不收，汤“剪其发，枥其手，以身为牺牲，用祈福于上帝”，百姓高兴，天受感动，普降大雨，旱情乃解。商汤统治时期，国土面积越来越大，是当时世界上少有的文明大国。

〔摘　选〕 汉语成语源流大辞典.开明出版社，2009：278.

商汤布德　吊死问疾

【因时制宜】 yīn shí zhì yí

〔释　义〕 根据不同时期情况，采取适当措施。形容准确把握时机。

〔出　处〕 《淮南子·氾论训》："器械者，因时变而制宜适也。"一说出自《汉书》，此书较晚，不足为源。

〔示　例〕 清·魏源《圣武记》第11卷："为政贵因时制宜。"

〔摘　选〕 成语大词典（彩色版）.商务印书馆，2009：1209.

【因事制宜】 yīn shì zhì yí

〔释　义〕 根据不同的事情或事务，采取相应的措施。也作"因变制宜"。

〔出　处〕 由"因时制宜"衍生而来。

〔示　例〕 唐·王彦威《东都庙主议》："王者遭时为法，因事制宜。苟无其常，则思其变。"

〔摘　选〕 汉语成语源流大辞典.开明出版社，2009：1396.

与时俱进

【因地制宜】 yīn dì zhì yí

〔释　义〕 根据不同地区的具体情况，制订相应的措施。也作“随地制宜”。

〔出　处〕 由“因时制宜”衍生而来。

〔示　例〕 清·章学诚《……常德府志序》：“爰求前迹，有若马伏波、应司隶之流，制苗蛮于汉世；李习之、温简舆其人，兴水利于唐时；因地制宜，随时应变，皆文武长吏前事之师。”

〔典　故〕

尾生之约

小伙子尾生和一位姑娘相好，二人约定在村外小河的桥柱子旁见面。这天，尾生早早来到见面地点，耐心等待着姑娘。

他靠在桥柱子上，面带微笑，默默想着见面时的情景，想着下次见面的时间、地点。他陶醉了，不觉时间过去，仿佛姑娘该出现了，才从朦胧的想象中清醒过来。这时，桥下的水不知什么时候涨起来，浸湿了他的鞋子。走吧，但想到姑娘要是来了……他没有走。

水势出人意料地猛涨起来，漫过双腿，漫过腰胸。桥上有人大喊：“快跑！快跑！再不跑就淹死了！”

尾生觉得身体要浮起来，水似乎要把他冲走。他用力抱紧桥柱子，眼睛看着远方，期盼着姑娘的出现。

水越涨越高，漫过耳目，漫过头顶，尾生的发髻散乱地漂在水面上……

当水涨停回落后，再也没见到尾生，只有桥柱子稳稳地立在那里。

〔摘　选〕 汉语成语源流大辞典.开明出版社，2009：1396.

【江河不实漏卮】 jiāng hé bù shí lòu zhī

〔释　义〕 卮：古代盛酒的器皿；漏卮：渗透的酒器。虽是江河之水，漏洞多了，也会像渗透的酒器那样慢慢地干涸。比喻不能忽视事物的细微之处。

〔出　处〕 《淮南子·氾论训》："今夫霤水足以溢壶榼，而江河不能实漏卮。故人心犹是也。"

〔浅　析〕 《淮南子·氾论训》的宗旨是"博说世间古今得失，以道为化，大归于一"。文中指出，屋檐下的积水能够把壶榼（kē）盛满，而长江、黄河的水也不能把漏卮装满。因此，人的心态也是这样。自己应当以"道"来约束，食物能充满肚子，衣服能挡风御寒，就足以养七尺之形了。如果不用"道"衡量自己加以检束，就是据有万乘之势的国君也不会感到尊贵，拥有天下的财富也不会觉得快乐。

〔摘　选〕 古今汉语成语词典.山西人民出版社，1985：333.

【众议纷纭】 zhòng yì fēn yún

〔释　义〕 很多种说法，杂乱而不统一。也作"众说纷纭"、"众说纷揉"、"众口纷纭"。

〔出　处〕 由"众议成林"衍生而来。

〔示　例〕 宋·欧阳修《准诏事上书》："然而事绪转多，枝梧不暇。从前所采，众议纷纭，至于临事，谁策可用？"清·王又旦《古鼎篇》："纷纭众说胡能同，鲁真齐赝空懵懵。"

〔摘　选〕 汉语成语源流大辞典.开明出版社，2009：1487.

【众议成林】 zhòng yì chéng lín

〔释　义〕 指众人的议论，能够使人相信平地长出森林。比喻流言多到可以乱真。

〔出　处〕《淮南子·说山训》:“众议成林,无翼而飞;三人成市虎,一里能挠椎。”

〔示　例〕“众议成林,即使你什么都没有做过,但一旦谣言四起,你就百口莫辩了。”

〔浅　析〕东汉高诱在对《淮南子》的注中说:“众人皆议,平地生林,无翼之禽能飞,凡人信之,以为实然也。三人从市中来,皆言市中有虎。市非虎处,而人信以为有虎,故曰‘三人成市虎’。一里之人皆言能屈椎者,人则信之也。”

〔摘　选〕汉语成语大全(第2版).商务印书馆,2011:2003.

众鸟林议　不用翼飞

【羊肠小道】 yáng cháng xiǎo dào

〔释　义〕 曲折而极窄的路（多指山路）。也可用于指人的心胸狭窄。也作“羊肠小路”、“羊肠鸟道”、“羊肠九曲”、“兔径鸟道”、“羊肠九曲”、“羊肠小径”、“羊肠道”。

〔出　处〕《淮南子·兵略训》：“硖路津关，大山名塞，龙蛇蟠，却笠居，羊肠道，发笱门，一人守隘，而千人弗敢过也，此谓地势。”

〔示　例〕 巴金《春·二》：“竹林中有一条羊肠小路，月光从上面直射下来。天空现在是一碧无际，那些鱼鳞似的云片也不知消散到何处去了。”

〔感　悟〕

羊肠小道通幽处

人们总是怀着侥幸的心理去看待世界，希望自己脚下会是平坦笔直的一直延伸到远方的大道。其实，在平坦笔直的道路旁有被人遗忘的崎岖不平的羊肠小道。人们路过羊肠小道时，眼里充满了恐惧，仿佛羊肠小道的终点，就似那无际的黑暗深渊一般。

借元旦的假期，我到了太白岩山顶，走到了人们眼中的平坦大道——水泥路的尽头。许多人停下了脚步，因为前面是泥泞而弯曲的羊肠小道。放眼望去，小路钻进了山谷，一直延伸到山那边。人们叹息，然后摇头往回走。我因为好奇，走上了这羊肠小道……结果，出乎意料，羊肠小道的尽头居然是美好的沙龙公园。就像列宁有一次越过陡峭的山弯后，便欣赏到山顶壮观的日出美景。

羊肠小道弯路偏多，但当你转过最后一个弯，可能见到彩虹，成功的彼岸在不远处向你招手。

比尔·盖茨从哈佛大学“大道”上退出来，执意走“羊肠小道”，成为计算机领域的名人。诺贝尔不因失败和人们的指责而放弃实验，把

"羊肠小道"走到底。

人生就是这样，从"羊肠小道"出发的人往往也能获得成功。

〔摘　选〕 成语探源词典.首都师范大学出版社，2008：370.

【行合趋同】 xíng hé qū tóng

〔释　义〕 目标相同，步调一致。

〔出　处〕 《淮南子·说山训》："行合趋同，千里相从；行不合，趋不同，对门不通。"

〔示　例〕 2009年12月3日，国务院总理温家宝在人民大会堂欢迎加拿大总理哈珀访华。温家宝回忆2003年访问加拿大时，在演讲中曾引用"行合趋同，千里相从"来形容中加关系，希望双方成为不同制度、不同发展水平国家长期友好合作的榜样。

〔摘　选〕 汉语成语大全.商务印书馆，2011：1674.

行合趋同　千里相从

【光怪陆离】 guāng guài lù lí

〔释　义〕 光怪：光彩奇异；陆离：各式各样。形容奇形怪状，五颜六色。也作“光彩陆离”、“纷披光怪”、“神光陆离”。

〔出　处〕 《淮南子·本经训》：“五采争胜，流漫陆离。”屈原《离骚》：“纷总总其离合兮，班陆离其上下。”后世将两个典故的语意合而用之，遂为成语。一说出自南朝梁·沈约《三月三日率尔成章诗》：“绿帻文照耀，紫燕光陆离。”此诗较晚，不足为源。

〔示　例〕 明·文徵明《跋怀素草书千字文》：“余家所收怀素《千文》二本……楮本是少年书，纷披光怪，气焰慑人；绢本晚年所作，应规入距，一笔不苟。”《儒林外史》第五十五回：“那柴烧得一块一块的，结成就和太湖石一般，光怪陆离。”

〔摘　选〕 古今汉语成语词典.山西人民出版社，1985：284.

怀素疾书　神光陆离

【再实之根必伤】 zài shí zhī gēn bì shāng

〔释 义〕一年之内两次结果的树，根必受伤。比喻过度幸运，反而招致灾祸。

〔出 处〕《淮南子·人间训》：“众人皆知利利而病病也，唯圣人知病之为利，利之为病也。夫再实之木根必伤，掘藏之家必有殃，以言大利而反有害也。”

〔典 故〕

阳虎之逃

春秋时期，阳虎在鲁国作乱，鲁君下令关上城门逮捕他。捕到他的人有重赏，放走他的人有重罪。阳虎被围了三圈，准备举剑自刎。一个守门的人制止说：“天下之大，我助你出逃！”守门的士兵佯装拦截，阳虎乘机逃跑，并返回用戈刺伤守门人的袖口直到腋下。守门的人说：“我们帮你出逃要判重罪，你反而刺伤我们。”

鲁君得知阳虎逃跑，对守门人中受伤的给予重赏，对无伤的人处以重罪。阳虎的用意这才体现出来，原来是为了让那位受伤的守门人免于受罚。正如《淮南子》所言：“欲利之而反害之”，“害之而反利者也”。

〔摘 选〕中华成语大词典.商务印书馆，2009：1905.

【决胜千里】 jué shèng qiān lǐ

〔释 义〕指在后方谋划指挥，决定千里之外的胜负。也作“决胜千里之外”、“决策千里”。

〔出 处〕《淮南子·兵略训》：“故运筹于庙堂之上，而决胜乎千里之外矣。”

〔示 例〕《史记·留侯世家》：“运筹策帷帐中，决胜千里外，子房（张良）功也。”元·郑德辉《三战吕布》：“坐筹帷幄真壮士，决胜千里定输赢。”

〔典　故〕

洛阳之问

西汉初年，天下已定。汉高祖刘邦在洛阳南宫举行盛大的宴会，喝了几轮酒后，他向群臣提出一个问题：“我为什么会取得胜利？而项羽为什么会失败？”高起、王陵认为，高祖派有才能的人攻占城池与战略要地，给立大功的人加官奉爵，所以能成大事业。而项羽恰恰相反，有人不利用，立功不授奖，贤人遭疑惑，所以他才失败。刘邦听了，认为他们说的有道理，但最重要的取胜原因是会用人。他说：“夫运筹策帷帐之中，决胜于千里之外，吾不如子房；镇国家，抚百姓，给馈饷，不绝粮道，吾不如萧何；连百万之军，战必胜，攻必取，吾不如韩信。此三者，皆人杰也，吾能用之，此吾所以取天下也。”

〔摘　选〕 新华成语大辞典.商务印书馆，2013：794.

【决胜庙堂】 jué shèng miào táng

〔释　义〕 庙堂：古代帝王祭祀、议事的场所，也指朝廷。指官员们在朝廷中制定出策略。

〔出　处〕 《淮南子·兵略训》：“故运筹于庙堂之上，而决胜乎千里之外矣。”一说语见明无名氏《投笔肤谈》，其只是取《淮南子·兵略训》之意，灵活运用而已，应以《淮南子》为源。

〔示　例〕 明·无名氏《投笔肤谈》：“儒将者，决胜庙堂者也。武将者，折冲千里者也。”

〔摘　选〕 汉语成语大全.商务印书馆，2011：835.

【决腹断头】 jué fù duàn tóu

〔释　义〕 决：剖开。剖腹砍头。形容人死得壮烈。也作“断脰（dòu，颈项）决腹”。

〔出　处〕 《淮南子·修务训》：“遂入不返，决腹断头，不旋踵运轨而死。”

〔示　例〕

梅岭三章

陈　毅

断头今日意如何？
创业艰难百战多。
此去泉台招旧部，
旌旗十万斩阎罗。

南国烽烟正十年，
此头须向国门悬。
后死诸君多努力，
捷报飞来当纸钱。

投身革命即为家，
血雨腥风应有涯。
取义成仁今日事，
人间遍种自由花。

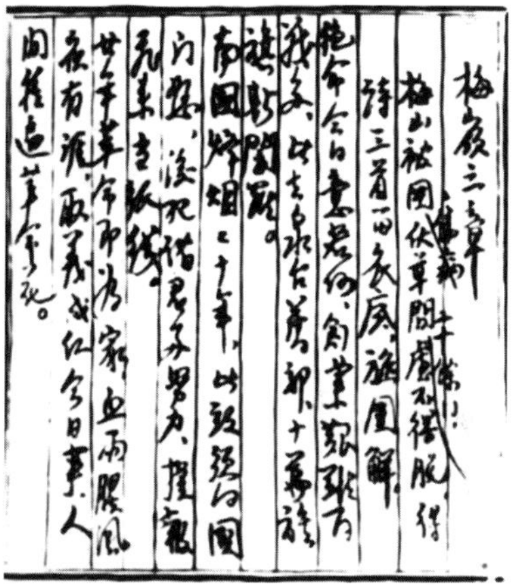

1936 年冬，梅山被困。余伤病伏丛莽间二十余日，虑不得脱，得诗三首留衣底。旋围解。

〔摘　选〕 中华成语大词典.商务印书馆，2009：829.

【好自为之】 hǎo zì wéi zhī

〔释　义〕 指自己妥善处理或好好地干下去。多用于劝人自勉。也作“好去为之”。

〔出　处〕《淮南子·主术训》：“君人者不任能，而好自为之，则智日困而自负其责也。”有的成语词典只注“例句”，未注“出处”。

〔示　例〕 清·王韬《淞隐漫录·四奇人合传》：“此时正大丈夫建功立业之秋，原勿以儿女为念。行矣李君，好自为之。”梁晓声《沉默权》：“我的事，我自己担着，你们二位的事，各自好自为之吧！”《赛红丝》：“凡事依汝，汝好去为之。”

〔摘　选〕 汉语成语大全.商务印书馆，2011：624.

【年近知非】 nián jìn zhī fēi

〔释　义〕 指年纪快到五十，或接近六十岁。也作“知非之年”、“知非不惑”、“齿逾知非”。

〔出　处〕《淮南子·原道训》：“日以月悔也，以至于死。故蘧伯玉年五十，而有四十九年非。”（汉·高诱注：“伯玉，卫大夫蘧瑗也。今年则行是也，则还顾知去年之所行非也。岁岁悔之，以至于死，故有四十九年非，所谓月悔朔，日悔昨也。”）后世多取《淮南子》文，以“知非”为五十岁的代称。

〔示　例〕 唐·白居易《自咏》：“诚知此事非，又过知非年。岂不欲自改，改即必不安。”宋·李清照《〈金石录〉后序》：“余自少陆机作赋之二年，至过蘧瑗知非之两岁，三十四年之间，忧患得失，何其多也。”

〔摘　选〕 汉语成语源流大辞典.开明出版社，2009：843.

【年近桑榆】 nián jìn sāng yú

〔释　义〕 桑、榆：两种树名。这里比喻晚年。指将近晚年。也作“年迫桑榆”、“年人桑榆”、“年落桑榆”。

〔出　处〕 《太平御览》卷三引《淮南子》：“日西垂，景在树端，谓之桑榆。”（景：通“影”）

〔示　例〕 宋·刘克庄《谢诸寓贵载酒》：“景迫桑榆欢意少，相依药碗与荣杯。”

〔摘　选〕 新华成语大辞典.商务印书馆，2013：1032.

【年近古稀】 nián jìn gǔ xī

〔释　义〕 古稀：指七十岁。年纪将近七十岁。

《父亲》　罗中立

〔出　处〕 由“年近桑榆”衍生而来。

〔示　例〕 清·文康《儿女英雄传》：“只见扇中走出一位老叟，年近古稀，须发苍白，身高六尺有余，一脸的道气。”

〔摘　选〕 汉语成语大全（第2版）.商务印书馆，2011：1055.

【牝牡骊黄】 pìn mǔ lí huáng

〔释　义〕 牝：雌性的鸟兽；牡：雄性的鸟兽。骊：黑色。原指寻求骏马不必拘泥于马的性别、毛色，用来说明观察事物要抓实质，而不能单纯着眼于表面现象。后比喻事物的表面现象。多暗含其本质为优异者。也作“玄黄牝牡”、“牝牡”、“骊黄”。

〔出　处〕 《淮南子·道应训》：“穆公见之，使之求马。三月而反，报曰：‘已得马矣，在于沙丘。’穆公问：‘何马也？’对曰：‘牝而黄。’使人往取之，牝而骊。”（《列子·说符》也有此典故）

〔示　例〕 宋·释惠洪《石门文字禅》:“随流我自分泾渭,赏骏谁能略牝黄?”

〔典　故〕

九方堙相马

秦穆公对伯乐说:“您年纪大了,您的后代中有善于相马的吗?”伯乐答:“我的儿子是些平庸之辈,传不了他们相千里马的方法。我有一个和我一同担柴伐薪的朋友叫九方堙,他相马的本领并不在我之下,请您接见他。”秦穆公接见了九方堙,派他去寻找千里马。三个月后回来说“已经找到一匹千里马,在沙丘那个地方。”秦穆公问:“是什么样的马?”回答说:“是一匹黄色的公马。”秦穆公派人去牵,回报却说是一匹黑色的母马。秦穆公很不高兴,责备伯乐:“你所引荐的人太差了,毛色、公母都不分,怎么能相出千里马呢?”伯乐深深叹了一口气说:“竟

《九方皋》　徐悲鸿

然达到这样的神妙，这就是他超过我千万倍之处！九方堙所看到的，是马的天赋灵性，把握精髓而忽略粗俗，在乎内在特质而不计较外形特征。这么高的相马技艺，比千里马还珍贵呢！”马带回来使用后，果真是一匹千里马。所以《老子》说：“大直若屈，大巧若拙。”

〔摘　选〕 汉语成语源流大辞典.开明出版社，2009：883.

【尽日极虑】 jìn rì jí lǜ

〔释　义〕 尽日：从早到晚。指整天非常忧虑。

〔出　处〕 《淮南子·氾论训》：“是以尽日极虑而无益于治，劳形竭智而无补于主也。”

〔浅　析〕 《淮南子·氾论训》告诉人们，殷朝修改了夏朝的礼法，周朝改变了殷朝的礼法，春秋各国改变了周朝的礼法。三代的礼法不同，遵从什么古礼法呢？如果明白礼法产生的缘由，就可以随着时势的改变而修改。否则，一味地套用古礼古法，可能大乱天下。因此，苦思冥想对治国毫无益处，竭尽全力辛劳自己，对社会没有用处。那些画匠喜欢画鬼怪，不喜欢画狗马，是因为鬼怪世上没有，狗马日常可见。挽回危局，治理乱世，缺少聪明才智是做不成的；无用的法规，不合实际的言论，英明的君主是不采纳的。

〔摘　选〕 古今汉语成语词典.山西人民出版社，1985：344.

【冰炭相爱】 bīng tàn xiāng ài

〔释　义〕 爱：亲近。冰和炭互相接近。比喻互相救助。也比喻朋友直言规谏劝诫，虽是逆耳之言，却是真正的爱护。

〔出　处〕 《淮南子·说山训》：“天下莫相憎于胶漆，而莫相爱于冰炭。胶漆相贼，冰炭相息也。”

〔浅　析〕 东汉高诱在对《淮南子》的注中说："胶漆相持不解，故曰憎。一说胶于漆中则败漆，漆入胶亦败胶，以多少推之，故曰相憎也。冰得炭则解，解归水复其性，炭得冰则保其炭，故曰相爱也。"

〔摘　选〕 汉语成语大全.商务印书馆，2011：110.

【交浅言深】 jiāo qiǎn yán shēn

〔释　义〕 指对交情浅的人不加避讳地深谈。

〔出　处〕 《淮南子·齐俗训》："交浅而言深，是忠也。"（《战国策·赵四》也有此典故）

〔示　例〕 宋·苏轼《上皇帝书》："盖未信而谏，圣人不与；交浅言深，君子所戒。"明·杨基《感怀》："位卑谏勿直，直谏君心疑。交浅言无深，深言友谊亏。"

〔典　故〕

宓子贱会客

宓（fú）子贱是孔子的学生，春秋末期鲁国人，孔子赞其为君子，七十二贤人之一。一次，有位门客给宓子贱引见一位宾客，宾客离开后，宓子贱对他的门客说："你引见的宾客有三条过失，第一他看到我就嬉皮笑脸，这就是傲慢无礼；第二在谈话中不称我老师，这是违背师道；第三他和我交情浅却无话不谈，这是说话没有分寸。"但门客却这样说："他看到你便笑，这是恭敬而平和；谈话中不称你为师，这说明他通达；交情浅却无所不谈，这说明他忠厚。"可见，用不同的观点看问题，能得出不同的结论。

〔摘　选〕 新华成语大辞典.商务印书馆，2013：712.

【后来居上】 hòu lái jū shàng

〔释　义〕用以称赞后起之秀超过前辈。也用来指资格浅的人反而居于资格老的人之上。也作“积薪居上”、“积薪”。

〔出　处〕《淮南子·缪称训》：“故圣人不为物先，而常制之其类。若积薪樵，后者在上。”（《文子》中也有此话）一说出自《史记》：“陛下用群臣，如积薪耳，后来者居上。”《史记》引《淮南子》中之词意而用，不足为源。

〔示　例〕清·纪昀《阅微草堂笔记》：“今老矣，乐不预少年文酒之会，后来居上，又不知其为谁？”

〔摘　选〕新华成语大辞典.商务印书馆，2013：605.

【壮志凌云】 zhuàng zhì líng yún

〔释　义〕形容志向宏伟远大。也作“气厉青云”、“壮气青云”、“胆气凌云”、“意气云霄”、“气概凌云”、“壮气凌云”、“志凌云霓”、“志凌青云”、“壮志凌厉”、“壮志云霄”、“气凌丹霄”、“意气凌虹”、“英气凌云”、“逸气凌云”、“志气凌云”、“意气凌八表”、“意气凌青云”、“豪气冲霄汉”。

〔出　处〕《淮南子·兵略训》：“如此，则智者为之虑，勇者为之斗，气厉青云，疾如驰骛。是故兵未交接，而敌人恐惧。”《淮南子·氾论训》：“刚强猛毅，志厉青云。非本矜也，以乘时应变也。”

〔示　例〕宋·京镗《定风波（次韵）》：“莫道玉关人老矣，壮志凌云，依旧不惊秋。”宋·张耒《送徐任》：“少年壮气青云上，投老生涯一醉休。”

〔摘　选〕汉语成语源流大辞典.开明出版社，2009：1500.

【汗漫之游】 hàn màn zhī yóu

〔释　义〕 汗漫：渺茫不可知。指放浪自在、漫无目的地遨游；超脱尘世、行踪不定地漫游。也用来指代仙人。也作“汗漫游”。

〔出　处〕《淮南子·道应训》：“若士者齤（quán）然而笑曰：‘……今子游始于此，乃语穷观，岂不亦远哉？然子处矣，吾与汗漫期于九垓之外，吾不可久驻。’”

〔示　例〕 唐·孟浩然《送元公之鄂渚寻观主张骖鸾》：“赠君青竹杖，送尔白蘋洲。应是神仙子，相期汗漫游。”

〔摘　选〕 汉语成语源流大辞典.开明出版社，2009：458.

【拨烦理乱】 bō fán lǐ luàn

〔释　义〕 拨：治理，整顿。指治理繁杂混乱，使政局稳定正常。也作“决烦理挐”、“治烦决乱”。

〔出　处〕《淮南子·主术训》：“今人之才，或欲平九州，并方外，存危国，继绝世，志在直道正邪，决烦理挐。”《淮南子·俶真训》：“举大功，立显名，体君臣，正上下，明亲疏，等贵贱，存危国，继绝世，决挐治烦。”

〔示　例〕 三国魏·麋元《讥许由》：“若夫世浊时昏，上无贤君，忠臣不出，小人聚群，即当拨烦理乱，跨腾风云，光显时主，拔济生民，何得偃蹇，藏影蔽身。”

〔摘　选〕 汉语成语源流大辞典.开明出版社，2009：72.

【任其自流】 rèn qí zì liú

〔释　义〕 指对人、对事不加约束或引导，听任其自由发展。多就坏的情况而言。也作“听其自流”、“听其自便”、“听其自然”、“听任自流”、“听之任之”。

〔出　处〕《淮南子·修务训》：“夫地势水东流，人必事焉，然后水潦得谷行；禾稼春生，人必加功焉，故五谷得遂长。听其自流，待其自生，则鲧、禹之功不立，而后稷之智不用。”

〔示　例〕刘少奇《论共产党员的修养》：“有些党员放任党内某些缺点、错误和各种坏的现象不管，而任其自流地发展。”

〔浅　析〕《淮南子·修务训》的意旨就是勉励人们，特别是为政者奋发进取，为人民谋利益。作者在反对“寂然无声，漠然不动”的“无为”观的同时，提出了自己的“无为”观，那就是“私智不得入公道，嗜欲不得枉正术，循理而举事，因资而立功。权自然之势，而曲故不得容者”。这种“无为”就是遵循规律、顺应自然。即在做事行事中不得掺入私心杂念，在处事举事中不得容纳奸诈虚伪。就像这水往低处流，必定是顺西高东低的地势往东流，但这种顺应自然并非“听其自流，待其自生”，还必须有“人”在其中发挥积极作用，即“人必事焉，人必加功焉”，决不能有违背自然的做法。

正如《淮南子·原道训》所言：“所谓无为者，不先物为也；所谓无不为者，因物之所为；所谓无治者，不易自然也；所谓无不治者，因物之相然也。”在此，把“无为”作了扩大化理解，而把“有为”作了限定理解：凡是按照事物发展的客观规律做事情，就属于“无为”范畴；而违背自然规律的行为则属于“有为”范畴。这与现今通常意义上的“无所作为”大相径庭。自道家创始人老子提出“无为而治”的思想之后，对这一思想作系统总结和深刻发展的当是《淮南子》。

〔摘　选〕新华成语大辞典.商务印书馆，2013：1246.

【老蚌生珠】 lǎo bàng shēng zhū

〔释　义〕 原称誉人老年有好儿子。后多指老年得子。也作“老蚌珠光”、“老蚌孕珠”、“老蚌珠胎”、“明珠出老蚌”（比喻杰出的儿子生于出色的父亲）。

〔出　处〕 由《淮南子》中“蚌病成珠”衍生而来。一说出自东汉孔融《与韦端书》中称韦端的两个儿子说：“不意双珠近出老蚌，甚珍贵之。”孔融只是引用《淮南子》之词意，不足为源。

〔示　例〕 宋·苏轼《赠山谷子》：“笑君老蚌生明珠，自笑此物吾家无。君当置酒我当贺，有儿传业更何须。”清·姚鼐《香亭得雄于其去岁所失小郎有再生之征一诗为贺兼以识异》：“金环乘穴真堪信，老蚌珠胎倍可欣。”

〔典　故〕

明珠出老蚌

东汉末年，韦端的两个儿子元将与仲将，先后慕名登门拜访“建安七子”的孔融。孔融十分喜爱他们，就给韦端写信，称赞韦端的大儿子才华渊博，态度风雅，可以建功立业；小儿子有真才实学，可以持家守业，并夸奖韦端“老蚌生了双珠”。

〔摘　选〕 中华成语大词典（第2版）.内蒙古大学出版社，2012：726.

七　画

【求人不如求己】 qiú rén bù rú qiú jǐ

〔释　义〕 仰求别人，不如自己努力。

〔出　处〕 《论语·卫灵公》："君子求诸己，小人求诸人。"《淮南子·缪称训》："苟乡善，虽过无怨；苟不乡善，虽忠来患。故怨人不如自怨，求诸人不如求诸己，得也。"（《文子·上德》中也有此话）后人将这两段语意合而简用，遂为成语。

〔示　例〕 清·郑燮《板桥诗钞·题画篱竹》："一片绿阴如洗，护竹何劳荆杞？仍将竹作笆篱，求人不如求己。"

〔摘　选〕 汉语成语大全（第2版）.商务印书馆，2011：1195.

《自力更生　奋发图强》　郭沫若

【形夸骨佳】 xíng kuā gǔ jiā

〔释　义〕 夸：柔软，美好。形容女子外貌靓丽，体形优美。

〔出　处〕 《淮南子·修务训》：“曼颊皓齿，形夸骨佳，不待脂粉芳泽而性可悦者，西施、阳文也。”

〔典　故〕

西　施

西施，春秋战国时期出生于浙江诸暨苎萝村。越王勾践卧薪尝胆，谋复国。在国难当头之际，西施忍辱负重，以身许国，与郑旦一起由越王勾践献给吴王夫差，成为吴王最宠爱的妃子。后吴国终被勾践所灭。传说西施与范蠡泛舟五湖，不知所终。西施与杨贵妃、王昭君、貂蝉为中国古代四大美女，而西施居首，是美的化身和代名词。李白的《咏苎萝山》，把西施的美貌和功劳表现得淋漓尽致：“西施越溪女，出自苎萝山。秀色掩今古，荷花羞玉颜。浣纱弄碧水，自与清波闲。皓齿信难开，沉吟碧云间。勾践徵绝艳，扬蛾入吴关。提携馆娃宫，杳渺讵可攀。一破夫差国，千秋竟不还。”

西施浣纱

〔摘　选〕 古今汉语成语词典.山西人民出版社，1985：359.

【牢甲利兵】 láo jiǎ lì bīng

〔释　义〕坚实的铠甲，锐利的兵器。泛指精良的武器。

〔出　处〕《淮南子·兵略训》："当此之时，非有牢甲利兵，劲弩强冲也。"

〔摘　选〕汉语成语大全（第2版）.商务印书馆，2011：869.

【报仇雪耻】 bào chóu xuě chǐ

〔释　义〕形容人报复冤仇，洗刷耻辱，解除怨恨。也作"报仇雪恨"、"报仇雪冤"、"报仇泄恨"、"复耻雪怨"、"雪耻复仇"、"雪仇报耻"、"报雪"。

〔出　处〕《淮南子·汜论训》："大夫种辅翼越王勾践，而为之报怨雪耻。"（《战国策·燕策二》也有此话）

〔示　例〕元曲《庞涓夜走马陵道》："领将驱兵莫避难，报仇雪恨在今番。"

〔典　故〕

卧薪尝胆

公元前494年，吴王用全国精兵迎击越军，在夫椒大败越军。

勾践向范蠡询问对策，范蠡回答说："您对吴王要谦卑有礼，派人给吴王送去优厚的礼物，如果他不答应，您就亲自前往侍奉他，把自身也抵押给吴国。"勾践于是派大夫文种去向吴求和，并让文种给太宰嚭献上美女、珠宝和玉器。嚭欣然接受，就把大夫文种引见给吴王。文种叩头说："希望大王能赦免勾践的罪过，我们越国将把世传的宝器全部送给您。万一不能侥幸得到赦免，勾践将把妻子儿女全部杀死，烧毁宝器，率领他的五千名士兵与您决一死战，您也将付出相当的代价。"太宰嚭借机劝说吴王："越王已经服服帖帖地当了臣子，如果赦免了他，将对我国有利。”吴王赦免了越王。

勾践回国后，把苦胆挂到床头上，夜晚睡在柴草上，起来即能仰头尝尝苦胆，吃饭前也尝尝苦胆。

四年后，越国又攻打吴国。包围吴都三年，吴军失败，吴王自杀身亡。

〔摘　选〕 汉语成语源流大辞典.开明出版社，2009：36.

勾践卧薪尝胆

【声东击西】 shēng dōng jī xī

〔释 义〕 声：声张。指造成要攻打东边的声势，实际上却攻打西边，是使对方产生错觉以出奇制胜的一种战术，多用于军事。也作“声西击东”、“东声西击”。

〔出 处〕 《淮南子·兵略训》：“故用兵之道，示之以柔而迎之以刚，示之以弱而乘之以强，为之以歙而应之以张，将欲西而示之以东……”

〔示 例〕 清·张风《与程幼洪书》：“善棋者落落布子，声东击西，渐渐收拾，遂使段段皆赢。”

〔浅 析〕 《淮南子·兵略训》论述了用兵如神的策略：有时想

声东击西　兵不厌诈

往西进，却故意制造成东去的假象。先处逆境，然后达到最终目的；先在黑暗中摸索，然后有光明的前途。用兵要像“鬼”那样来无踪去无影，又要像“水”那样渗透深入不留痕迹。所以，外表上的趋向并不是真要去的地方，表露出来的迹象并不代表真实的意图，一举一动很难摸准是为什么，像晴天炸雷无法防备。军事招数不可重复使用。与神奇的光明相通，却不知其门径，才能稳操胜券。这就叫作“用兵如神”。在三十六计中，“声东击西”为第一套的胜战计第六计。

〔摘　选〕 新华成语大辞典.商务印书馆，2013：1337.

【攻城略地】 gōng chéng lüè dì

〔释　义〕 略：掠夺。攻打城市，掠夺土地。指征战。也作“攻城掠地”、“攻城徇地”。

〔出　处〕 《淮南子·兵略训》：“攻城略地，莫不降下。”

〔示　例〕 唐·房玄龄等《晋书·张轨传》：“我用兵于五都之间，攻城略地，往无不捷。”

〔典　故〕

陈胜、吴广起义

秦二世具有天子的权势，占有天下的财富。凡是人迹到达、舟船通航之处，均建立郡县。发起万乘车，修建阿房宫，征发老百姓，收取大半税，全然不顾老百姓的饥寒交迫。前往戍守渔阳的士卒陈胜、吴广在大泽乡起义，天下像回声一样响应。

他们拿起木棍、扁担、锄头等当武器，攻打城池，占领土地，攻无不克，战无不胜，一时间风起云涌，席卷天下。起义兵的势力地位是最低下的，武器也是最简陋的，然而能够一人倡导天下响应，是因为在人民群众中积聚了怨恨。

陈胜、吴广起义

〔摘　选〕 新华成语大辞典.商务印书馆，2013：508.

【束身受命】 shù shēn shòu mìng

〔释　义〕 束身：约束自身，不放纵。比喻投案。也指投靠归顺，听从命令。

〔出　处〕 《淮南子·人间训》：“然卫君以为吴可以归骸骨也，故束身以受命。”有些成语词典没有注明出处。

〔典　故〕

子贡出使

从前，卫君到吴国会盟，吴王把他囚禁起来，要把他流放到海岛上。游说劝谏的人一路上络绎不绝，都不能制止。仲尼拜见鲁哀公说："想使卫君免除灾难，就请子贡出使一趟。"鲁哀公答应并授子贡将军印玺。子贡推辞说："解救灾难在于合适的方法，不在于高贵的地位。"而后子贡秘密出使吴国，拜见太宰嚭。子贡说："卫君来吴国时，卫国有一半人说'不如去晋国朝拜'。但卫君认为吴国能够归还自己的骸骨，因此归顺吴国接受命令。不料不仅要把他囚禁起来，还要流放到海岛上，这表明朝拜吴国是凶兆，人心就会转向晋国方面，吴国想成就霸业不就有困难了吗？"太宰嚭入宫把子贡的话禀报吴王，吴王领悟，下令礼遇卫君。

〔摘　选〕 古今汉语成语词典.山西人民出版社，1985：375.

【时移俗易】 shí yí sú yì

〔释　义〕 移：变动；易：改换。时代变了，社会风气也变了。指时世、风俗等都起了变化。也作"时移世易"、"时移事迁"、"时异势殊"。

〔出　处〕 《淮南子·齐俗训》："是故世异则事变，时移则俗易。"

〔示　例〕 明·文徵明《寄题瑞州清风亭……》："瑞州山色照江青，瑞州太守风泠泠。时移事换太守去，清风自荫山间亭。"

〔浅　析〕 《淮南子·齐俗训》发挥了《庄子·齐物论》的思想，认为人性至善，要注重教化。"人之性无邪，久湛于俗则易。"对民族、民俗问题，要承认差别，以"不齐"为"齐"，统而包容之。衣服必须适应四季的变化而不同，礼制必须适应时代的发展而变化。世道不同，行事就要改变；时代不同，习俗就要改变。因此，不能效法前人已经成文的法规，而要效法先贤用来制定法规的方法。所用来制定法规的方法，能够随万物的发展而变化，最可贵的东西就存在其中了。

〔摘　选〕 新华成语大辞典.商务印书馆，2013：1354.

【何乐而不为】 hé lè ér bù wéi

〔释　义〕表示当然可以做或很愿意做。“而”也可省略不用。也作“无乐而不为”。

〔出　处〕《淮南子·精神训》：“性有不欲，无欲而不得；心有不乐，无乐而弗为。”（《文子·守易》也有此话）

〔示　例〕清·郑燮《潍县署中寄舍弟墨第一书》：“能为地方谋公益，造福乡里，亦属大丈夫分所当为之事。既不害名，又可积德，何乐而不为！”

〔摘　选〕汉语成语源流大辞典.开明出版社，2009：467.

【折槁振落】 zhé gǎo zhèn luò

〔释　义〕槁：枯枝。把枯树枝折断，把枯树叶摇下来。比喻轻易不费力。

〔出　处〕《淮南子·人间训》：“于是陈胜起于大泽，奋臂大呼，天下席卷，而至于戏。刘、项兴义兵，随而定，若折槁振落，遂失天下。”

〔典　故〕

折槁振落秦王朝

秦始皇展现《录图书》，见上面记着“亡秦者，胡也”，因此征兵五十万修筑长城。

秦始皇又想得到越地的犀角、象牙、翡翠之类，派五十万大军兵分五路，并开凿渠道，沟通湘江、漓水，使粮道畅通，来和越人作战。结果秦军大败，伏尸数十万，于是又征兵防越。男子不得耕种，妇女不得纺织，弱者在道上拉车，病者得不到医治，死者得不到安葬，大夫沿途苛敛民财。在这种情况下，陈胜率九百戍卒起兵反秦。

刘邦、项羽兴起义兵，秦二世王朝就像折断槁木、摇落枯叶一样，失去了政权。想筑长城防备胡人，这正是导致灭亡的原因；想征发戍卒防备越人，灾难就从中发生。这正如《淮南子·人间训》所说，有的事想干成它却反而失败；有的事想防备它，却招致祸来。

〔摘　选〕 新华成语大辞典.商务印书馆，2013：1984.

【含牙戴角】 hán yá dài jiǎo

〔释　义〕 有牙有角，形容兽类。又作“含牙带角”。

〔出　处〕《淮南子·兵略训》："凡有血气之虫，含牙戴角，前爪后距。"《淮南子·修务训》："凡有血气之虫，含牙带角，前爪后距。"

〔浅　析〕《淮南子·兵略训》认为，战争的产生是由于人类生存的斗争，从三皇五帝以来就没有停止过。古代用兵的人，不谋求土地的广阔，不贪图别人的财宝，而是用来平定天下的叛乱，消除万民的危害。大凡有生命的动物，嘴里含牙，头上长角，前后有爪。有角的抵触，有牙的噬咬，有毒的刺人，有蹄的踢人。喜欢时相互嬉闹，发怒时相互伤害，这是天性。人们需求不能满足时，就要争斗。于是圣人挺身而出，讨伐强暴，消除危害，安定乱世，因此强暴之人不得不中途灭亡。

〔摘　选〕中华成语大词典.商务印书馆，2009：612.

【伯玉知非】 bó yù zhī fēi

〔释　义〕伯玉：蘧瑗，字伯玉，春秋时卫国人。泛指人善于认识自己的过错。

〔出　处〕《淮南子·原道训》："故蘧伯玉年五十，而有四十九年非。"

〔典　故〕

蘧瑗其人

蘧瑗，字伯玉，春秋时卫国人（今长垣县伯玉村人），事卫三公（献公、襄公、灵公），因贤德而闻名诸侯。他品行端正，恭谨重礼，非常注重反省自身的过失。孔子与他交往颇厚，几次到卫国，多住在其家中。

一次，卫灵公与夫人南子听到外面的车马声快到宫门时停了，过了一会又响起来。南子说："这一定是蘧伯玉。"灵公问："你怎么知道？"南子说："蘧伯玉仁而有智，恭敬尽忠。他不会因为没人看见就不遵守礼节，这应该是他。"灵公派人去看，果然是蘧伯玉。

蘧伯玉二十岁时，就能够反省自己以前的过失，并努力改过。到了二十一岁，发现自己还有过失。就这样年复一年，日复一日，总是这样不断反省自己，严格要求自己。到五十岁时，他能反省自己四十九年来的过失。

卫灵公重用蘧伯玉，把卫国治理得日益强大。晋国大将赵简子想讨伐卫国，派人到卫国探视。探视的人回来告诉赵简子："蘧伯玉在卫国当政，不可加兵。"赵简子便取消了攻打卫国的计划。

蘧伯玉的德行令后人钦佩不已。唐玄宗追封蘧伯玉为"卫伯"。宋真宗又追封其为"内黄侯"，在长垣建祠对他进行祭祀。

〔摘　选〕 汉语成语大全(第2版).商务印书馆，2011：120.

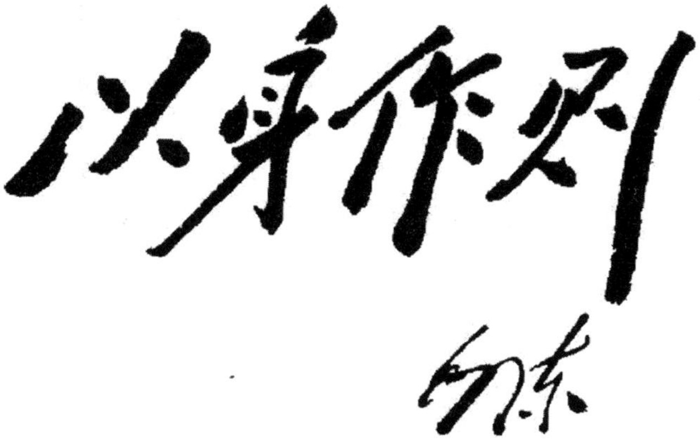

【身体力行】 shēn tǐ lì xíng

〔释　义〕 指亲身体验实行，亲自实践。也作"深体力行"、"身心力行"、"身体力验"、"身力行之"。

〔出　处〕 《淮南子·氾论训》："故圣人以身体之。"《礼记·中庸》："好学近乎知，力行近乎仁，知耻近乎勇。"后世将"身体"、"力行”合而用之，遂为成语。

〔示　例〕 宋·吕祖谦《与乔德瞻》：“切要工夫，莫如就实，深体力行，乃知此两字。”清·陈确《书示两儿》：“读书不身体力行，便是不曾读书。”

〔浅　析〕 《淮南子·氾论训》指出，“天地之气，莫大于和”。圣人治政的方法，宽松而坚定，严厉而温和，柔软而正直，威猛而仁惠。过分刚强就会折断，过分柔软就会卷曲，圣人正好处在刚柔之间，才算获得“道”的根本。绳作为度量的准则，可以卷曲包容。引申下去，可以直视远望。因此圣人用自身来实行它。恩义一味推衍下去就会懦弱，懦弱则不成威仪；严厉一味推衍下去就会猛烈，猛烈就容易失去和谐；慈爱一味推衍下去就会放纵，放纵就很难禁止；刑法一味推衍下去就会暴虐，暴虐就少有人亲附。

〔摘　选〕 汉语成语源流大辞典.开明出版社，2009：1049.

【弃其余鱼】 qì qí yú yú

〔释　义〕 比喻节欲知足。

〔出　处〕 《淮南子·齐俗训》：“故惠子从车百乘，以过孟诸，庄子见之，弃其余鱼。”一说语见北齐颜之推《颜氏家训·勉学》，此书较晚，应以《淮南子》为源。

〔示　例〕 北齐·颜之推《颜氏家训·勉学》：“阮嗣宗沉酒荒迷，乖‘畏途相诫’之譬也；谢幼舆赃贿黜削，违‘弃其余鱼’之旨也。”

〔典　故〕

庄惠之交

惠子，战国中期宋国（今河南商丘）人，战国时期著名的政治家、辩客和哲学家。

说起庄子和惠子，他们既是老朋友，又是老对手。庄子有着旷达的心境，视富贵荣华如敝屣，平常和惠子是能够谈得来的朋友。他们都好辩论，辩才犀利无比；他们亦很博学，对于探讨知识有浓厚的热诚。惠子处于统治阶层，免不了会染上官僚的气息，这对于“不为轩冕肆志，不为穷约趋俗”的庄子，当然是很鄙视的。

庄子见惠子，弃鱼以讽刺

《淮南子·齐俗训》中记载的这段逸闻趣事是说，战国时梁国相国惠子出门时前呼后拥，从车百乘，但他犹嫌不足。有一次庄子看到后，愤而倒掉碗中没有吃完的鱼，以表示对惠子的讽刺和批评。

〔摘 选〕 中华成语大词典.商务印书馆，2009：1140.

【穷猿失木】 qióng yuán shī mù

〔释 义〕 猿猴失去了栖身的树木。比喻陷入困境的人流离失所，无处安身。反其意而用之，作“穷猿得木”。

〔出 处〕 《淮南子·览冥训》：“虎豹袭穴而不敢咆，猿狖（yòu，长尾猿）颠蹶而失木枝。”

〔示 例〕 唐·杜甫《寄杜位》：“寒日经檐短，穷猿失木悲。峡中为客恨，江上忆君时。”唐·温庭筠《上史部韩郎中启》：“岂唯穷猿得木，涸鲋投泉，然后幽独有归。”宋·沈与求《葛鲁卿再和复用前韵奉酬》：“惊鱼畏网伏深潭，穷猿失木号重岩。”

〔摘　选〕 汉语成语源流大辞典.开明出版社，2009：970.

【穷猿择木】 qióng yuán zé mù

〔释　义〕 陷入困境的猿猴奔向森林。比喻人陷入困境急于寻找出路。也作“穷猿奔林”、“穷猿投林，不暇择木”、“穷猿投林”。

〔出　处〕 由“穷猿失木”、“穷猿得木”衍生而来。

〔示　例〕 南朝宋·刘义庆《世语新说·言语》：“北门之叹，久已上闻，穷猿奔林，岂暇择木？”宋·苏轼《与王定国》：“非不知扬州之美，穷猿投林，不暇择木也。”

〔摘　选〕 汉语成语源流大辞典.开明出版社，2009：970.

【穷乡僻壤】 qióng xiāng pì rǎng

〔释　义〕 穷：贫穷；僻：偏。荒远偏僻的地方。也作“穷乡僻邑”、“穷山僻壤”、“遐方绝壤”、“穷谷遐陬”、“绝徼穷荒”。

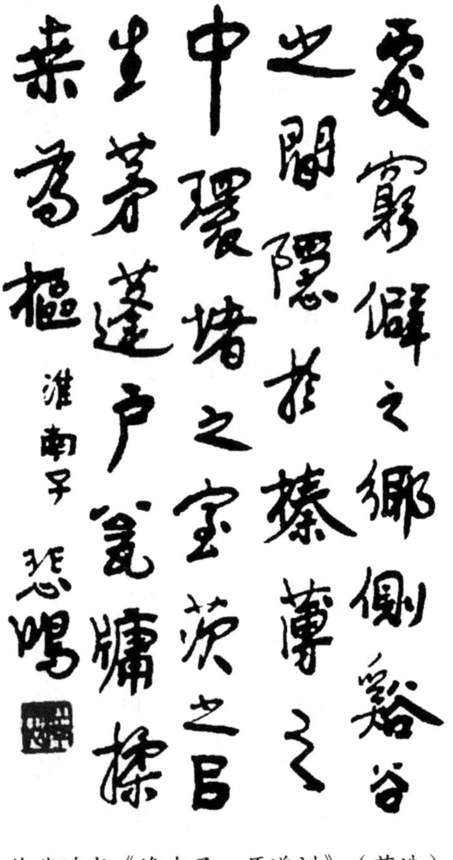

徐悲鸿书《淮南子·原道训》（节选）

〔出　处〕《淮南子·原道训》："处穷僻之乡，侧溪谷之间，隐于榛薄之中，环堵之室，茨之以生茅，蓬户瓮牖，揉桑为枢。"

〔示　例〕茅盾《子夜》："他们将使他们的灯泡、热水瓶、阳伞、肥皂、橡胶套鞋，走遍了全中国的穷乡僻壤。"

〔摘　选〕成语探源辞典.首都师范大学出版社，2008：368.

【补天浴日】 bǔ tiān yù rì

〔释　义〕是指女娲炼五色石补天和羲和给太阳洗澡两个神话故事。用于挽救危险的局面，后用来比喻人有战胜自然的能力或形容伟大的功业。也作"补天柱（立柱以支撑四极）地"。

〔出　处〕《淮南子·览冥训》："于是女娲炼五色石以补苍天，断鳌足以立四极，杀黑龙以济冀州，积芦灰以止淫水。"

又《山海经·大荒南经》："有羲和之国，有女子名曰羲和，方日浴于甘渊。"

〔示　例〕《宋史·赵鼎传》："浚有补天浴日之功，陛下有砺山带河之誓，君臣相信，古今无二。"

〔典　故〕

羲和浴日

传说太阳女神羲和生有10个儿子，也就是10个太阳。他们住在东方海外的汤谷。那里有棵大树几千丈高，名叫"扶桑"。10个太阳就住在大树上。他们每天一个，轮流在天空值班。早上不论哪个太阳值班，都由妈妈羲和驾车伴送。这辆车子很壮观，由6条龙拉着。

从起点汤谷到终点蒙谷，共16站，正好是一天的路程。车到第14站悲泉，太阳就得下车步行，妈妈羲和驾着空车赶回汤谷，为伴送明天值班的儿子作准备。每天早上，值班的太阳登上龙车之前，要在咸池里洗个澡。羲和还常常带着儿子们在东南海外的甘渊一块洗澡，把儿子们洗得干净明亮。

当人们形容无可比拟的极大功绩时，就借用“女娲补天”和“羲和浴日”这两个故事来作比喻，称为“补天浴日”。

〔摘　选〕 新华成语大辞典.商务印书馆，2013：101.

【补完天地】 bǔ wán tiān dì

〔释　义〕 补完：补救使完整。比喻挽救危亡，重整乾坤。

〔出　处〕 由“补天浴日”衍生而来。

〔示　例〕 元·乔去《金城记》三折：“据先生有经纶济世之木，补完天地之手。”

〔摘　选〕 新华成语大辞典.商务印书馆，2013：100.

【宋画吴冶】 sòng huà wú yě

〔释　义〕 用以作为精巧神妙之物的代称。也指各地特产。

〔出　处〕 《淮南子·修务训》：“夫宋画吴冶，刻刑镂法，乱修曲出，其为微妙，尧舜之圣不能及。”

〔典　故〕

田子方作画

传说古代宋元君召集一些画家在一起作画，大家在宋元君面前表示谦虚，恭恭敬敬地站立着作画，让人看了总觉得别扭，好不自在。其中只有田子方一个人回到宿舍里，解开衣服伸长腿坐着作画，宋元君认为这人实在，该怎么做就怎么做，他才是真正的画师。

〔摘　选〕 汉语成语大全（第2版）.商务印书馆，2011：1412.

《田子方》 黄永玉

【沦肌浃髓】 lún jī jiā suǐ

〔释 义〕 沦：浸没在水里；浃：湿透。浸透了肌肉和骨髓。比喻程度或感受很深刻或受到深厚的恩惠。又作“沦浃肌髓”、“感沦肌髓”、“浃洽肌骨”。

〔出 处〕 《淮南子·原道训》：“是故内不得于中，禀授于外而以自饰也。不浸于肌肤，不浃于骨髓，不留于心志，不滞于五藏。”

〔示 例〕 明·沈鲸《双珠记》：“恩波浩荡及吾徒，浃髓沦肤感不磨。”叶圣陶《春光不是她的了》：“全座的人都快乐，都像喝着青春之酒，沦肌浃髓全是爱与生意。”

〔浅 析〕 《淮南子·原道训》说，快乐不在于富贵，在于道德和

《艰苦朴素》 毛泽东

谐。“不以奢为荣，不以廉为悲。”有道德的人不让外物支配自己，不让欲望扰乱自己。用外部的施予来粉饰内心的不足，不会浸润到肌肤之中，不会渗透到骨髓里面，不会停留在心中，更不会进入五脏六腑。从外部进入的东西，内心没有接受掌握，决不会停留；从内心表现出来的东西，外部没有相适应的环境，也不会通行。如果心灵没有开启，而是勉强地去学习，即使能进入耳中，也不能记在心上。

〔摘　选〕 新华成语大辞典.商务印书馆，2013：919.

【沉浮俯仰】 chén fú fǔ yǎng

〔释　义〕 形容人、事和时势的盛衰。

〔出　处〕 《淮南子·原道训》：“是故圣人将养其神，和弱其气，平夷其形，而与道貌沉浮俯仰。”

〔浅　析〕 《淮南子·原道训》中的“道”，指的是自然规律和宇宙本原，表达了道家“真”、“静”的人生观，“人生而静，天之性也”。与此有关的生命问题，作者认为形、气、神为生命三大要素，互相依存，各得其所，而“神为之使”。那些贪得无厌的人，被权力和利益所迷惑，被名

《精气神》　郭沫若

利地位所引诱，希望凭着超人的智慧，获得好的名声，这就使得精神被耗费掉，长久地受到迷惑，不能回归人的本性。所以天下人常有盲目狂妄、丧失自我的病症。就像油灯一样，火越旺，油消耗得越快。精神和气志，每天都得到充实的人，就会强健；内心烦躁而一天天消耗的人，就会衰老。所以明智、有道德的人善于调养精神，柔和元气，平静形体，恬静时适当放松，急迫时作出响应。如能这样，万物的变化就能相合，百事的变迁也能适应。

〔摘　选〕 中华成语大词典.商务印书馆，2009：218.

【社稷为墟】 shè jì wéi xū

〔释　义〕 国家变成废墟。指国家灭亡。也作“社稷丘墟”。

〔出　处〕 《淮南子·人间训》：“重耳反国，起师而伐曹，遂灭之。身死人手，社稷为墟。”

〔示　例〕 宋·周密《齐东野语·绍熙内禅》：“刘过改之一书，至有‘生灵涂炭，社稷丘墟’之语。”

〔典　故〕

介子推与寒食节

相传春秋战国时期，晋献公的妃子骊姬为了让自己的儿子奚齐继位，就设毒计谋害太子申生，申生被逼自杀。申生的弟弟重耳，为了躲避祸害，流亡出走。在流亡期间，重耳受尽了屈辱。有一次，重耳饿晕了过去。跟随的臣子介子推，从自己腿上割下一块肉，用火烤熟了给重耳吃，救了重耳。十九年后，重耳回国做了君主，就是春秋五霸之一的晋文公。

晋文公执政后，对那些和他同甘共苦的臣子大加封赏，唯独忘了介子推。经人提醒后，晋文公猛然忆起，心中有愧，马上差人去请介子推，可介子推不来。晋文公只好亲自去请。当晋文公来到介子推家时，只见大门紧闭，介子推不愿见他，已经背着老母躲进了绵山（今山西介休县东南）。御林军上山搜索，没有找到。于是有人提议，不如放火烧山，三面点火，留下一方，大火起时介子推自然会走出来。

介子推剜股救重耳

孰料大火烧了三天三夜，终究不见介子推出来。上山一看，介子推母子俩抱着一棵烧焦的大柳树已经死了。

晋文公哭拜一阵，然后安葬遗体，发现介子推脊梁堵着柳树洞，洞里好像有什么东西。掏出一看，原来是片衣襟，上面题了一首血诗："割肉奉君尽丹心，但愿主公常清明。柳下做鬼终不见，强似伴君作谏臣。倘若主公心有我，忆我之时常自省。臣在九泉心无愧，勤政清明复清明。"

为了纪念介子推，晋文公下令把绵山改为"介山"，在山上建立祠堂，并把放火烧山的这一天定为"寒食节"，晓谕全国，每年这天禁忌烟火，只吃寒食。

寒食节从春秋起，距今有2600多年，比端午节的确立还早358年。虽经东汉周举、三国曹操、后赵石勒、北魏孝文帝等多次禁断，却屡禁屡兴，流传全国。

唐玄宗顺应民意，颁诏将寒食节祭拜墓编入《开元礼》中，定为全国法定长假。"子推言避世，山火遂焚身。四海同寒食，千秋为一人。深冤何用道，峻迹古无邻。魂魄山河气，风雷御宇神。光烟榆柳灭，怨曲龙蛇新。可叹文公霸，平生负此臣。"唐代诗人卢象这首《寒食》诗，至今感人至深。

〔摘　选〕 新华成语大辞典.商务印书馆，2013：1316.

【旷志怡神】 kuàng zhì yí shén

〔释　义〕 使心境开朗，使精神愉快。也作"旷心怡神"、"怡心旷澹"。

〔出　处〕 由《淮南子》中的"心怡气和"衍生而来。一说出自宋·周密《齐东野语·贾氏园池》："有藏歌贮舞、流连光景者，有旷志怡神、蜉蝣尘外者。”此文只是化用《淮南子》之词意，不足为源。

〔示　例〕唐·武少仪《王处士凿山引瀑记》：“（王易简）不践名利之途，怡心旷澹，笃志廉直。”明·沈榜《宛署杂记·古墨斋》：“得其片言只字，自令旷心怡神，非必商彝周鼎之为宝也。”

〔摘　选〕汉语成语源流大辞典.开明出版社，2009：1277.

【间不容息】 jiān bù róng xī

〔释　义〕间：中间；容：容纳；息：喘息。中间都不容喘一口气。形容时机紧迫，不容延误。也作“间不容瞬”、“机不容发”。

〔出　处〕《淮南子·原道训》：“时之反侧，间不容息，先之则太过，后之则不逮。”

〔浅　析〕《淮南子·原道训》中的“道”，无所不包，无处不在，是不以人的意志为转移的客观存在。“道”随时而变，空间上包容一切，时间上无穷无尽。时间的反复变化，极为神速，不容有喘息的机会。在它前面行动，就会超越太多；在它后面行动，则又达不到目的。正如文中所言：“日回而月周，时不与人游。”

〔摘　选〕古今汉语成语词典.山西人民出版社，1985：416.

【龟龄鹤寿】 guī líng hè shòu

〔释　义〕龟龄：龟的寿龄。指高龄长寿。多用于祝寿。也作“龟龄鹤算”、“龟年鹤寿”、“龟鹤遐龄”、“龟鹤遐寿”、“寿等龟算”、“龟鹤千祀”、“龟鹤齐寿”、“龟鹤齐年”、“龟鹤计年”、“龟鹤之年”、“鹤发龟龄”、“龟鹤年”。

〔出　处〕《淮南子·诠言训》：“龟三千岁，蜉蝣不过三日。”（许慎注：“龟吐故纳新，故寿三千岁。”）《淮南子·说林训》：“鹤寿千岁，以极其游。”后世据其意合而用之，遂为成语。一说出自三国魏·曹操《步出夏门行》，一说出自唐·李商隐《祭张书记文》，一说出自宋·侯置《水调歌头·为郑子礼提刑寿》。而《淮南子》中两处言明龟龄“三千岁”和“鹤寿千年”，应以《淮南子》为源。

《寿》　齐白石

〔示　例〕 宋·张孝祥《鹧鸪天·为老母寿》：“同犬子，祝龟龄。天教二老鬓长青。”明·吴廷翰《惜奴娇·自寿》：“寿域开，春初霁，化日舒风犹丽。福海无穷，寿山无际，龟龄鹤算与天齐。”

〔摘　选〕 汉语成语源流大辞典.开明出版社，2009：442.

【删繁就简】 shān fán jiù jiǎn

〔释　义〕 删除繁琐的，使之趋向简明、精炼。多用于文字方面。也作“去繁就约”、“去繁从简”、“甄繁就简”、“芟（shān，除去）繁从简”、“删芜就简”、“撮繁就简”。

〔出　处〕 《淮南子·要略》：“夫作为书论者，所以纪纲道德，经纬人事……总要举凡……又恐人之离本就末也……故著二十篇，有《原道》……”一说，语出南朝梁·裴子野《宋略·总论》：“因宋之新史，为《宋略》二十卷，剪裁繁文，删撮事要，既要简寡，志以为名。”《宋略·总论》是据《淮南子·要略》之意而言，当以《淮南子》为源。

〔示　例〕 元·杨载《诗家法数·绝句》：“绝句之法，要婉曲回环，删芜就简，句绝而意不绝。”

〔摘　选〕 汉语成语源流大辞典.开明出版社，2009：1038.

【删繁举要】 shān fán jǔ yào

〔释　义〕 删除繁琐而无关紧要的篇章文字，只采录其有关主旨大要部分。多就选本去芜存精的纂辑工作而言。也作“删繁纪要”、“芟繁举要”、“芟繁纂要”、“削繁举要”、“举要删芜”、“举要治繁”。

〔出　处〕 由“删繁就简”衍生而来。

〔示　例〕 《四库全书总目》：“视原集汰三之二，第十二卷附刻序文十九篇。盖删繁举要，以便流传。”

〔摘　选〕 汉语成语源流大辞典.开明出版社，2009：1039.

八　画

【取予有节】 qǔ yǔ yǒu jié

〔释　义〕 获取和给予是有节制的，比喻不苟贪得。

〔出　处〕 《淮南子·本经训》："四时者，春生夏长，秋收冬藏；取予有节，出入有时；开阖张歙，不失其叙，喜怒刚柔，不离其理。"《淮南子·主术训》："故有仁君明主，其取下有节，自养有度。"后世将两段语意合而用之，遂为成语。

〔浅　析〕 《淮南子·本经训》指出要爱惜民力，体恤民情。要掌握春夏秋冬四时的变化，春天播种，夏天生长，秋季收获，冬季贮藏；获取和给予要有所节制，出入也应有相应的时间；开闭张合按照次序，喜怒刚柔依循道理。而在《淮南子·主术训》中进一步强调，英明的君主向下征收赋税，要有一定的节制，自己的生活供给要有规定的标准。书中的这些观点，至今仍不失借鉴意义。

〔摘　选〕 汉语成语大全.商务印书馆，2011：1217.

【鸢堕腐鼠】 yuān duò fǔ shǔ

〔释　义〕 鸢：老鹰。老鹰扔下腐烂的老鼠。比喻骄奢的人必然失败。

〔出　处〕 《淮南子·人间训》："谚曰：'鸢堕腐鼠，而虞氏以亡。'"

〔典　故〕

虞家摆宴

从前，有户姓虞的人家，是开封府的大富豪。这天，虞家对着大

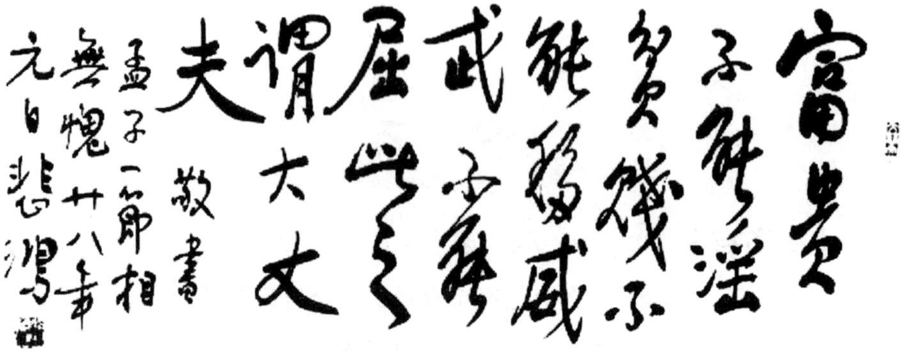

路，摆起酒宴。歌舞升平，赌博取乐。正巧有一伙游侠从楼下经过，就在这时，天上有老鹰飞过，衔着的臭老鼠掉落在一游侠身上。游侠们以为虞家人所致，觉得备受侮辱，商议说："姓虞的花天酒地，为富不仁，横行乡里，欺压百姓。我们没有侵犯他家，他家却用臭老鼠来羞辱我们。如果我们忍气吞声，不敢反抗，就无脸在世上做人了。请大伙儿齐心协力，消灭虞家。"就这样，游侠们灭了虞家。到底是老鹰惹的祸，还是富贵惹的祸，众人议论纷纷，一时传遍乡里。

〔摘　选〕 古今汉语成语词典.山西人民出版社，1985：465.

【呼不给吸】 hū bù jǐ xī

〔释　义〕 形容吓得来不及喘气。

〔出　处〕 《淮南子·兵略训》："眯不给抚，呼不给吸。"

〔浅　析〕 善于用兵的人，声势像响声震荡，钟鼓齐鸣；神速如灰尘眯眼来不及抚摸，呼气来不及吸气。这时，仰面看不到天，俯身见不着地。打击敌人如迅雷，迫近敌人像疾风。像烈火一样烧向敌人，像波涛一样凌驾于敌人之上。《淮南子·兵略训》认为，如此驾驭敌人，便可取胜。

〔摘　选〕 中华成语大词典.商务印书馆，2009：649.

【易道良马】 yì dào liáng mǎ

〔释　义〕易道：平坦的道路；良马：好马。坦途骏马，便于驰骋。比喻可以迅速前进，毫无阻碍。

〔出　处〕《淮南子·说林训》："易道良马，使人欲驰；饮酒而乐，使人欲歌。"

〔浅　析〕《淮南子·说林训》指出，明亮的珍珠是蚌蛤的疾病，却成为人类的宝贝；虎牙、象牙是兽类的利器，却是人类的祸害。坦道骏马，使人想去奔驰；饮酒而快乐，使人想放歌。去实施正确的，所以称之为"治理"；去推行不正确的，就只能叫作"添乱"。

〔摘　选〕古今汉语成语词典.山西人民出版社，1985：476.

【枕方寝绳】 zhěn fāng qǐn shéng

〔释　义〕枕方石，睡绳床。比喻生活清苦，隐居栖息。也比喻行事依照准则不越规矩。也作"枕石寝绳"、"枕石漱流"、"枕岩漱流"、"枕山栖谷"。

〔出　处〕《淮南子·览冥训》："背方州，抱圆天；和春阳夏，杀秋约冬，枕方寝绳。"

〔感　悟〕

绳之喻

绳之历史，至少在5000年以上。埃及考古学家曾在古墓中发现用过的"驼毛绳"，还有"牛毛绳"和"马鬃绳"。

绳是日常生活中的用品。海上航行，绳更是安危之所系，所以结绳是海员的基本功之一。

中医上称绳为人体部位名。《灵枢·五色》："挟绳而上者，背也。"张景岳注："颊之外曰绳。"

人离不开水，古人取水必先要绳索，《荀子》有“短绠不可以汲深井之泉”之说，这是一句勉励人用功的箴言——必须下工夫才能得到真学问。韩愈将这话变换一个说法，得出“汲古得修绠”的名句。我国书史上出名的“汲古阁”的阁名，旧书店中“修绠堂”的招牌，都是由此而来。

绳除了意味“深”，还象征“直”，《管子》的“鸟飞准绳”，《淮南子》的“枕方寝绳”，都是指“直”而言。高诱注：“方，矩四寸也。寝绳，直身而卧也。”杨树达证闻：“寝绳谓织绳为床，人寝其上。”事实上建筑工匠，尤其是泥木工，离开了“准绳”便无法工作，所以“准绳”后来成了必须遵守的法规的同义词，便有了“以事实为依据，以法律为准绳”、“绳之以法”等用语。

〔摘　选〕 汉语成语大全.商务印书馆，2011：1970.

【若有所亡】 ruò yǒu suǒ wáng

〔释　义〕 好像丢了什么似的。形容心神不定的样子。也形容心里感到空虚。也作“若有所丧”、“若有所失”、“如有所失”。

〔出　处〕《淮南子·原道训》：“解车休马，罢酒彻乐，而心忽然若有所丧，怅然若有所亡也。”一说出自南朝宋·刘义庆《世语新说·德行》，此书较晚，当以《淮南子》为源。

〔示　例〕 司马迁《报任安书》：“是以肠一日而九回，居则忽忽若有所亡，出则不知其所往。”

〔摘　选〕 中华成语大词典.商务印书馆，2009：1265.

【规虑揣度】 guī lǜ chuǎi duó

〔释　义〕 按照常规考虑打算。指进行认真周密的计划。

〔出　处〕《淮南子·人间训》：“凡人之举事，莫不先以其知规虑揣度，而后敢以定谋。”

〔浅　析〕《淮南子·人间训》认为，祸的降临，是自己招引的；福的到来，也是自己创造的。祸与福同出一门，利与害是近邻，一般人很难分清楚。大凡人们做事，都先动脑子思考一番，然后定下计划。最终实施的结果，有人得利，有人受害，这就是智者和蠢人的主要区别。但是，那些自以为聪明的人，在处理事务时，往

《思想者》　罗丹

往会陷入危难的境地中，这样的事例数不胜数。如果事前就知道此事可行，那么天下也就没有不能通达之道了。所以，智虑思考是祸福的根由，动静举措是利害的关键。世事的变迁、国家的治理，都要经过深思熟虑后，采取正确的行动才能取得成功。

〔摘　选〕 古今汉语成语词典.山西人民出版社，1985：436.

【实旷来远】 shí kuàng lái yuǎn

〔释　义〕 充实空旷的土地，引来远方的人。

〔出　处〕 《淮南子·主术训》："食者，民之本也；民者，国之本也。……先王之所以应时修备，富国利民，实旷来远者，其道备矣。"

〔浅　析〕 《淮南子·主术训》提出，人民以食为本，国家以人民为本，君王以国家为本。所以，领导人民的人，上顺天时，下尽地财，中间依靠人民的力量。这样就会使万物顺利地生长，五谷茂盛。将先代君王的政策法规，上告知于天，下颁布于民，按照季节时令，理政治国，就是为了使国家强盛，人民富裕，以此引来远方的人。

《淮南子·主术训》中这些比较完备的治世之道，至今仍不失为执政治国的良策。

〔摘　选〕 古今汉语成语词典.山西人民出版社，1985：519.

【披麻救火】 pī má jiù huǒ

〔释　义〕 多比喻自取灾祸，自走绝路。也作"披蓑救火"、"披麻跳火坑"。

〔出　处〕 《淮南子·说林训》："若披蓑而救火，毁渎而止水，乃愈益多。"

〔示　例〕 元·无名氏《折桂令》："叹富贵如披麻救火，功名似暴虎冯河。白甚张罗，日月如梭；十载生涯，一枕南柯。”清·车王府曲本《刘公案》：“当堂有口难分诉，明是披麻跳火坑！自古红颜多薄命，不但奴家事一宗。”

〔摘　选〕 汉语成语源流大辞典.开明出版社，2009：874.

【抱薪救火】 bào xīn jiù huǒ

〔释　义〕 薪：柴草。抱着柴草去救火。比喻用错误的方法消除灾害，结果不但没有消除灾害，反而使灾害扩大。也作“负薪救火”、“泼油救火”、“抱薪救焚”、“抱柴救火”、“救火投薪”。

〔出　处〕 《淮南子·说山训》：“止事以事，譬犹扬堁而弭尘，抱薪而救火。”（《文子·精诚》、《战国策·魏三》上也有此话）

〔示　例〕 西汉·司马迁《史记·魏世家》：“且夫以地事秦，譬犹抱薪救火，薪不尽，火不灭。”

〔典　故〕

魏王求策

战国末期，秦国又一次向魏国出兵，势头空前猛烈。多数大臣都劝魏王，用黄河以北和太行山以南的大片土地为代价，向秦王求和。

谋士苏代不以为然，上前对魏王说：“把大片土地割让给秦国，虽然暂时满足了秦王的野心，但秦国的欲望是无止境的，只要魏国的土地没割完，秦军就不会停止进攻我们。”

说到这里，苏代讲了一个故事：“从前有一个人，他的房子起火了，别人劝他快用水去浇灭大火，但他不听，偏抱起一捆柴草去救火。这是因为他不懂得柴草不但不能灭火，反而能助长火势的道理。大王若同意拿魏国土地去求和，不就等于抱着柴草救火吗？”但魏王还是把大片土地割让给了秦国。到公元225年，果然秦军又向魏国大举进攻，魏国终于被秦国灭掉了。

〔摘　选〕 汉语成语大全.商务印书馆，2011：75.

【抱薪赴火】 bào xīn fù huǒ

〔释　义〕 抱着柴火投往火里去。也作“抱薪趋火”。

〔出　处〕 由《淮南子》中“抱薪救火”衍生而来。

〔示　例〕 《鬼谷子·摩篇》：“故物归类，抱薪趋火，燥者先燃；平地注水，湿者先濡。”《快心编》中编：“贼之来救，如抱薪赴火，亦将自焚。”

〔摘　选〕 汉语成语源流大辞典.开明出版社，2009：39.

【虮虱相吊】 jǐ shī xiāng diào

〔释　义〕 虮：虱的幼卵；吊：慰问。虮和虱相互怜悯。比喻自怜即将灭亡。

〔出　处〕 《淮南子·说林训》：“汤沐具而虮虱相吊，大厦成而燕雀相贺，忧乐别也。”

〔浅　析〕 《淮南子·说林训》指出，有的小错能酿成大祸，有的行将衰亡自哀自怜，有的苟且己有欣喜若狂。“蠹众则木折，隙大则墙坏。”悬挂着的东西，有时会坠落下来；伸出的枝条，有时会脱落。热水洗头的用具准备好了，而虮虱就会互相吊丧；大厦建成，而麻雀、燕子互相庆贺。可见，欢乐与忧愁，各自有区别，万物之道理，众多不相同。

〔摘　选〕 中华成语大词典. 商务印书馆，2009：720.

【虎狼之势】 hǔ láng zhī shì

〔释　义〕 形容极凶猛的声势。

〔出　处〕《淮南子·要略》："孝公欲以虎狼之势而吞诸侯，故商鞅之法生焉。"

〔浅　析〕《淮南子》主张，圣人治政要懂得张与弛、物极必反的辩证关系。要采用"兼用、财制"，亦即兼收并蓄、择善而从的办法，才能避免失败。比如秦国，贪狠如狼，竭尽武力，缺少大义，而追逐利益。黄河为天险，周边有要塞，地理形势有利，战备积蓄充足。秦孝公想以虎狼般的优势，来吞并天下诸侯，因此商鞅变法的思想便产生了。

〔示　例〕《汉语成语大全（第2版）》："吴国渐渐强大起来之后，吴王阖闾就摆出一副虎狼之势，欲吞并越国。"

〔摘　选〕汉语成语大全（第2版）.商务印书馆，2011：640.

【虎狼之威】 hǔ láng zhī wēi

〔释　义〕像虎狼那样的威风。指凶狠威猛的气势。

〔出　处〕由《淮南子》中"虎狼之势"衍生而来。有的成语词典未注明出处。

〔示　例〕元·无名氏《举案齐眉》第四折："告大人暂息雷霆之怒，略罢虎狼之威。"清·黄世仲《洪秀全演义》："肆其虎狼之威，毒贻闾里。横捕强剥，害善欺良，我民际此，聊生何赖？"

〔摘　选〕中华成语大词典（第2版）.内蒙古大学出版社，2012：523.

【河出伏流】 hé chū fú liú

〔释　义〕比喻潜在力量爆发，其势猛不可挡。

〔出　处〕《淮南子·地形训》："河出积石，睢出荆山，淮出桐柏山，睢出羽山。"（汉·高诱注："河源出昆仑，伏流地中方三千里，禹导而通之，故出积石。"）

〔示　例〕 清·梁启超《少年中国说》："红日初升，其道大光；河出伏流，一泻汪洋。"

〔摘　选〕 汉语成语大全（第2版）.商务印书馆，2011：611.

【物穆无穷】 wù mù wú qióng

〔释　义〕 物穆：深微。深邃奥妙，不可穷究。

〔出　处〕 《淮南子·原道训》："迫则能应，感则能动，物穆无穷，变无形像。"

〔浅　析〕 《淮南子·原道训》认为，"道"是深邃奥妙，不可穷究的。这个"道"，是指自然规律和宇宙本原。本训强调，只有掌握"道"的规律，才能适应自然、社会及人类自身的发展变化。得道的人，悠闲地委曲顺从，就像声响和回声、物体与影子一样相随。不管是登高还是面对平地，都不会失去所掌握的"道"；踏上危险的境地，也不会忘记持守道义。能够守住"道"，他的德性就不会亏缺。万事万物虽然纷纭错杂，却能随"道"一起转移变化。用"道"来治理天下，就像顺风奔驰一样，这就是最高的德性。"至德者乐也。"

〔摘　选〕 古今汉语成语词典.山西人民出版社，1985：480.

【狐不二雄】 hú bù èr xióng

〔释　义〕 比喻两雄不可并存。

〔出　处〕 《淮南子·说林训》："日月不并出，狐不二雄，神龙不匹，猛兽不群，鸷鸟不双。"

〔摘　选〕 中华成语大词典.商务印书馆，2009：650.

《鸷鸟不群》 吴作人

【盲者得镜】 máng zhě dé jìng

〔释　义〕 形容事物不能发挥正常作用。也比喻埋没人才。

〔出　处〕 《淮南子·人间训》：“夫戟者，所以攻城也；镜者，所以照形也。宫人得戟，则以刈葵；盲者得镜，则以盖卮，不知所施之也。”

〔典　故〕

萧何月下追韩信

秦末农民战争中，韩信仗剑投奔项梁军，项梁兵败后归附项羽。韩信曾多次向项羽献计，始终不被采纳，于是离开项羽投奔了刘邦。韩信违反军纪，按规定应当斩首，临刑时看见汉将夏侯婴，就问："难道汉王不想得到天下吗？为什么要斩杀壮士？"夏侯婴以韩信所说不凡、相貌威武而下令释放，并将韩信推荐给刘邦，但未被重用。后韩信多次与萧何谈论，为萧何所赏识。刘邦至南郑途中，韩信思量自己难以受到刘邦的重用，中途离去，被萧何发现后追回。这就是小说和戏剧中的"萧何月下追韩信"。

此时，刘邦正准备收复关中。萧何就向刘邦推荐韩信，称他是汉王争夺天下不能缺少的大将之才，应重用韩信。刘邦采纳了萧何的建议，择选吉日，设坛场斋戒，拜韩信为大将。从此，刘邦文依萧何，武靠韩信，举兵东向，争夺天下。

〔摘　选〕 汉语成语大全（第2版）.商务印书馆，2011：975.

【泣歧悲染】 qì qí bēi rǎn

〔释　义〕 泣歧：见歧路哭，因可以向南也可以向北；悲染：见染丝而悲伤，因可以染成黄色也可以染成黑色。悲叹人们易受外界世俗影响，而迷失方向，失去本色。

〔出　处〕 《淮南子·说林训》："杨子见逵路而哭之，为其可以南，可以北；墨子见练丝而泣之，为其可以黄，可以黑。"

〔示　例〕 陈独秀《感怀二十首》："得失在跬步，杨朱泣路歧。变易在俄顷，墨翟悲染丝。人心有取舍，爱憎随相欺。八骏虽神逸，绝尘犹可追。"

〔典　故〕

墨子悲丝

春秋战国，诸侯纷争，弱肉强食，以暴凌寡，百姓疾苦不堪。墨子处在这样的时代背景下，心怀悲悯怜悯之心，积极针对现实问题，提出兼爱、非攻、尚贤、尚同、节用、节葬、非乐、非命、尊天、事鬼的主张，以期能拯救世道人心。有一回，墨子见人染丝，感慨于“（丝）染了青颜料就变成青色，染了黄颜料就变成黄色。染料不同，丝的颜色也跟着变化”。联想人生何尝不是如此，而国家随人事而兴衰，社会随风俗而浮沉。于是，引发了他对社会和人生的深沉思考。

他认为，不但丝很容易被染成各种颜色，一国之君也会受到各方面的影响，无论是“功名蔽天地”的“仁义显人”，还是“为天下谬”的“不义辱人”，无不是外来的影响所致。如果所交的朋友都爱好仁义，淳朴谨慎，慑于法纪，那么他的家道就日益兴盛，身体日益平安，名声日益光耀；如果所交朋友都不安分守己，结党营私，那么他的家道就日益衰

世人慎随俗　墨子悲丝染

落，身体日益危险，名声日益降低。

因此，墨子发出了“故染不可不慎也”的感叹！反映了墨子感伤世人随波逐流、随欲浮沉而不能自拔，犹如洁丝染色，失去本来面目。

〔摘　选〕 古今汉语成语词典.山西人民出版社，1985：513.

【贪生怕死】 tān shēng pà sǐ

〔释　义〕 畏：畏惧，害怕。贪恋生存，害怕死亡。多指面临危及生命的关头，只求能够活命而不顾一切。也作“爱生恶（wù）死”、“贪生恶死”、“怀生畏死”、“贪生畏死”。

〔出　处〕 《淮南子·氾论训》：“楚人有乘船而遇大风者，波至而自投于水。非不贪生而畏死也，惑于恐死而反忘生也。”一说出自《汉书·文三王传》。《汉书》较晚，不足为源。

〔示　例〕 明·罗贯中《三国演义》：“贪生怕死之徒，不足以论大事！”

〔摘　选〕 汉语成语源流大辞典.开明出版社，2009：1135.

【青女素娥】 qīng nǚ sù é

〔释　义〕 用来指想象中高洁美丽的仙女。形容严峻的霜雪和凄清的寒月交相映射，呈现一派凄迷阴冷或萧索景象。也作“素女青娥”、“青娥素姊”。

〔出　处〕 《淮南子·天文训》和《淮南子·览冥训》中的“青女司霜”和“月里嫦娥”衍生而来，后世将两名仙女的名称合为一词，遂为成语。

〔示　例〕 唐·李商隐《霜月》：“初闻征雁已无蝉，百尺楼高水接天。青女素娥俱耐冷，月中霜里斗婵娟。”清·曹寅《喜陶柳村墙头菊》："陶家篱落宋家墙，素女青娥伴夕阳。"

〔摘　选〕汉语成语源流大辞典.开明出版社，2009：949.

《青女素娥》　徐悲鸿

【青女司霜】 qīng nǚ sī shuāng

〔释　义〕青女：传说中掌管霜雪的女神；司：掌管，主管。表示时至秋冬，霜雪飞降，严寒笼罩大地。也作"青女司寒"、"青女飞霜"、"青女司令"、"青女御律"、"青腰戒序"（戒：通"届"；序：时序）、"青女"。

〔出　处〕《淮南子·天文训》："至秋三月，地气不藏，乃收其杀，百虫蛰伏，静居闭户，青女乃出，以降霜雪。"

〔示　例〕清·文廷式《云起轩词》："青女司霜，无风无雨过重九。无人送酒，看月呼田叟。"

〔摘　选〕汉语成语源流大辞典.开明出版社，2009：949.

【垂旒黈纩】 chuí liú tǒu kuàng

〔释　义〕 垂旒：王冠前下垂的玉珠（天子十二旒，公侯九旒）；黈纩：如丸的黄绵。悬于冕之两旁。表示君主含宏光大，公正无邪。

〔出　处〕 《淮南子·主术训》：“故古之王者，冕而前旒，所以蔽明也；黈纩塞耳，所以掩聪；天子外屏，所以自障。”一说出自汉·东方朔《答客难》。《答客难》是东方朔的晚年作品，迟于《淮南子》20多年，不足为源。

〔示　例〕 汉·东方朔《答客难》：“水至清则无鱼，人至察则无徒。冕而前旒，所以蔽明；黈纩充耳，所以塞聪。明有所不见，聪有所不闻，举大德，赦小过，无求备一人之义也。”

〔浅　析〕 《淮南子·主术训》说，古代的帝王，头上戴冕，前面有旒，是用来掩蔽自己视觉的，表示不视邪行；用黄绵球丸悬于冕之两旁，是用来掩蔽自己听觉的，表示不听谗言；天子居处前有外屏，是用来阻隔自己的，表示不亲近奸佞。目妄视则淫，耳妄听则惑，口妄言则乱，这三关不可不慎守。

〔摘　选〕 汉语成语源流大辞典.开明出版社，2009：210.

【版筑饭牛】 bǎn zhù fàn niú

〔释　义〕 版筑：建造土墙。古代筑墙，以泥置于两板中间，夹紧砸实。版也作“板”。饭牛：喂牛。表示从事卑贱的职业，出身低微。多就贤能者隐遁或被征聘得以施展才能而言。也作“饭牛屠狗”（“屠狗”出自《史记》）。

〔出　处〕 《孟子·告子下》：“舜发于畎亩之中，傅说举于版筑之间。”《淮南子·道应训》：“宁越饭牛车下，望见桓公而悲，击牛角而疾商歌。”后世将两个典故合而用之，遂为成语。

〔示　例〕 明·陈子龙《酬吴次尾》："别来落魄吴楚间，饭牛屠狗俱无颜。"

〔浅　析〕 知人与用人亘古至今都是一个老生常谈的话题。《淮南子》秉承了老子"人无弃人"的观点，认为最重要的知人方法是"见者可以论未发也，而观小节可以知大体矣"。要善于从已知的现象中推知尚未显露的内在素质，善于观察小节，预测大体。"贵者观其所举，富者观其所施，穷者观其所不受，贱者观其所不为，贫者观其所不取。"对不同社会阶层、不同身份的人，通过特定的最能体现本质的行为来了解他。同时，知人还可以通过不同的方式方法，来了解其相应的德性，如"视其更难，以知其勇；动以喜乐，以观其守；委以财货，以论其人；振以恐惧，以知其节"。

《淮南子》提醒我们，"小恶不足妨大美"，不能因为某一小节，就把人完全否定了。天下本来就没有尽善尽美的人和事，"自古及今，五帝三王，未有能全其行者也"。落实到具体评判人才上，可分为四类："智过万人者谓之英，千人者谓之俊，百人者谓之豪，十人者谓之杰。"如果对英俊豪杰们只"志人之所短，而忘人之所长"，就不会觅得天下贤才。

《淮南子》指出，用人的关键是"各得其所"，量才使用，充分发挥每个人的专长。"力胜其任，则举之者不重也；能称其事，则为之者不难也。"用人要按照其综合素质的高低来安排职位，着眼于人的价值所在，善于发现人的闪光点。

〔典　故〕

齐桓公任宁戚

春秋时期卫国人宁戚想求职于齐桓公，因为穷困未能接近。于是他依托商贩载货之车，到齐国做生意，晚上露宿在城门之外。

身陷低微举目望　只盼躬耕迎朝阳

桓公到郊外迎客，夜里开了城门，火炬照路，随从簇拥。宁戚在车下喂牛，看到桓公而心中悲伤，敲打着牛角唱起悲凉的商歌。桓公听了，对仆人说："奇特呀！唱歌的是个不寻常的人。"使命仆人让他坐上后车带回宫中。宁戚拜见桓公，陈说治国理政之道。桓公很是欣赏，准备授他官职。众臣劝谏说："不如派人到卫国考核一下，若是贤者，用也不晚。"桓公说："没有必要。调查他是担心他会有一些小的缺陷，因此往往就忽视了人的大的美德，这也是人君失去天下贤人的原因。况且人本来就不是十全十美的，衡量后使用他的长处罢了。"

随后，宁戚在齐国任大田、相国之职。

〔摘　选〕 中国成语大辞典.上海辞书出版社，2008：23.

【卑躬屈膝】 bēi gōng qū xī

〔释　义〕 形容没有骨气，低声下气地讨好奉承。也指谄媚卖身投靠。也作"卑躬折节"、"卑节下意"、"卑体屈己"、"屈膝卑拜"、"卑躬屈节”、“屈身卑节”、“卑屈”。

〔出　处〕《淮南子·汜论训》：“夫君臣之接，屈膝卑拜，以相尊礼矣……孝子之事亲，和颜卑体，奉带运履。”

〔示　例〕汉·张衡《应间》：“人生在勤，不索何获？曷若卑体屈己，美言以相克？”

〔浅　析〕礼乐制度，因时制宜，礼与俗化，不可生搬硬套，凝滞不变。《淮南子·汜论训》提出君臣相见，臣子低身屈膝，以示尊重；若国君有难，需用脚踹，则猛踢其身，救国君脱险，这是忠诚的表现，无可非议。孝子贤孙，侍候双亲，送衣递鞋，和颜悦色，躬身有礼；若父母溺水，揪其头发，解救出水，这是孝心的表现，不是骄横无礼。因此，明智的人应用文明礼仪与世人交往，根据实际情况采用适宜的方法，“论世而为之事，权事而为之谋”。

《礼贤下士》（灵壁磬石）

〔摘　选〕成语探源辞典.首都师范大学出版社，2008：366.

九　画

【盈缩卷舒】 yíng suō juǎn shū

〔释　义〕 盈：有余；缩：不足；卷：弯曲；舒：伸展。泛指余亏、伸曲、进退、长短、寿夭等意。

〔出　处〕 《淮南子·俶真训》："盈缩卷舒，与时变化；外从其风，内守其性。"

〔浅　析〕 《淮南子·俶真训》的"俶"，始也。"真"，实也。文中的"至人"即道德修养达到最高境界的人，与其相处，使穷苦之人忘记贫困，使蛮横之人衰减血气，使贪婪之人消除欲望，使王公贵族轻视富贵而乐意卑贱。

"至道"即最高的"道"，是不违背自然规律行事的，就像龙化蛇解，伸缩卷舒，与时变化。在外随从风气行事，对内持守自己的天性。耳目虽不显扬，思虑却不迷惑。富贵、贫贱对于自己，就像春风吹过；诋毁、赞誉对于自己，就像蚊虫飞过。处黑暗之中，不会迷茫；遇冷落之境，不觉心寒。不是掌握了"道"的根本，谁能达到这样的境界呢？

〔摘　选〕 古今汉语成语词典.山西人民出版社，1985：582.

【栉发耨苗】 zhì fà nòu miáo

〔释　义〕 栉：梳理；耨：除草。梳头发，除杂草。比喻事情利多害少。

〔出　处〕 《淮南子·兵略训》："圣人之用兵也，若栉发耨苗，所去者少，而所利者多。"

〔浅　析〕《淮南子·兵略训》认为，军队是用来禁止暴力和讨伐叛乱的。炎帝兴起火灾，所以黄帝擒住了他；共工造成水害，所以颛顼杀死了他。圣人用兵，就像梳头和锄草一样，所去掉的少，而得到的多。假若放纵一个人的邪恶，而增加天下的灾祸，这是大道伦常所不能容许的。在池塘里养鱼，必然先除掉水獭；饲养飞禽走兽，必然要防范豺狼。何况是治理人世呢？

〔摘　选〕古今汉语成语词典.山西人民出版社，1985：536.

【南船北马】 nán chuán běi mǎ

〔释　义〕南方人善于驾船，北方人善于骑马。指南北交汇之地，南方人北上改骑马，北方人南下改乘船。形容人们因所处的环境不同而各有所长。也作“南船北车”、“北马南樯”、“北骑南帆”、“南航北骑”、“南舣（yǐ）北驾”、“南人驾船，北人乘马”、“南棹北辕”。

〔出　处〕《淮南子·齐俗训》：“胡人便于马，越人便于舟，异形殊类，易事而悖，失处而贱，得势而贵。”

〔示　例〕唐·孟郊《送从叔校书简南归》：“生随昏晓中，皆被日月驱。北骑达山岳，南帆指江湖。高踪一超越，千里在须臾。”清·龚自珍《己亥杂诗》：“谁肯心甘薄幸名？南舣北驾怨三生。”

〔浅　析〕《淮南子·齐俗训》认为，农夫们在一起谈论劳动力之强弱，士大夫在一起讨论德行的高低，工匠们在一起研究工艺技术的精巧。是时，士人没有失检的行为，农夫没有白费的劳动，工匠没有伪劣的产品，各行各业都安于本分，不互相干扰。所以伊尹兴建土木工程时，腿长的被安排去踩锹，背力强的被安排去背土，独眼的被安排去测水准，驼背的被安排去铺抹地坪，各人的特点都被用得恰到好处，此时人性无贵贱优劣之分。胡人善于骑马，越人善于泛舟。明智的人能统筹安排，合理使用，使人们都能发挥出自己的才干和能力。

〔摘　选〕 汉语成语大全.商务印书馆，2011：1040.

【指奏相反】 zhǐ zòu xiāng fǎn

〔释　义〕 指奏：旨趣。旨趣相反，主要的目的和意图相反，各执己见。

〔出　处〕 《淮南子·齐俗训》："故百家之言，指奏相反，其合道一体也。"

〔浅　析〕 《淮南子·齐俗训》指出："率性而行谓之道，得其天性谓之德。"要承认事物的多样性，"各便其性"，"各有所宜"，最终以"道"齐"俗"。从前，冯夷得道，潜入大川；钳且得道，隐居昆仑山；扁鹊得道，治病救人；造父得道，驾车如神；羿得道射九日，拯救生灵；诸子百家，言论旨意，各执己见。他们所用之处各有不同，而所"得道"的规律是一致的。

〔摘　选〕 古今汉语成语词典.山西人民出版社，1985：554.

【削足适履】 xuē zú shì lǚ

〔释　义〕 适：适应；履：鞋。因为鞋小脚大，就把脚削去一块来凑合鞋的大小。比喻不合理地迁就凑合或不顾具体条件，生搬硬套。也作"截趾适屦(jù)"、"刻足适屦"、"削足就屦"、"刖(yuè)趾适屦"。

〔出　处〕 《淮南子·说林训》："骨肉相爱，谗贼间之，而父子相危。夫所以养而害所养，譬犹削足而适履，杀头而便冠。"

〔示　例〕 毕淑敏《婚姻鞋》："削足适履是一种愚人的残酷，郑人买履是一种智者的迂腐。步履维艰时，鞋与脚要精诚团结；平步青云时切不要将鞋儿抛弃……"

〔典　故〕

灭亲争王

春秋时，有一次楚灵王亲自率领战车千乘，雄兵十万，征伐蔡国。这次出征大功告成，楚灵王便派自己的弟弟弃疾留守蔡国，然后大军继续推进，准备再灭掉徐国。

弃疾不甘心充当蔡国这个小地方的首脑，就寻兵返楚国，杀死灵王的儿子，立哥哥的另一个儿子子午为国君。楚灵王在征讨途中闻知国内有变，顿时心寒，就上吊自杀了。弃疾知道楚灵王死了，威逼子午自杀，自立为王，他就是臭名昭著的楚平王。

晋献公宠爱的骊姬提出要将自己所生的幼子奚齐立为太子，晋献公满口答应，并将原来的太子，自己亲生的儿子申生杀害了。就这样骊姬还不罢休，建议杀重耳和夷吾兄弟俩，晋献公竟欣然同意。但他们的密谋被一位正直的大臣探听到，立即转告重耳和夷吾。二人听说后，分头跑到国外避难去了。

《淮南子》评论这两个故事说，听信坏人的话，使父子、兄弟自相残杀，就像砍去脚指头去适应鞋的大小一样，太不明智了。

削足适履

〔摘　选〕 成语探源辞典.首都师范大学出版社，2008：369.

【昧昧芒芒】 mèi mèi máng máng

〔释　义〕 昧昧：淳厚浑朴的样子；芒芒：通“茫茫”，广大深远的样子。形容纯朴深远的原始状态。也作“芒芒昧昧”。

〔出　处〕 《淮南子·俶真训》：“至伏羲氏，其道昧昧芒芒然。”《淮南子·泰族训》：“芒芒昧昧，因天之威，与元同气。”

〔浅　析〕 《淮南子·俶真训》把上古历史分为至德之世、伏羲氏、神农黄帝、昆吾夏后、周室之衰五个阶段。其中在伏羲氏统治时，他的道德纯厚宽广，人民称颂他的功德，含怀和气，布散他的德泽。

〔摘　选〕 古今汉语成语词典.山西人民出版社，1985：561.

【贵阴贱璧】 guì yīn jiàn bì

〔释　义〕 重视光阴，不看重璧玉。比喻极为珍视时光。

〔出　处〕 《淮南子·原道训》：“故圣人不贵尺之璧，而重寸之阴，时难得而易失也。”

〔示　例〕 唐·房玄龄《晋书·皇甫谧传》：“夫贵阴贱璧，圣所约也；颠倒衣裳，明所箴也。”

〔摘　选〕 新华成语大辞典.商务印书馆，2013：553.

【贵冠履，轻头足】 guì guān lǚ, qīng tóu zú

〔释　义〕 比喻主次或轻重颠倒。

〔出　处〕 《淮南子·泰族训》：“今重法而弃义，是贵其冠履而忘其头足也。故仁义者，为厚基者也。”

〔浅　析〕 《淮南子·泰族训》强调，圣人治政要注意掌握根本，不能舍本求末。“治之所以为本者，仁义也；所以为末者，法度也。”不致力于修治根本，而务求治理末节，犹如放弃树根而浇灌枝叶。法令的产生，是用来辅助仁义的。假若重视法律而放弃仁义，就像珍视鞋帽而忘记手足。仁义是治理国家的深厚基础，“根深即本固，基美则上宁”。

〔摘　选〕 汉语成语大全（第2版）.商务印书馆，2011：583.

【钩爪锯牙】 gōu zhǎo jù yá

〔释　义〕 指鸟兽锋利的爪、牙。形容禽兽凶猛或人的凶恶残暴。也比喻武装军队。也作“句爪居牙”（句、居：古同“钩”、“锯”）。

〔出　处〕 《淮南子·本经训》：“天旱地坼，凤皇不下，句爪、居牙、戴角、出距之兽，于是鸷矣。”

〔示　例〕 唐·白居易《杜陵叟诗》：“虐人害物即豺狼，何必钩爪锯牙食人肉！”唐·朱子奢《昭仁寺碑铭序》：“……徇赵北而图王，反淮南而称帝。钩爪锯牙，递相吞灭。茫茫禹迹，沟壑无归。苍苍彼天，何其罔极！”

〔摘　选〕 新华成语大词典.商务印书馆，2013：513.

【面如死灰】 miàn rú sǐ huī

〔释　义〕 死灰：冷却的灰烬。形容因心情沮丧或受惊吓而脸色灰白或苍黄。也形容身体极为虚弱，脸上没有血色。也作“面如土灰”、“面如土色”、“死灰面色”、“面色如土”、“面如灰土”、“面若死灰”、“面无人色”、“面无血色”、“面如纸灰”。

〔出　处〕 《淮南子·修务训》：“鹤跱而不食，昼吟宵哭，面若死灰，颜色霉黑，涕液来集。”

〔示　例〕 清·郑燮《弄潮曲》："钱塘小儿学弄潮，硬篙长楫捺复捎。舵楼一人如铸铁，死灰面色睛不摇。潮头如山挺船入，樯橹掀翻船竖立。"

〔典　故〕

求秦救楚

春秋时期，吴国和楚国在伯举大战。楚贵族申包胥心想：自己冲入敌阵，流血牺牲，不过斩杀三两个兵卒而已，不如向别国求援。于是他背着干粮，翻过陡峭山峦，越过低谷沟壑，渡过大川，闯过关塞，脚掌溃烂到膝，磨出层层老茧，经过七天七夜，到达秦国朝廷。他似鹤一样直立不食，白天呻吟，晚上哭泣，面如死灰，脸色霉黑，泪流涕零，求见秦哀公，说："吴国像野猪毒蛇，贪婪强暴，首害楚国，殃及他国。楚王到处逃避，百姓妻离子散，楚王派我向秦王告急求救。"秦王见状，感慨不已，派兵车千辆，步兵七万，大破吴军，保住楚国。

〔摘　选〕 中华成语大词典.商务印书馆，2009：1008.

【畋不掩群】 tián bù yǎn qún

〔释　义〕 畋：打猎；掩：尽。打猎时不把整群的鸟兽全都捕杀。比喻做事情留有余地。

〔出　处〕 《淮南子·主术训》："故先王之法，畋不掩群。"

〔浅　析〕 《淮南子·主术训》为后世描述了一幅我国古代劳动人民保护自然生态平衡的美好图景：农民饲养马、牛、羊、犬、猪、鸡，按时令种田植树，修整田地，养种桑麻。土地肥力各有不同，各自栽植不同的品种。丘陵山地不宜种庄稼，就植树养竹。春季采干枝，夏季采果实，秋天收粮储菜，冬天砍柴，以备人民生活。所以先王之法，打猎的不能把野兽都捕尽，不猎取小的动物。不能把水放干而捕鱼，更不能烧林打猎。

这段话揭示了不违农时季节，因时因地进行种树伐木、渔捞猎捕等农业生产活动，以实现自然生态平衡的朴素的唯物辩证思想，蕴含哲理，令人深思。

〔摘　选〕古今汉语成语词典.山西人民出版社，1985：562.

【重见天日】 chóng jiàn tiān rì

〔释　义〕天日：天空和太阳，借指光明。比喻脱离苦难，重见光明。也作“重睹天日”、“复睹天日”、“再见天日”。

〔出　处〕由《淮南子》中“不见天日”衍生而来。一说出自北宋·司马光《资治通鉴》，一说出自《旧唐书》，一说出自宋·文天祥《真州杂赋·序》等。这些书籍较晚，只是化用《淮南子》之词意而已，不足为源。

〔示　例〕梁晓声《沉默的墙》：“人从火山灰下，沙漠之下，发掘古代城邦，那些重见天日的不倒的墙，无不是承载之墙啊！”

〔摘　选〕汉语成语源流大辞典.开明出版社，2009：188.

【临渊羡鱼】 lín yuān xiàn yú

〔释　义〕渊：深水潭；羡：希望得到。意思是站在水边想得到鱼，不如回家去结网。比喻只有愿望而没有措施，对事情毫无好处。也作“临河羡鱼”、“临川羡鱼”、“临渊之羡”、“临川之羡”、“临渊痴羡”、“临渊徒羡”、“临渊羡鱼，不如退而结网”、“羡临渊”。

〔出　处〕《淮南子·说林训》：“临河而羡鱼，不如归家结网。”《文子·上德》作“临河欲鱼”。一说出自《汉书·董仲舒传》，一说出自《汉书·扬雄传》。《汉书》较晚，当以《淮南子》为源。

〔示　例〕 汉·张衡《归田赋》："游都邑以永久，无明略以佐时。徒临川以羡鱼，俟河清乎未期。"唐·李欣《送人归沔南》："春饶汉阳梦，日寄武陵书。可即明时老，临川莫羡鱼。"宋·赵蕃《次韵何叔信二月蜡梅犹盛之作》："几思觅句攄襟期，嫌如疏笋伤肝脾。君诗与花辱俱见，却悔临渊只痴羡。"

〔浅　析〕 "临渊羡鱼，不如退而结网"，告诫人们，光有愿望而迟迟不行动，这样是永远办不好事情的。在目的与手段之间，有明确的目的固然重要，但如果没有实现这一目的的必要手段，目的将是空幻而不切实际的。例如，我们的目的是打鱼，但只有"退"而织好网，才有可能得到鱼。这里，"退"字就是在一定条件下，有必要把目的暂时搁置起来，先去努力解决手段问题，就如同我们要过河，得首先解决船和桥的问题。在生活中，有的人看到别人先富起来，会有羡慕之心，这当然是人之常情，但光羡慕是不行的，应该努力掌握致富的本领，才是最根本而行之有效的。这就是"退而结网"吧。

〔摘　选〕 汉语成语源流大辞典.开明出版社，2009：732.

【临河结网】 lín hé jié wǎng

〔释　义〕 临到河边才编织渔网。指事先不做准备，办不成事情。也作"临渊结网"、"临川结网"。

〔出　处〕 《淮南子·说林训》："临河而羡鱼，不如归家结网。"一说出自明·杨珽《龙膏记·游仙》。此书较晚，当以《淮南子》为源。

〔示　例〕 明·杨珽《龙膏记·游仙》："早办个凤想仙缘，休等待临渊结网，只落得月缺花残。"

〔摘　选〕 汉语成语大全（第2版）.商务印书馆，2011：918.

【持平之论】 chí píng zhī lùn

〔释　义〕持平：主持公平，不偏不倚。指公平的议论，调和折中的言论。

〔出　处〕《淮南子·主术训》："使人主执正持平，如从绳准高下，则群臣以邪来者，犹以卵投石，以火投水。"一说语出《汉书·杜延年传》。《汉书》较晚，当以《淮南子》为源。

〔示　例〕《官场现形记》："……此乃做书人持平之论，若是一概抹杀，便不成为恕道了。"

〔摘　选〕汉语成语源流大辞典.开明出版社，2009：181.

【举无遗策】 jǔ wú yí cè

〔释　义〕举：提出；策：计谋、办法。提出的计谋没有失误的。形容足智多谋。

〔出　处〕《淮南子·主术训》："是故不用适然之数，而行必然之道，故万举而无遗策矣。"

〔示　例〕宋·陈亮《邓禹》："盖举无遗策，而天下皆知其不可当也。"

〔浅　析〕《淮南子·主术训》认为，圣明的君主治理天下，要最大限度地发挥百官的智慧，辅以仁、义、礼、乐的教化和宽缓、简约的法制。就好像造父驾驭马车：善于控制缰绳、调节辔头来使马儿步伐整齐和谐，通过他平和的吆喝来调节车辆的快慢；驾驭马车的法术熟谙于胸中，而竹鞭又紧紧地握在手里；那缰绳的松紧，吆喝声的高低，竹鞭的使用等无不传达他的意旨，而马儿也能领会他的意思。

趴在井栏上朝着井水照脸，视力再好也不易看清自己的眼珠子；而用明镜来照脸，脸上的毛孔和斑点都能看得一清二楚。因此，不靠偶然机会而遵循必然规律，无论做什么事，都不会有失误。

〔摘　选〕 汉语成语大全（第2版）.商务印书馆，2011：812.

【神不知，鬼不觉】 shén bù zhī, guǐ bù jué

〔释　义〕 指行事机密，无人觉察。也作“人不知，鬼不觉”、“神鬼不觉”。

〔出　处〕 由《淮南子》中“神出鬼没”衍生而来。

〔示　例〕 《元曲选》：“这烦恼神不知，鬼不觉，天来高，地来厚；本指望一家儿相守共白头，到如今夫妻情，父子恩，都做了一笔勾。”

〔摘　选〕 汉语成语源流大辞典.开明出版社，2009：1054.

【神出鬼没】 shén chū guǐ mò

〔释　义〕 像神鬼那样出没。形容出没无常，不可捉摸。后泛指行动迅速，变化多端。也作“神出鬼行”、“神入鬼出”、“神没鬼出”、“神出鬼入”。

〔出　处〕 《淮南子·兵略训》：“善者之动也，神出而鬼行……发如秋风，疾如骇龙。”

〔示　例〕 宋·苏轼《玉堂砚铭》：“巨源之砚，淋漓荡潏；神没鬼出，也可之笔。”清·郑燮《论书》：“元章（米芾）多草书，神出鬼没，不知何处起、何处落。”

〔浅　析〕 《淮南子·兵略训》指出：战争以无形为贵。举动周旋，曲直不定，机巧伪诈的，都不是好的战争行动。好的战争行动是，像神灵出现，鬼魂行动；像星星闪耀，天体运行；像鸾鸟举翼，麒麟奋起；像凤凰翱翔，蛟龙升起；像大水灭火，热水浇雪；前进后退，不见形迹；发动如疾风，迅速如闪电；在无形的领域中运行，在意想不到中出击，没有人知道其所往何处，这样的军队何往而不胜呢？

〔摘　选〕新华成语大辞典.商务印书馆，2013：1326.

【神藏鬼伏】 shén cáng guǐ fú

〔释　义〕比喻变幻莫测。

〔出　处〕由《淮南子》中"神出鬼没"衍生而来。

〔示　例〕唐·司空图《漫书五首》："神藏鬼伏能千变，亦胜忘机避要津。"

〔摘　选〕汉语成语源流大辞典.开明出版社，2009：1054.

【鬼出电入】 guǐ chū diàn rù

〔释　义〕比喻变化巧妙迅速，不易捉摸。

〔出　处〕《淮南子·原道训》："风兴云蒸，事无不应；雷声雨降，并应无穷；鬼出电入，龙兴鸾集。"（高诱注：鬼出，言无踪迹也；电入，言其疾也）

〔示　例〕清·纪昀《阅微草堂笔记》："变化通神，不可思议；鬼出电入，不可端倪。"

〔摘　选〕成语探源辞典.首都师范大学出版社，2008：367.

【前呼后应】 qián hū hòu yìng

〔释　义〕本意是前面的人在呼喊，后面的人在应答。现多用来比喻写文章首尾照应。

〔出　处〕《淮南子·道应训》："今夫举大木者，前呼'邪许'，后亦应之。此举重劝力之歌也。"

〔示　例〕 宋·欧阳修《醉翁亭记》："至于负者歌于途，行者休于树，前者呼，后者应，伛偻提携，往来而不绝者，滁人游也。"

〔摘　选〕 古今汉语成语词典.山西人民出版社，1985：593.

【羿射九日】 yì shè jiǔ rì

〔释　义〕 形容为民除害的英勇行为。也比喻革除弊端，为民谋利。

〔出　处〕 《淮南子·本经训》："尧乃使羿诛凿齿于畴华之野，杀九婴于凶水之上，缴大风于青丘之泽，上射九日而下杀猰貐，断修蛇于洞庭，擒封豨于桑林。"

〔示　例〕 毛泽东《矛盾论》："神话中的许多变化，例如《山海经》中所说的'夸父追日'，《淮南子》中所说的'羿射九日'，《西游记》中所说的孙悟空七十二变和《聊斋志异》中的许多鬼狐变人的故事等等，这种神话中所说的矛盾的互相变化，乃是无数复杂的现实矛盾的互相变化对于人们所引起的一种幼稚的、想象的、主观幻想的变化，并不是具体的矛盾所表现出来的具体的变化。"

〔典　故〕

羿射九日

传说到了尧统治的时候，有十个太阳一同出来。灼热的阳光晒焦了庄稼，花草树木干死，老百姓连吃的东西都没有。猰貐、凿齿、九婴、大风、封豨、修蛇，都成了百姓的祸害。

尧于是派遣嫦娥的丈夫羿到畴华的荒野杀死凿齿，到凶水边上杀死九婴，到青邱湖上用箭射死大风，射下天上的九个太阳，在地上杀死猰貐，到洞庭湖斩断修蛇，到桑林生擒封豨。

中国古书记载的"羿"有两个，一个在帝尧时代，也称"夷羿"；一

羿射九日除百害　造福万民颂千古

个在夏朝太康时代，也称“后羿”，神话里射日的羿当为前者。羿的传说，屡见于先秦典籍，《论语》、《墨子》、《管子》、《庄子》等均以为羿是一位远古时代的擅长射箭者。由于羿为民除百害，所以死后受到人们的敬仰。

〔摘　选〕 汉语成语大全（第2版）.商务印书馆，2011：1829.

【绝国殊俗】 jué guó shū sú

〔释　义〕 绝国：异国；殊俗：不同的风俗。指身在异国不同风俗的地方。

〔出　处〕 《淮南子·修务训》：“绝国殊俗、僻远幽间之处，不能被德承泽，故立诸侯以教诲之。”

〔摘　选〕 汉语成语大全（第2版）.商务印书馆，2011：819.

【绝口不谈】 jué kǒu bù tán

〔释　义〕 指为了回避而闭上嘴不去谈论。

〔出　处〕 由“钳口不言”衍生而来。

〔示　例〕 宋·晁冲之《别息道二十二弟》：“举家唯食粥，绝口不言钱。”

〔摘　选〕 汉语成语源流大辞典.开明出版社，2009：654.

【胆大心细】 dǎn dà xīn xì

〔释　义〕 形容做事果断而又考虑周密。也作“胆大心小”、“细心大胆”、“心细胆粗”。

〔出　处〕 《淮南子·主术训》：“心欲小而志欲大，智欲员而行欲方。”（员：通“圆”）一说出自《孙思邈传》，该书较晚，且据《淮南子》之意而言，故《淮南子》当为源。

〔示　例〕 《旧唐书·孙思邈传》：“胆欲大而心欲小，智欲圆而行欲方。”明·无名氏《穆桂英擒六郎》：“番阵之内，中间道路曲折极多，必先得一细心大胆者进去巡视一番。”

〔摘　选〕 汉语成语源流大辞典.开明出版社，2009：253.

【胆大心粗】 dǎn dà xīn cū

〔释　义〕 办事胆子很大，但考虑问题很粗疏、不细致。

〔出　处〕 由《淮南子》中“心小志大”和“胆大心细”衍生而来。有的成语词典只注明“例句”，未注明“出处”。

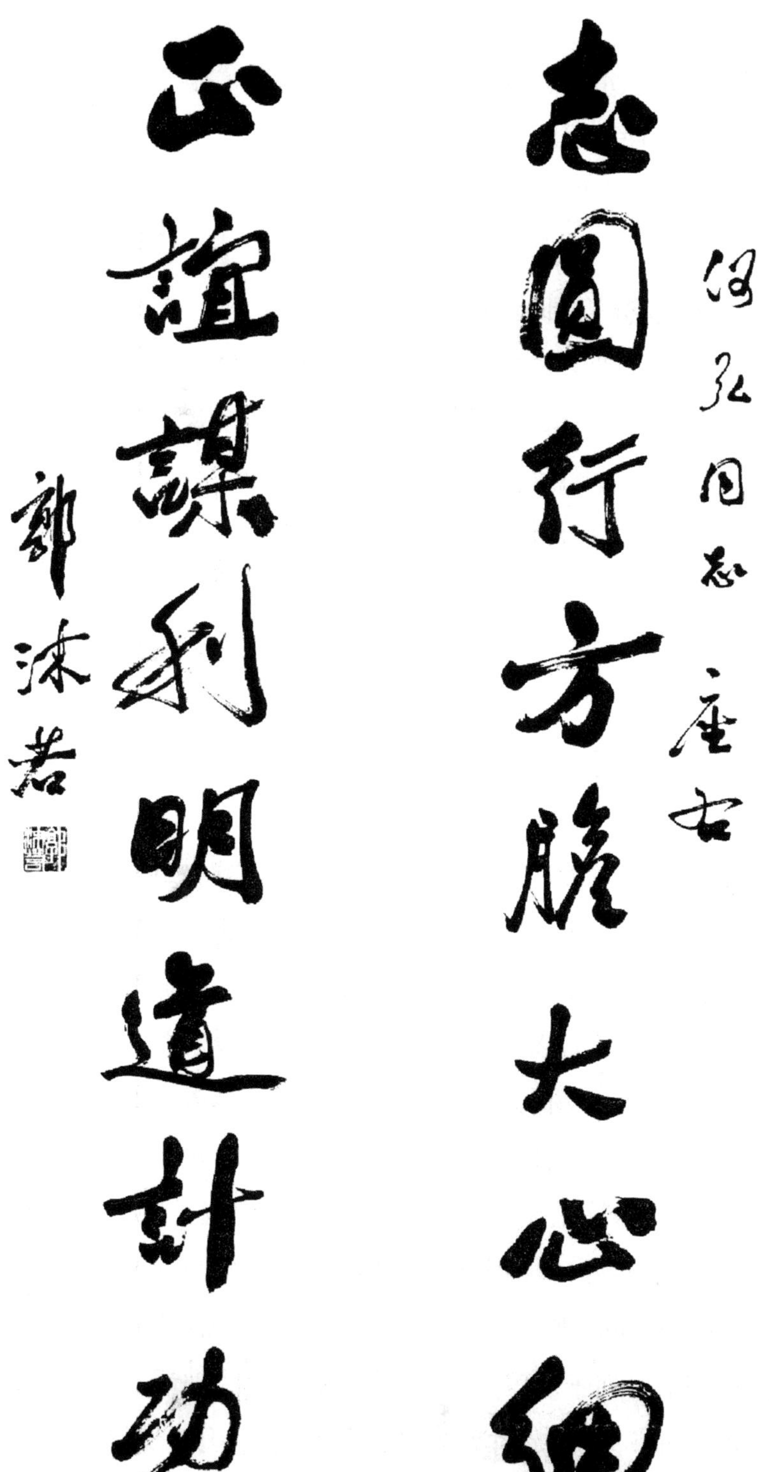
何弘同志座右
志圆行方胆大心细
正谊谋利明道计功
郭沫若

〔示　例〕 元·关汉卿《蝴蝶梦》第二折："扑咚咚阶下升衙鼓，唬得我手忙脚乱，使不得胆大心粗。"

〔摘　选〕 中华成语大词典（第2版）.内蒙古大学出版社，2012：256.

【胆大心雄】 dǎn dà xīn xióng

〔释　义〕 办事胆子大，有雄心。也作"胆壮心雄"。

〔出　处〕 由《淮南子》中"心小志大"和"胆大心细"衍生而来。有的成语词典只注明"例句"，未注明"出处"。

〔示　例〕 明·杜浚《初闻灯船鼓吹歌》："船中百瓮梁溪酒，胆大心雄选锋手。"

〔摘　选〕 中华成语大词典（第2版）.内蒙古大学出版社，2012：257.

【炼石补天】 liàn shí bǔ tiān

〔释　义〕 比喻施展才能和手段，弥补国家以及政治上的失阙。

〔出　处〕 《淮南子·览冥训》："往古之时，四极废，九州裂，天不兼覆，地不周载……于是女娲炼五色石以补苍天，断鳌足以立四极，杀黑龙以济冀州，积芦灰以止淫水。"《列子·汤问》："然则天地亦物也。物有不足，故昔者女娲氏炼五色石以补其阙。"

〔示　例〕 宋·杨万里《送徐宋臣监丞补外》："出处何心一似云，世间万事不关心。补天炼石无虚日，忧国如家有几人。"

〔浅　析〕 从先秦至唐宋，有多部典籍记载了女娲的传说，其中以《淮南子》最为详尽。《山海经》最早记载了女娲的名号，但没有具体事迹。屈原就曾发问：既然女娲创造了人类，那么她又是谁创造的呢？继《山海经》后，《列子》第一次记载了女娲补天的神话，但不全面。

《淮南子》多处提到女娲，尤其在《淮南子·览冥训》中首次对女娲补天作了详细记述：盘古开天地之后，天的四周塌下来，有时烈火冲天，有时大雨倾盆，凶禽猛兽，伤害黎民。在这种情况下，女娲挺身而出，“炼五色石以补苍天”，“断鳌足以立四极”，“杀黑龙以济冀州”，“积芦灰以止淫水”。补天之后，女娲背靠大地，怀抱蓝天，疏通阴阳，整理四季，让百姓过上了安稳的生活。然后，由鬼神带路，乘雷车，登灵门，静息于太祖之旁。通过对女娲补天的背景、过程、效果及其品德、去向的记述，塑造了远古时期一位伟大女性的光辉形象。

与此同时，《淮南子·说林训》还记述了女娲造人的事迹：女娲同黄帝、上骈、桑林等诸神合作，创造了人类。女娲承担了化育工作，每天能造七十样东西。《淮南子》之后，女娲的创世神话又有补充。《太平览胜》说“女娲抟黄土做人”。《风俗演义》进一步表明，女娲祈求上天，让她做媒，教会男女在黄昏后合配，繁衍子孙，永世延续。

女娲“补天”、“造人”的形象逐渐丰满起来，由此可见《淮南子》在塑造女娲形象中的里程碑地位。

〔摘　选〕 汉语成语大全.商务印书馆，2011：920.

【洞洞属属】 dòng dòng shǔ shǔ

〔释　义〕 ①形容专一婉顺的样子；②混沌而无定形的样子。

〔出　处〕 《淮南子·氾论训》：“周公事文王也，行无专制，事无由己……洞洞属属，如将不能，恐失之，可谓能子矣。”《淮南子·天文训》：“天地未形，冯冯翼翼，洞洞属属，故曰太昭。”一说出自《礼记·礼器》，该书是西汉礼学家戴德和他的侄子戴圣编定，在流传过程中，后人对其内容是否有所增减，很难界定；一说出自《汉书·谷永传》。二书成书时间皆晚于《淮南子》，当以《淮南子》为源。

〔示　例〕 清·黄宗羲《明儒学案》：“过去未来之思，皆是失却见在功夫……若是视于无形，听于无声，洞洞属属，精神见在，兢业不暇，哪有闲工夫思量过去，理会未来。”

〔摘　选〕 汉语成语源流大辞典.开明出版社，2009：290.

【逆天暴物】 nì tiān bào wù

〔释　义〕 违逆天道常理，残害生灵。多指人的行为悖谬无道，不合天意人心。

〔出　处〕 《淮南子·泰族训》：“逆天暴物，则日月薄蚀，五星失行，四时干乘，昼冥宵光，山崩川涸，冬雷夏霜。”（《文子·精诚》上也有此话）

〔示　例〕 《隋书·高祖纪下》：“（诏曰）有陈窃据江表，逆天暴物。”

〔摘　选〕 汉语成语源流大辞典.开明出版社，2009：837.

【浑浑沉沉】 hún hún chén chén

〔释　义〕 广大的样子。

〔出　处〕 《淮南子·兵略训》：“天化育而无形象，地生长而无计量，浑浑沉沉，孰知其藏。”

〔示　例〕 《汉语成语大全》：“古人认为，宇宙是浑浑沉沉，无边无际，其间蕴藏了万千奥妙。”

〔摘　选〕 汉语成语大全.商务印书馆，2011：692.

【浑水摸鱼】 hún shuǐ mō yú

〔释　义〕 本指在浑浊的浅水里很容易把鱼抓住，后多用来比喻趁混乱时机攫取不正当的利益；制造混乱，从中取利。也作“混水摸鱼”、“浑水拿鱼”、“浑水捉鱼”、“打鱼混水”。

〔出　处〕 由“水浊鱼噞”衍生而来。

〔示　例〕 清·刘清韵《丹青副》：“明是有情义，暗是浑水好拿鱼。”

〔摘　选〕 汉语成语源流大辞典.开明出版社，2009：523.

【穿针引线】 chuān zhēn yǐn xiàn

〔释　义〕 将线穿入针鼻儿缝纫。指做针线活儿。比喻从中撮合、联系，使双方接通关系。也作“针穿线引”、“做针儿引线”。

〔出　处〕 《淮南子·说山训》：“先针而后缕，可以成帷……因媒而嫁，而不因媒而成；因人而交，不因人而亲。”

〔示　例〕 清·袁龙《套数·薄幸》：“想当初错认意中人，陡的便相亲。无嫌两小忆前因，如针穿线引，通个殷勤，奈隔花人远偏难近。”

〔摘　选〕 汉语成语源流大辞典.开明出版社，2009：205.

【草衣木食】 cǎo yī mù shí

〔释　义〕 以编缀草茎为衣，以山林野果为食。形容上古时代极端简朴的生活。后多指衣食粗劣，生活贫苦。形容隐居闲散的恬淡生活。也指出家人的生活。

〔出　处〕由“山栖谷饮”衍生而来。

〔示　例〕元·关汉卿《望江亭》：“夫人，你哪里出得家？这出家无过草衣木食，熬枯受淡；那白日也还闲可，到晚来。独自一人，好生孤恓(xī，惊慌烦恼的样子)。”

〔摘　选〕汉语成语源流大辞典. 开明出版社，2009：143.

【除繁就简】 chú fán jiù jiǎn

〔释　义〕指去掉繁琐的条文、手续等，按照简便的办法行事。

〔出　处〕由“删繁就简”衍生而来。

〔示　例〕清·唐英《古柏堂戏曲集·巧换缘》：“想古人啊，迎之百两，六礼有条。今日啊，除繁就简，人财两交。”

〔摘　选〕汉语成语源流大辞典.开明出版社，2009：1039.

【轻徭薄赋】 qīng yáo báo fù

〔释　义〕轻、薄：减少，量小。徭：指劳役，力役。赋：田地税。指统治者加在人民身上的负担比较轻。也作“轻刑薄赋”、“宽赋薄征”、“省刑薄敛”、“省役薄赋”、“薄赋轻敛”、“缓赋轻徭”、“薄税轻徭”、“轻赋薄敛”、“省徭薄赋”。

〔出　处〕《淮南子·修务训》：“汤夙兴夜寐，以致聪明，轻赋薄敛，以宽民氓（méng，古代指外来的平民）。”一说出自东汉·班固《汉书·昭帝记》，此书较晚，不足为源。

〔示　例〕三国魏·曹植《汉景帝赞》：“景帝明德，继文之则……省役薄赋，百姓殷昌。”唐·钱起《送元中丞江淮转运》：“薄税归天

以人为本
（唐朝人避太宗李世民讳，将“以民为本”改为“以人为本”）

府，轻徭赖使臣。”

〔浅　析〕《淮南子·修务训》中的“修务”就是勉励人们要致力于事业，及时奋进，为济救万民而立功。神农氏教导百姓播种五谷，尝百草滋味，品水泉甘苦，以通告百姓。尧建立孝慈仁爱的道德规范，对待百姓像自己的子弟一样。舜教民造屋，让百姓离开岩洞，安居乐业。禹疏通长江、黄河，治理水患，“三过家门而不入”。汤轻纳赋税，少征财物，让百姓富裕。这五位圣君，“不忧命之短，而忧百姓之穷”，世代受人称道。

〔摘　选〕汉语成语源流大辞典.开明出版社，2009：955.

【结党营私】 jié dǎng yíng sī

〔释　义〕结成团伙，谋取私利。也作“营私植党”、“构党植私”、“结党徇私”、“囊私植党”、“植党擅私”。

〔出　处〕《淮南子·氾论训》：“昔者齐简公释其国家之柄，而专任其大臣将相，摄威擅势，私门成党，而公道不行。”一说出自《新唐书·萧至忠传》：“时楚客怀奸植党”；一说出自南宋·朱熹《戊申封事》：“宰相植党营私，孤负任使”；一说出自清·纪昀《滦阳消夏录四》：“此辈结党营私，朋求进取，以同异为爱恶，以爱恶为是非……”。这些较晚的书籍只是引用《淮南子》中“摄威擅势，私门成党”之意而用，不足为源。

〔摘　选〕 汉语成语源流大辞典.开明出版社，2009：592.

【结党连群】 jié dǎng lián qún

〔释　义〕 指性格和志趣相投的人聚集在一起，结合成党派或集团。也作“结党聚群”、“结朋植党”、“挟朋树党”、“结徒聚党”、“结党连朋”、“分朋植党”、“合党连群”、“聚党成群”。

〔出　处〕 由“结党营私”衍生而来。一说出自东汉·张衡《西京赋》；一说出自南朝梁·沈约《宋书·夷蛮传》。二书皆引《淮南子》之词意而用，不足为源。

〔示　例〕 《宋书·谢灵运传》：“或轻死重气，结党聚群；或勇冠乡邦，剑客驰逐。”宋·熊克《中兴小记》：“恐分朋植党，非国家之福。”

〔摘　选〕 新华成语大辞典.商务印书馆，2013：722.

【骄傲自大】 jiāo ào zì dà

〔释　义〕 看不起别人，自以为了不起。

〔出　处〕 由《淮南子》中的“气充志骄”衍生而来。一说出自《三国志》，一说出自清·张德彝《四述奇》。此二书只是引用《淮南子》之词意，不足为源。

〔示　例〕 王海鸰《大校的女儿》：“赵吉树，我早就看你苗头不对，骄傲自大，狂！人一旦骄傲了，没有不出事的。”

〔摘　选〕 新华成语大辞典.商务印书馆，2013：713.

【骄傲自满】 jiāo ào zì mǎn

〔释　义〕 自高自大，满足于自己已有的成绩。

〔出　处〕 由《淮南子》中的“气充志骄”衍生而来。一说出自宋·王明清《挥麈后录》，一说出自宋·李心传《建炎以来系年要录》。此二书只是引用《淮南子》之词意，不足为源。

〔示　例〕 姚雪垠《李自成》：“如今只是他骄傲自满的时候，最容易利用他疏忽大意，袭破他的老营，将他擒获。”

〔摘　选〕 中华成语大词典.商务印书馆，2009：756.

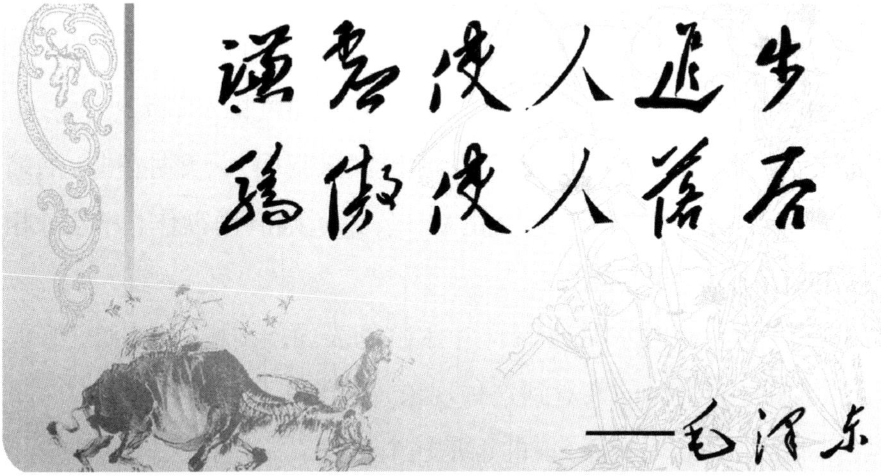

十　画

【础润知雨】 chǔ rùn zhī yǔ

〔释　义〕 础：屋柱下的基石。柱子的基石润湿了，就是要下雨的征候。比喻见到一点迹象，就能知道它的发展趋向。也作“云蒸础润”、“础润欲雨”、“础润将雨”、“础润而雨”、“础泣而雨”。

〔出　处〕《淮南子·说林训》：“山云蒸，柱础润。”

〔示　例〕 南朝宋·谢庄《喜雨》：“燕起知风舞，础润识云流。”宋·释法应辑《禅宗颂古联珠通集》：“础润天将雨，云开月正明；渔翁闲引钓，牵动一潭星。”宋·鲍钦止《雨余》：“础润雨欲作，好风每相先。萧萧清入帘，令我心洒然。”

〔浅　析〕 有时水泥地、石柱、水缸的表面，会挂上些水珠，好像“出汗”似的。有经验的人看到这种现象，就会说天快要下雨了。“月晕而风，础润而雨”这句农谚，说的正是这个道理。

因为晴朗的天气，一般比较干燥，空气中的水分含量也少。而当乌云密布，大雨欲来之际，空气里的水分就比较多，什么东西，都有点儿潮湿。当空气中的含水量达到或超过一定程度时，气象学上就叫它“饱和湿空气”或“超饱和湿空气”。

水泥地、石柱等容易散热，当它们的表面温度比空气温度低时，暖湿的空气碰到它们，温度就会降低，它们的表面会凝集结成水珠，出现“山云蒸，柱础润”的现象。

〔摘　选〕 汉语成语源流大辞典.开明出版社，2009：201.

【敖世轻物】 ào shì qīng wù

〔释　义〕 敖：通“傲”。鄙弃世俗，看不起别人。也指高傲自大。也作“轻世傲物”。

〔出　处〕 《淮南子·齐俗训》：“敖世轻物，不污于俗。士之伉行也，而治世不以为民化。”

〔浅　析〕 人们常说“满招损，谦受益”，“木秀于林，风必摧之”，都是教育人不要自满，不要露才扬己。

骄傲自满的人往往会失败。如曹操兵败赤壁，一方面因为诸葛亮计谋过人，另一方面是他自视太高。李自成没几天便丢了北京，也是自满所致。有财富的人要是夸耀财富，也不会长久。至于露才扬己，结局大都糟糕，历史上吴王射狙的故事正是如此。就像李白诗云：“功名富贵若长在，汉水亦应西北流。”

〔摘　选〕 汉语成语大全.商务印书馆，2011：22.

【家到户至】 jiā dào hù zhì

〔释　义〕 每家每户都到达。多形容事物普遍流行。

〔出　处〕 《淮南子·泰族训》：“四海之内……重译而至。非户辩而家说之也，推其诚心，施之天下而已矣。”一说语出汉·刘向《列仙传·负局先生》：“后大疫病，家至户到，与药，活者万计，不取一钱。”此书较晚，且取《淮南子》中“重译而至”、“户辩家说”之意而用，不足为源。

〔示　例〕 唐·杜牧《上淮南李相公状》：“吏不敢欺，法能必束，上行下效，家到户至，闾里安泰，史册未闻。”

〔摘　选〕 汉语成语源流大辞典.开明出版社，2009：559.

【高台层榭】 gāo tái céng xiè

〔释　义〕 指建于高地用于游赏、眺望、乘凉、歇息的平台亭榭。多建筑在水边或假山上。也作“花台月榭”、“水轩花榭”、“月榭风台”。

〔出　处〕 《淮南子·精神训》：“今高台层榭，人之所丽也。”

〔示　例〕 宋·苏轼《涵虚亭》：“水轩花谢两争妍，秋月春风各自偏。唯有此亭无一物，坐观万景得天全。”

〔摘　选〕 汉语成语源流大辞典.开明出版社，2009：360.

【桑榆暮景】 sāng yú mù jǐng

〔释　义〕 景：日光。夕阳的余晖照在桑树、榆树的树梢上，指傍晚。比喻晚年的时光。也作“桑榆暮齿”、“景入桑榆”、“桑榆晚节”、“桑榆晚景”、“桑榆末景”、“桑榆之景”、“桑榆之年”、“桑榆暮齿”、“景入桑榆”、“桑榆年”、“榆景”。

〔出　处〕 《淮南子》（《太平御览》三引）：“日西垂，景在树端，谓之桑榆。”（今本《淮南子》无此文）

〔示　例〕 元·蒲道源《腊月八日王县尹寿》：“晚景桑榆春尚好，岁寒松柏老弥坚。”清·袁枚《八十自寿》：“潇洒一生无我相，逢迎到处有人缘。桑榆晚景休嫌少，日落红霞尚满天。”

〔摘　选〕 汉语成语源流大辞典.开明出版社，2009：1027.

【蚌病成珠】 bàng bìng chéng zhū

〔释　义〕 蚌因身上陷入细沙，就分泌出一种物体，把沙子一圈一圈地包起来。病好了之后，旧伤处就出现了一颗晶莹的珍珠。比喻因不得志而写出好文章来。也作“蚌病生珠”。

〔出　处〕 《淮南子·说林训》：“明月之珠，蛖之病而我之利；虎爪象牙，禽兽之利而我之害。”

〔示　例〕刘勰《文心雕龙》：“敬通雅好辞说，而坎壈盛世，《显志》自序，亦蚌病成珠。”

〔浅　析〕事物之间相互依存，相互转化。明月之珠是蚌蛤的病害，却是我们的宝贝；虎爪象牙是禽兽的利器，却是我们的祸害。这也是《淮南子·说林训》所蕴含的哲学思想。平坦的道路，优良的骏马，使得人想快马加鞭奔驰；喝酒喝得痛快时，使人禁不住引吭高歌。认为是正确的就去做，这叫“决断”；认为不对的，却还去做，这叫“作乱”。箭矢飞快，顶多也不过射到两里地远；步行虽慢，走上百日，也可达到千里之远。

〔感　悟〕

“蚌病成珠”包容美

“蚌病成珠”的结果体现出价值，而价值的成因在于包容。

人的一生，最难做到的便是包容。人们往往注意丈量人生的长度，却从不去计量人生的容量。人们往往能够包容成功，却很少能够包容失败；能够包容忠诚，却很少能够包容背叛；能够包容赞美，却很少能够包容诋毁；能够包容快乐，却很少能够包容痛苦……我们总是欣喜地接受上苍的馈赠，却不能坦然地接受另一半——让我们感到怨恨、气馁的人和事，而这些同样是人生中不可或缺的部分。事实上，人生容量的大小，往往体现人的涵养与价值，决定了人的成败与得失。

尊重差异，尊重个性，博采众长，对一个人而言很可贵，对一个城市、一个地方亦然。包容的意义，绝不仅仅停留在个人层面上，它对整个社会的存在和发展，同样有着巨大的能动作用。

有人说包容是人类最为宝贵的意识，也有人说包容是成就事业的重要条件，还有人说包容是人类社会发展最重要的文化要素。确实，包容对人类，恰如空气对生命，具有非同一般的价值和意义。

包容是一种心态，一种修养，一种气度。多一份包容就多一份自省，少一份争斗；多一份包容就多一些朋友，少一些对手。生活琐事何必斤斤计较，胸怀坦荡、大度待人是一种高尚的道德情操。学会包容，给他人留有余地，也是一种高超的处事态度。学会包容他人，就是学会了包容自己。包容得越多，收获也就越多；越能容得下，越代表着输得起，就能给自己留出一条崭新的道路。

包容是一种理解，一种幸福，一种财富。“世上没有不长杂草的花园”，金无足赤，人无完人，对他人的包容，如同一泓清泉，洗去心灵中不应该存在的自私和狭隘；可以使人冷静，从而看清事情的真相；意味着不计较个人的得失，用真诚去感动温暖对方。

当然包容也不是无限制、无原则、无条件的屈服和放纵。包容总是以一定的原则作为前提的。当矛盾体的运动对事物的存在构成严重威胁时，包容就不复存在。

学会包容，和谐共生。包容像春日扁舟里的放歌，仲夏凉亭中的弄弦，深秋山林中的漫步，隆冬火炉旁的畅谈。因为有包容，世间才充满爱。让我们用爱去感受，用情去理解，用心去包容，人生就彰显出更高的价值。

〔摘　选〕汉语成语大全.商务印书馆，2011：67.

【积弱不振】 jī ruò bù zhèn

〔释　义〕积弱：积久而形成的柔弱。指长期积累而形成的衰弱局面不能振作，强盛不起来。也作“积弱不支”。

〔出　处〕《淮南子·原道训》：“是故欲刚者，必以柔守之；欲强者，必以弱保之。积于柔则刚，积于弱则强。观其所积，以知祸福之乡。”

（乡：通“向”）

〔示　例〕《四库全书总目·何博士备论》：“故一试而败，再试而亡。南渡以后，卒积弱以至不振。”

〔摘　选〕 汉语成语源流大辞典.开明出版社，2009：536.

【积羽沉舟】 jī yǔ chén zhōu

〔释　义〕 羽毛虽轻，积多了也能把船压沉。比喻细微的东西可汇成巨大力量；也比喻坏事虽小，积累下去会产生严重后果。

〔出　处〕《淮南子·缪称训》：“小不善积而为大不善，是故积羽沉舟，群轻折轴，故君子禁于微。”（《战国策》中也有此话）

〔示　例〕 清·唐孙华《述古》：“谗口成铄金，沉舟由积羽；苍蝇

沉舟非海浪　积羽是天长

正群飞，白璧无完素。”

〔典　故〕

张仪说魏

战国时期诸侯称霸天下。有识之士提出了两种主张，即“合纵”和“连横”。前者主张弱国联合抗击强秦，后者主张弱国跟随秦国征服其他弱国。当时齐、楚、燕、韩、魏、赵六国之间的合纵盟约十分牢固，秦国的相国张仪发觉后，便辞去职务，来到魏国，准备劝魏王退出纵约。

张仪得到魏襄王信任，被任命为相国。但魏襄王知道秦国野心很大，不讲信义，所以不愿联合秦国。秦王闻之大怒，一面派大军袭取魏地，一面派人暗中不断厚赠张仪财宝。

四年后，魏襄王逝世，儿子哀王继位。张仪又劝说魏哀王投秦，也遭拒绝。张仪便暗中要秦国进攻魏，魏国战败了。第二年，秦国先把韩国的军队打个落花流水，使其他诸侯为之震惊。张仪借机说服魏哀王依附秦国。他从分析魏国地理形势、兵力状况、目前处境、“合纵”协约不可信等不利条件入手，最后用“积羽沉舟”作比喻，指出魏国如果忽视这些不利因素，就会像轻的羽毛大量堆积能压沉大船一样，遭到覆亡的危险。魏哀王终于听从了张仪的劝说，背离“合纵”协议，请求和秦国“连横”。

〔摘　选〕汉语成语源流大辞典.开明出版社，2009：537.

【胶柱鼓瑟】 jiāo zhù gǔ sè

〔释　义〕柱：瑟上调节声音的短木；瑟：一种古乐器。是用胶把柱子粘住以后奏琴，柱不能移动，就无法调弦。比喻固执拘泥，不知变通。也作“胶柱调瑟”、“胶瑟”、“胶柱”。

〔出　处〕《淮南子·齐俗训》：“义者，循理而行宜也；礼者，体

情制文者也。……今握一君之法籍，以非传代之俗，譬由胶柱而调瑟也。”（《文子》上也有此话）

〔示　例〕 南朝梁·沈约《注制旨连珠表》：“守株胶瑟，难与适变。”清·林昌彝《阅世》：“服参必求上党参，帚敝柱胶讹杀人！”

〔浅　析〕 “义”本来的含义是适宜，“礼”本来的含义是体现情感。《淮南子·齐俗训》举例说，过去扈氏被启杀害，是因为他不知道“义”还要适合时宜；鲁国日益衰弱，是因为国君不知道“礼”是要体现真情实意的。

虞氏、夏后氏、殷人、周人，这四代的礼法，因时代变迁而发生很大变化，就像服饰也各不相同，都体现了亲疏的感情和上下的人伦。现在如果死抓住一国之礼法，否定、非难世代变化了的礼俗，就好像胶住弦柱而想调瑟一样。英明的君主制定礼仪好比做衣裳，合体、合乎常规即可，不必追求奇异的外表和裁剪上的花哨。因此，制定礼义的根本要求，是帮助人们规范思想道德，没有必要拘泥于儒墨的那一套伦理。

〔典　故〕

齐人学瑟

有个齐国人跟赵国人学弹瑟，由赵国人先调好了弦，齐人就将调弦的短柱子用胶粘住了回家。时间长了，柱子脱胶松动了，也不去调弦，结果三年弹不成一首曲子，那个齐人反而埋怨赵国人。

后来，有个也跟赵国人学艺的人来到齐人这里，询问他埋怨的原因，才知道前面这人实在蠢。

〔摘　选〕 汉语成语源流大辞典.开明出版社，2009：584.

齐人学瑟不知变，枉费三年不通“情”

【海水不可斗量】 hǎi shuǐ bù kě dǒu liáng

〔释　义〕海水是不可以用斗去量的。比喻不可根据某人的现状就低估他的未来。也作“人不可貌相，海水不可斗量”。

〔出　处〕《淮南子·泰族训》：“太（泰）山不可丈尺也，江海不可斗角也。”

〔示　例〕明·冯梦龙《醒世恒言》：“别是一番面目，想到‘人不可貌相，海水不可斗量’！”

〔摘　选〕汉语成语大全.商务印书馆，2011：611.

【倡而不和】 chàng ér bù hé

〔释　义〕 倡：通“唱”；和：响应。领唱无人应和。形容有人倡导，而无人响应的冷清局面。

〔出　处〕 《淮南子·缪称训》：“勇士一呼，三军皆辟，其出之也诚。故倡而不和，意而不戴，中心必有不合者也。”

〔示　例〕 元·徐明善《赠徐义翁北行序》：“嗟夫，倡而不和，教而不行，未必不由此也。”

〔浅　析〕 治国执政，要举贤任能，抛弃偏见、私好，广选人才，正如《淮南子·缪称训》所言：“制其剟（duō）材，无所不用。”勇士振臂一呼，三军为之避让，是因为他的呼喊发自肺腑的真诚。有领唱的人，却没人应和；有发号施令的人，却没人答应执行，是因为众人思想感情上不愿接受配合。舜不离开坐席而能匡正天下，是因为他对自身要求严格。若君主大臣玩弄权术，下面的人必定变得狡诈。“身曲而影直者，未之闻也。”明智的人是用至诚的精神来感化别人，而不是用一种苍白空洞的说教来告诫别人。如《中庸》所言：“诚则明矣，明则诚矣。”

〔摘　选〕 新华成语大辞典.商务印书馆，2013：173.

【蚑行蛲动】 qí xíng náo dòng

〔释　义〕 蚑：蚑行，用足爬行；蛲：小虫；蚑蛲：泛指各种用脚爬行的小虫。就是指小虫爬动的样子。比喻微细。

〔出　处〕 《淮南子·修务训》：“蚑行蛲动之虫，喜而合，怒而斗，见利而就，避害而去，其情一也。”

〔示　例〕 唐·房玄龄《晋书·天地赋》：“蚑行蠕动，方聚类分，鳞殊族刺，羽毛异群。”

〔摘　选〕 汉语成语大全.商务印书馆，2011：1140.

【蚑行喙息】 qí xíng huì xī

〔释　义〕 虫类爬行，张口舒气。也作"蚑行喘息"、"蚑动哕息"、"蚑喙"。

〔出　处〕 《淮南子·天文训》："阴阳相错，四维乃通，或死或生，万物乃成。蚑行喙息，莫贵于人，孔窍肢体，皆通于天。"一说出自《史记》；一说出自《汉书》；一说出自汉·王褒《洞萧赋》。上述典籍皆晚于《淮南子》，不足为源。

〔示　例〕 《汉书·公孙弘传》："舟车所至，人迹所及，跂行喙息，咸得其宜。"清·梦麟《上方角鹰歌》："棘枝冻雀相呼啾，跂喙翔走纷绎骚。"

〔摘　选〕 汉语成语源流大辞典.开明出版社，2009：903.

【称薪而爨】 chēng xīn ér cuàn

〔释　义〕 薪：柴；爨：烧火煮饭。比喻只注意小事，不从大处着眼。也作"称柴而爨"、"称薪量水"。

〔出　处〕 《淮南子·泰族训》："称薪而爨，数米而炊，可以治小，而未可以治大也。"

〔示　例〕 明·冯梦龙《警世通言》："积财聚谷，日不暇给。真个是数米而炊，称柴而爨。"

〔浅　析〕 "河以逶蛇，故能远；山以陵迟，故能高。"《淮南子·泰族训》指出，只通晓一类事，明了一种说法，掌握一门技艺，可以对某些事物有精深的认识，但不可能广泛应对所有事物。称着柴来烧灶，数着米来做饭，这样谨小慎微的人只能做些小事情，而做不了大事情。秦始皇白天判断案子，夜里处理文书，忙忙碌碌，还派出监察御史到各个郡县视察，又派兵戍守五岭以防越人，修筑长城以防胡人，但是奸邪还是不断产生，盗贼成群结队，这正是政务越繁杂乱子就越多。所以法律只是治国的工具，而不是治国的根本，就像弓和箭，只是射中目标的工具，而不是射中靶的关键。

〔典　故〕

“小”将军“大”县令

明·冯梦龙《古今笑》载，某大将军妻子病得很厉害，“私以百钱取药”，那大将军发现后，“终身恨之”。

宋诗人官员韦庄“数米而炊，称薪而爨”，小儿子死了，妻子“殓以时服”，韦居然“剥取，易故席裹尸”，等儿子下葬后，“仍擎其席归”。

唐新昌县令夏侯彪一到任，即取钱十千令里正买鸡蛋三万颗，“未便要，且寄鸡母抱之”，经数月，鸡长成，令卖之，得三十万；又取钱十千令买竹笋五万茎，“且林中养之”，秋至竹成，卖之，得钱五十万。

〔摘　选〕汉语成语大全.商务印书馆，2011：232.

【疾风暴雨】 jí fēng bào yǔ

〔释　义〕疾：又快又猛；暴：突然而猛烈。形容风雨来势猛。比喻迅猛激烈的斗争。

〔出　处〕《淮南子·兵略训》：“何谓隐之天？大寒甚暑，疾风暴雨，大雾冥晦，因此而为变者也。”

〔浅　析〕战争的可贵之处是计谋不为人知，形迹隐匿出于对方意料之外，使之不能加以防备。计谋被人识破，形迹出现，就容易失败。《淮南子·兵略训》指出，善于用兵的人，要把形迹向上隐藏在天上，向下隐藏在地下，中间隐藏在人群中。寒冬酷暑，疾风暴雨，大雾昏暗，根据各种气候而对应变化，此所谓“隐之天”。山陵高丘，林深险阻，可以潜伏而不见形迹，此所谓“隐之地”。隐藏既在前，瞭望却在后，行阵之中，奇异出现，动如雷霆，行如风雨，不见形迹，无人知晓，此所谓“隐之人”。

〔摘　选〕 中华成语大词典.商务印书馆，2009：717.

【席不暇暖】 xí bù xiá nuǎn

〔释　义〕 连席子还没有来得及坐热就起来了。形容为处理事务而匆忙奔走，连坐定的时间都没有。也泛指任职或停留的时间短暂。也作“席不及暖”、“席不遑暖”、“席不暇温”、“席不暖”。

〔出　处〕 《淮南子·修务训》：“孔子无黔突，墨子无暖席……非以贪禄慕位，欲事起天下利，而除万民之害。”汉·高诱注：“黔言其突灶不至于黑，坐席不至于温，历行诸国，汲汲于行道也。”

〔示　例〕 唐·李白《上安州李长史书》：“白孤剑谁托，悲歌自怜。迫于凄惶，席不暇暖。”

〔摘　选〕 新华成语大辞典.商务印书馆，2013：1619.

【瓶水知寒】 píng shuǐ zhī hán

〔释　义〕 看到瓶里的水结了冰，就知道天气寒冷了。

〔出　处〕 《淮南子·说山训》：“睹瓶中之冰，而知天下之寒。”

〔示　例〕 唐·李白《秋日炼药院镊白发，赠元六兄林宗》：“木落识岁秋，瓶冰知天寒。桂枝日已绿，拂雪凌云端。”

〔浅　析〕 《淮南子·说山训》解说大道之旨以及自然和人世间诸多事理，见微知著，以小见大。品尝一小块肉，可以知道一锅菜肴的味道；在平衡物两边悬挂羽毛和木炭，可以测定天气湿度的变化，这是用小的事物来说明大的内容。看见一片落叶，就知道一年将要到头了；看见瓶子中的水结了冰，就知道天气寒冷了，这是用近处的情况推知远处的变化。

〔摘　选〕 成语探源辞典.首都师范大学出版社，2008：368.

【浮称流说】 fú chēng liú shuō

〔释　义〕 称：称引。广泛称引，丰博谈论。

〔出　处〕 《淮南子·要略》："故为之浮称流说其所以能听，所以使学者孳孳以自几也。"

〔浅　析〕 《淮南子》的作者告诫人们，有人对"道"没有精深的理解，对旨意观点没有深入探索，只重视那些文辞，反而误把清静作为法则，把淡漠作为根本，就会松懈堕落而放弃学业，放纵情欲，满足安逸，得过且过。

圣人没有忧虑，是用德性来协调；疯子没有忧虑，是不知道祸福的发生。二者"没有忧虑"是相同的，可根本原因是不同的。这就是不懂的人，为什么能够听从那些称说虚浮而没有根据的言论。因此求学的人要不断勤勉努力，才能逐步达到要求呀！

〔摘　选〕 汉语成语大全.商务印书馆，2011：510.

【诽誉在俗】 fěi yù zài sú

〔释　义〕 诽谤或赞扬在于当时的风习。后来引申指风气、习惯的作用非常大。

〔出　处〕 《淮南子·齐俗训》："故趋舍同，诽誉在俗；意行钧，穷达在时。"

〔摘　选〕 汉语成语大全.商务印书馆，2011：475.

【钳口不言】 qián kǒu bù yán

〔释　义〕 多指无言答对；话憋在心里一时说不出来。也作“哑口无言”、“闭口无言”、“顿口无言”、“缄口无言”、“噤口无言”、“直口无言”。

〔出　处〕 《淮南子·精神训》：“静耳而不以听，钳口而不以言。”（《战国策·秦二》作“弭口无言，以待吾事”）

〔示　例〕 唐·吕岩《寄白龙洞刘道人》：“问他金木是何般，噤口不言如害哑。”

〔摘　选〕 汉语成语源流大辞典.开明出版社，2009：1312.

【阆风玄圃】 làng fēng xuán pǔ

〔释　义〕 玄：也作“悬”。多用来指想象中的仙山境界。

〔出　处〕 《淮南子·地形训》：“县圃、凉风、樊桐在昆仑阊阖之中。”（县：通“悬”；凉风：即阆风）一说语出汉·东方朔《海内十洲记》。此书是东汉末期作品，不足为源。

〔示　例〕 清·周之琦《题仙山图》：“仙源近接长生路，仿佛紫兰人下。眷游情，不是阆风玄圃，等闲图画。”

〔摘　选〕 汉语成语源流大辞典.开明出版社，2009：694.

【凌云之志】 líng yún zhī zhì

〔释　义〕 形容宏伟远大的抱负。也作“凌云豪气”、“凌云胜气”、“凌云意气”、“凌云志气”、“凌云逸气”、“凌云壮气”、“凌霄之志”、“凌云之气”、“凌云志”。

〔出　处〕 由《淮南子·氾论训》“志厉青云”和《淮南子·兵略训》“气厉青云”衍生而来。

《凌云之志》 徐悲鸿

〔示　例〕《水浒传》:“心在山东身在吴,飘蓬江海谩嗟吁。他时若遂凌云志,敢笑黄巢不丈夫。”

〔摘　选〕汉语成语源流大辞典.开明出版社,2009:735.

【酒池肉林】 jiǔ chí ròu lín

〔释　义〕积酒肉为园圃、渊池。指酒肉数量之多。也作“肉圃酒池”、“肉山酒海”、“池酒林胾(zì)”。

〔出　处〕《淮南子·本经训》:“晚世之时,帝有桀、纣。……纣为肉圃、酒池,燎焚天下之财,罢苦万民之力。”(罢:通“疲”)一说出自《史记》。《史记》较晚,当以《淮南子》为源。

〔示　例〕《史记·殷本纪》:“(纣)大聚乐戏于沙丘,以酒为池,悬肉为林。”唐·王维《奉敕详帝皇龟镜图状》:“夏桀之瑶台琼室,殷纣之肉林酒池。”

〔典　故〕

暴君桀纣

晚世的时候,暴君有夏桀、商纣。夏桀造了用琁玉砌的宫室,用瑶石垒的高台,用象牙做走廊,用白玉做床。纣王兴建了“肉林”、“酒池”,耗尽了天下的财富,使百姓疲于劳苦。剖开敢于直谏的王子比干的心脏,解剖临产孕妇的肚子。

在这种情况下,商汤用兵车三百辆,讨伐夏桀于南巢,并把他拘禁在夏台。周武王率领甲卒三千,在牧野大破纣军,纣王被杀死在宣室。

〔摘　选〕新华成语大辞典.商务印书馆,2013:774.

【窃簪之臣】 qiè zān zhī chén

〔释　义〕比喻有一点小技,可解危难的人。

〔出　处〕《淮南子·道应训》:“……明日又复往,取其簪,子发又使归之。”一说语见汉·王充《论衡》。王充只是概括引用《淮南子》中这一典故,应以《淮南子》为源。

〔示　例〕东汉·王充《论衡·逢遇》:“或无技,妄以奸巧合上志,亦有以遇者,窃簪之臣,鸡鸣之客是。”

〔典　故〕

子发用小偷

战国时期,齐国侵犯楚国,楚将子发率兵抵挡,三战三败。这时有一个小偷进谏子发说:“我有微薄的技艺,愿为您效劳。”子发同意了。于是,小偷夜里把齐国将军的帷帐偷来献给子发。白天,子发派人送还齐军。次日夜，小偷又把齐国将军的枕头偷来，子发又派人送还，并传去一些道歉的话。第三日夜，小偷又把齐国将军头上的簪子偷来，子发再次派人送还。齐军闻听此事，全军十分恐慌。齐国将军和军吏谋划说："如再不撤退，恐怕楚军就该取我们的人头了。"于是，齐军班师而回。

可见，技艺无细小，才能无菲薄，关键在于如何使用、用在何处罢了。

〔摘　选〕 新华成语大辞典.商务印书馆，2013：774.

十一画

【淡泊寡欲】 dàn bó guǎ yù

〔释　义〕心情恬淡，不图名利。

〔出　处〕由“淡泊明志，宁静致远”衍生而来。

〔摘　选〕中华成语大词典.商务印书馆，2009：348.

【淡泊功名】 dàn bó gōng míng

〔释　义〕指无意于追求官职名位。

〔出　处〕由“淡泊明志，宁静致远”衍生而来。

〔摘　选〕中华成语大词典.商务印书馆，2009：348.

【铩羽而归】 shā yǔ ér guī

〔释　义〕铩羽：伤了翅膀，也作“铩翼”。比喻不得志，垂头丧气地归来。也作“铩羽而回”、“铩羽归来”。

〔出　处〕《淮南子·俶真训》：“飞鸟铩翼，走兽挤脚。”一说语见清·长白浩歌子《萤窗异草·秋露纤云》，其较晚，应以《淮南子》为源。

〔示　例〕清·张集馨《道咸宦海见闻录》：“乃癸巳春榜，又落孙山，铩羽而归，意兴潦倒。”

〔摘　选〕汉语成语源流大辞典.开明出版社，2009：1032.

【梧桐断角】 wú tóng duàn jiǎo

〔释　义〕梧桐虽是柔木却可以断坚硬之角。比喻柔能克刚。

〔出　处〕《淮南子·说山训》："厉利剑者必以柔砥，击钟磬者必以濡木，毂（gǔ）强必以弱辐，两坚不能相和，两强不能相服。故梧桐断角，马氂截玉。"（有的成语词典未注明出处）

〔浅　析〕磨砺利剑要用细软的磨刀石，敲击钟磬要用柔软的木棒，车毂坚硬的要用柔软的辐条。《淮南子·说山训》用这些常见的事例，论述了以柔克刚的辩证思想。《淮南子》提倡的柔弱，是姿态上的柔弱，是把坚强的信念和强大的力量化为柔弱的姿态、柔韧的行为、包容的性格，就像水那样。天下万物中，没有比水更柔润的了。

水大无尽头，深不可测。长达无穷无尽之地，远润无边无际之中。水的生息蒸发，增多减少，到了无法计量的程度。水上天则为雨露，下地润泽草木。万物得不到水而不生，万事得不到水则不成。水施恩泽，从无怒气怨声，不求回报感恩，让天下人取用不完，而又源源不断地奉献。击打水没有伤痕，抽刀断水水不断，用火烧水水不燃。水无论流向何方，都能在低洼处聚集，不离不散。论锋利，则水滴石穿；论温柔，能润物无声。在太空翱翔，在江海奔涌，在原野飘洒，在小溪吟咏，在山谷流连。任天地索取，任时间耗

柔中有刚攻不破　刚中无柔不为坚

减。给予不分先来后到，施舍从无私心杂念。与万物共始终，同天地相接连。

水成就了世上最高德性，即润泽柔软。

〔典　故〕

老子与商容

传说有这样一个故事：老子来看望他的老师商容。商容张开嘴巴问老子："我的舌头还在吗？""还在。"商容又问："我的牙齿还在吗？""全都掉光了。"商容继续说："你明白其中的含义吗？"老子回答："明白。老师是在教导我，柔软的东西比强硬的东西更有生命力。"

〔摘　选〕 中华成语大词典.商务印书馆，2009：1572.

【铢两悉称】 zhū liǎng xī chèn

〔释　义〕 铢：中国古代极小的重量单位。六铢为一锱，四锱为一两；悉：都；称：相当。形容相称相合，相当准确。也作"铢两相称"。

〔出　处〕 《淮南子·齐俗训》："夫挈轻重不失铢两，圣人弗用，而县之乎铨衡；视高下不差尺寸，明主弗任，而求之乎浣准。何则？人才不可专用，而度量可世传也。"一说语出《史记·仲尼弟子传》："霸者无强敌，千钧之重加铢两而移。"《史记》晚于《淮南子》，当以《淮南子》为源。

〔示　例〕 鲁迅《伪自由书·不通两种》："倘要保存上文，则将末两句改为'警察队空枪亦一齐发声，乡民始后退'，这才铢两悉称，和军警都毫无关系。"

〔摘　选〕 成语大词典（彩色版）.商务印书馆，2009：1336.

【殓葬忌裘】 liàn zàng jì qiú

〔释　义〕 殓：给死者穿衣入棺；忌：禁忌；裘：皮衣。指置办丧事要适可而止，不可铺张浪费。

〔出　处〕 《淮南子·氾论训》：“葬死人者，裘不可以藏。……裘不可以藏者，非能具绨绵曼帛温暖于身也，世以为裘者难得贵贾之物也，而可传于后世，无益于死者，而足以养生，故因其资以詟（zhé）之。”

〔浅　析〕 古时候人们往往借助鬼神吉凶祸福等迷信观念，来约定种种禁忌。如世俗所说：“裘皮不可陪葬；枕着门槛睡觉，鬼神会踩着脑袋。”这并不是说裘皮没有丝绵帛绢那样的保暖性，而是裘皮作为难得的昂贵物品，可世代相传，对死者毫无益处，倒可用来给生者保养身体，所以忌讳作随葬衣服。如果鬼神能腾空而入，不会踩着门槛上睡觉的你。门槛过道是通风之处，遭门风吹袭容易生病，因此借助“鬼神踩头”来告诫人们，注意防风保健。

〔摘　选〕 古今汉语成语词典.山西人民出版社，1985：682.

【黄口无知】 huáng kǒu wú zhī

〔释　义〕 指年幼不懂事。多用作晚辈自谦语。

〔出　处〕 由“黄口小儿”衍生而来。

〔示　例〕 明·屠隆《昙花记·公子受封》：“小侄黄口无知，谬膺简命。”

〔摘　选〕 汉语成语源流大辞典.开明出版社，2009：512.

【黄云白草】 huáng yún bái cǎo

〔释　义〕 黄云：指弥漫空际的尘埃。形容边远地区一片荒凉景象。

〔出　处〕 李善注引《淮南子》："黄泉之埃，上为黄云。"《汉书·西域传上》："鄯善国，本名楼兰……多葭苇、柽柳、胡桐、白草。"后世将"黄云"、"白草"两词合用，遂为成语。

〔示　例〕 唐·李频《送边将》："悠扬落日黄云动，苍莽阴风白草翻。"唐·耿湋《陇西行》："白草三冬色，黄云万里愁。"

〔摘　选〕 汉语成语源流大辞典.开明出版社，2009：18.

【黄口小儿】 huáng kǒu xiǎo ér

〔释　义〕 黄口：本指雏鸟的嘴，借指儿童。古代户役制度称小孩为黄，隋代以不满三岁的幼儿为黄，唐代以刚生的婴儿为黄。指年幼无知的年轻人。也用以讥讽他人年幼无知。也作"黄口孺子"、"黄颔小儿"、"黄口小雀"、"黄吻年少"、"黄吻之龀（chèn）"。

〔出　处〕 《淮南子·氾论训》："古之伐国，不杀黄口，不获二毛，于古为义，于今为笑。"

〔示　例〕 唐·杨莱儿《答小子弟诗》："黄口小儿口臭凭，逡巡看取第三名。"唐·许碏《题南岳招仙观壁上》："黄口小儿初学行，唯知日月东西生。"

〔摘　选〕 汉语成语源流大辞典.开明出版社，2009：512.

【博学多闻】 bó xué duō wén

〔释　义〕 博学：广博。学识广博，见闻丰富。也作"博学多才"、"博学多能"、"博学多识"、"博闻强学"。

〔出　处〕 《淮南子·本经训》："故博学多闻，而不免于惑。"（《文子·精诚》、《列子·仲尼》中也有此话）

〔示　例〕 王政尧《黄宗羲·四》：“康熙帝问朝廷大臣徐乾学：‘国内有谁博学多闻，文章好，可以充当顾问的？’”

〔浅　析〕 《淮南子》中学习教育的思想具有汉代“劝学篇”的性质，认为人应当积极努力、刻苦钻研、持之以恒地学习，以博学多闻、增长才干，提高品行修养，为建功立业创造主观条件。

人与动物最根本的差别，在于动物是“知不能相通，才力不能相一”，人或许视力不如鹰、嗅觉不如狗，但靠智力和知识，在整体上优于动物。尽管动物爪牙锐利、筋骨强健，仍不免被人制服。而人的智力和知识的获得，是靠后天的教育和学习。“教顺施续，而知能流通”，人类的知识技能才得以传授和继承。

人各有其特性，人各有志，志有不同，要掌握更多的知识和技能，就必须不断地学习，逐步提高自己，以达到精通事物、明白事理、明察言辞、审察实情之境界。从而，不因诡怪而受到惊吓，不因奇异而受到扰动，不为虚名所迷惑，不为假象所蒙骗。人如果不学习，就是天资再好，也“不若愚而好学”。

因此，《淮南子》强调“学不可以已”。这种“学无止境”的深刻论断，自古至今都具有教育意义。

〔摘　选〕 新华成语大辞典.商务印书馆，2013：99.

【聋者之歌】 lóng zhě zhī gē

〔释　义〕 耳聋的人学人唱歌，却听不到歌声，无以自乐。形容模仿别人的行为，实际上并不了解其中真义。

〔出　处〕 《淮南子·原道训》：“夫内不开于中而强学问者，不入于耳而不著于心，此何以异于聋者之歌也？效人为之，而无以自乐也。声出于口，则越而散矣。”

《一息尚存要读书》 齐白石

〔浅 析〕《淮南子·原道训》说："乐亡于富贵，而在于德和。"有道德的人不让外物支配自己，不让欲望使自己的心灵受到侵扰。因此，他们欢乐时不会过分表现快感，悲哀时也不会过分忧伤。万种事物千般变化，动荡不定，我独坦荡，抛弃外物，和"道"一路前行。从外面进入的东西，内心没有接受就不会停留；从内心表现出来的东西，如果外部没有相应的环境也不能实现。如果内心没有开启而是勉强地去学习，即使能够进入耳中，也不能记在心上。这同聋子唱歌有什么区别呢？只是模仿别人唱歌而已，而没有从中收获到快乐和感动以及更有价值的东西。

〔摘 选〕汉语成语大全.商务印书馆，2011：954.

【掘室求鼠】 jué shì qiú shǔ

〔释 义〕挖掘房子，寻找老鼠。比喻做事不合正道。也比喻因小失大。

〔出 处〕《淮南子·说山训》："发屋而求狸，掘室而求鼠。"

〔浅 析〕破坏塘坝去逮乌龟，毁掉房子去捕山猫，挖掘内室去捉老鼠，剖开嘴唇去治龋齿，杀掉战马去找狐狸，提着两只鳖失去灵龟。《淮南子·说山训》假设了上述情况之后指出，像这些低能弱智的事情，难道还值得推崇吗？

〔摘　选〕新华成语大辞典.商务印书馆，2013：797.

【得马生灾】 dé mǎ shēng zāi

〔释　义〕指因福而得祸。也作“得马折足”。

〔出　处〕由“塞翁失马”衍生而来。

〔示　例〕唐·元稹《哭子》诗之一：“维鹈受刺因吾过，得马生灾念尔冤。”宋·黄庭坚《次韵奉送公定》：“得马折足祸，亡羊多歧悲。”

〔摘　选〕中华成语大词典.商务印书馆，2009：364.

【悬鞀建铎】 xuán táo jiàn duó

〔释　义〕鞀：俗称“拨浪鼓”。指听取臣民意见。

〔出　处〕《淮南子·氾论训》：“禹之时，以五音听治，悬钟鼓磬铎，置鞀，以待四方之士。为号曰：‘教寡人以道者击鼓，谕寡人以义者击钟，告寡人以事者振铎，语寡人以忧者击磬，有狱讼者摇鞀。’”

〔摘　选〕中华成语大词典.商务印书馆，2009：1676.

【蛇雀之报】 shé què zhī bào

〔释　义〕指大蛇衔明珠、黄雀衔白环报恩的故事。后以之为报恩的典故。

〔出　处〕见《淮南子·览冥训》汉高诱注：隋侯出行见大蛇被伤中断，以药封之，蛇乃能行，岁余，蛇衔明珠以报之，谓之隋侯珠、明月珠。南朝宋·范晔《后汉书·杨震传》：汉代杨宝见一黄雀为鸱枭（chī xiāo）所搏，坠于树下，为蝼蚁所困。宝救之养而日飞去，其夜有黄衣童子，以白环四枚相报。后世将两个故事的寓意合用遂为成语。

〔示　例〕 宋·欧阳修《〈归田录〉序》:“曾不闻吐珠衔环，效蛇雀之报?”

〔摘　选〕 中华成语大词典.商务印书馆，2009：1304.

【谏鼓谤木】 jiàn gǔ bàng mù

〔释　义〕 谏鼓：相传尧曾在庭中设鼓，让百姓击鼓进谏；谤木：相传舜在交通要道立木牌，让百姓在上面写谏言，也叫华表木。指广开言路，听取各方意见。

〔出　处〕 《淮南子·主术训》:“故尧置敢谏之鼓也，舜立诽谤之木。”

〔示　例〕 南朝·范晔《后汉书·杨震传》:“臣闻尧舜之时，谏鼓谤木，立之于朝。”

〔浅　析〕 古代天子上朝听政，有公卿正面进谏，博士朗诵读歌，乐师规劝告诫，平民百姓的街市议论由有关官吏报告君主，史官记载天子的过失，宰臣减少天子膳食以示思过。尽管这样，天子对这些监督仍嫌不足。所以尧设置供进谏者敲击的鼓，舜树立供人们刻写意见的木柱，汤设立监察官员，武王备用警戒自己谨慎的摇鼓。他们做好防备的措施，生怕出现细微的过失。《淮南子·主术训》列举了这些史例后，告诫人们：对于善事，“无小而不举”；对于过失，“无微而不改”。

〔典　故〕

谏鼓谤木的由来

尧当政时期，经常出宫体察民情，远则深入到四方边境，近则在都城各处。

时值夏日，天气炎热，尧出宫看到街道边有几个人依偎一处，衣衫不整，形容枯槁。尧心生怜悯，令侍从买来馒头散于他们。看他们不像本地人，尧就问个究竟：“你们是哪里来的？”那几个人只管吃，不作答。再欲问时，他们竟然走了。过了几条街，尧又见到类似情况，心想是哪里受灾了吧。

尧带随从打听到一处流浪百姓聚集处，那些人见尧仪表非凡，都畏首畏尾，不敢靠近。尧和气地问：“老乡，你们为何都流落街头？”大家都缄默不言。尧说：“不要顾忌，有什么困难就说出来，让你们受苦就是我的失职。”大家见这位官员言辞恳切，不再顾忌。那老者

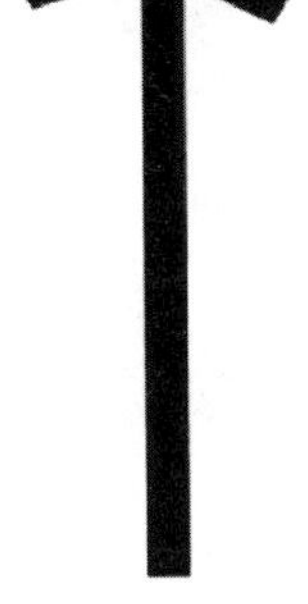

早期华表示意图

北齐义慈惠华表

南朝萧景墓华表

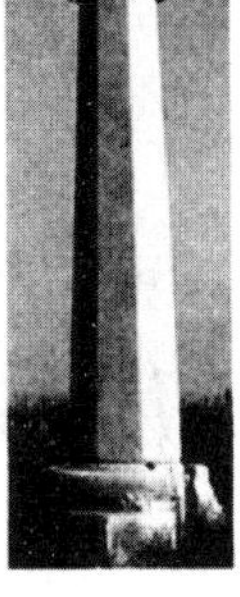

唐献陵华表

说：“这是我孙子，我们都是东部海边上的，今年暴雨多，河水泛滥，几个庄子被淹了。听说王城富足，希望来这里讨饭渡过难关。”“你们遇到这样的灾难为何不向上面禀明？”尧问。那老人摇摇头说：“我们希望面见君主，去了几次都被挡在宫门外。守卫还说，再去就以作乱为由将我们投入大牢。”“老人家，放心吧，我不会让你们无家可归的！”尧坚定地说。

回宫后，尧随即派大臣为灾民搭建临时住所，又考虑为他们重建家园。尧想，百姓遭难，若不是我出门撞见，他们会饥餐露宿多久！平时那些日常之事我还不知有多少受蒙蔽呢！身居高位就耳目不通，百姓疾苦不能及时察觉，做国君就是失职呀！于是尧想了一个办法，下旨在宫门口和各大路口人流比较多的地方，设立木柱，天下百姓的疾苦意见都可以写在木柱上，称为“诽谤木”。近处的尧随时去查看，远方的就定期命官员去收集。

有一次，一位戍边官员求见尧。宫中侍卫看他官小，量无大事，不去传报。那人只得挥泪离去。没过多久边境告急，尧派兵安

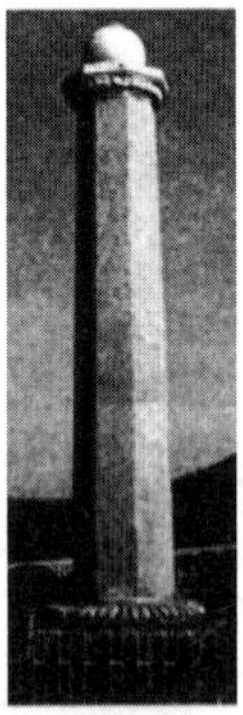

唐乾陵华表

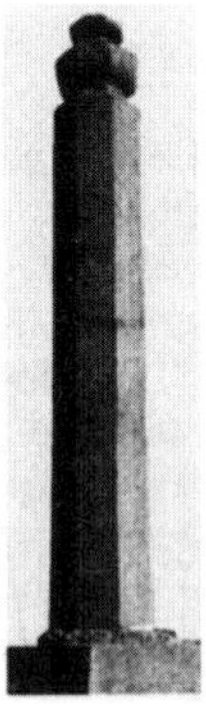

北宋皇陵华表

明代华表

抚，才得知那儿的戍守官员曾上报军情，被挡在宫外。于是尧命人在宫门口设一面大鼓，有急事的人可以直接击鼓求见。鼓声传进宫中，尧王便知，不至于误事。

果然，谏鼓谤木设立之后，国人上下无不称赞。朝野上下的风气改善了许多。地方百官纷纷追随尧，在各自的府门旁置谏鼓、立谤木，百姓能及时充分地享受自己的话语权，社会政治清明，天下和谐太平。

〔摘　选〕 汉语成语词典.四川辞书出版社，1985：402.

【断鳌立极】 duàn áo lì jí

〔释　义〕 比喻开创新局面，创建伟业，树立最高准则。也作“补天立极”、“断鳌”、“立极”。

〔出　处〕 《淮南子·览冥训》：“于是女娲炼五色石以补苍天，断鳌足以立四极。”《列子·汤问》也有此话，《汉书·艺文志》录《列子》

八卷，早已散失。今本《列子》可能是东晋人搜集古代有关资料编成的，张湛注释并作序。后人或增或减，难以界定，今多以《淮南子》为源。

〔示　例〕 南朝·梁元帝《言志赋》："天文既表，人文可观……差立极而补天，验璧合而珠连。"元·元好问《别李周卿三首（其二）》："风雅久不作，日觉元气死。诗中柱天手，功自断鳌始。"

〔摘　选〕 汉语成语源流大辞典.开明出版社，2009：299.

【祸福同门】 huò fú tóng mén

〔释　义〕 谓祸福皆人自取。

〔出　处〕 《淮南子·人间训》："夫祸之来也，人自生之；福之来也，人自成之。祸与福同门，利与害为邻，非神圣人，莫之能分。"（《文子·微明》也有此话）

〔示　例〕 《晋书·殷仲堪传》："夫祸福同门，倚伏万端，又未可断也。"

〔感　悟〕

福祸得失之间

世人之命运，不少时候是"有得必有失，有失必有得"。人之不幸，可能会带来有幸；自己有幸，可能也会带给别人不幸。"祸兮福之所倚，福兮祸之所伏"，福祸同门，利害为邻，因而"塞翁失马"的故事所说明的"祸福相依"的道理是深刻的。古人所说的"井以甘竭，李以苦存"也深含着"安危相易，祸福相生"的意思。而虎死于皮，鹿死于角，熊死于掌，象死于牙，也是"祸福相依"的写照。

面对荣华富贵，身陷功名利禄，那锦绣的衣、可口的食、舒适的住、妩媚的色不能说没有诱惑，但也有着福祸的潜伏。越王勾践大功告成，范蠡驾一叶扁舟漂泊于江湖，他还写信给同僚文种，分析勾践这个君王与人只能共患难，不能同享福的特性。可是文种官迷心窍，乐不思蜀，最后果然为越王所杀。而忍智藏锋的范蠡则改换门庭，终成一代生意大家“陶朱公”。这正应了古人描绘的“种稻人”的步伐：“六根清净方为稻，退步原来是向前！”本来，有才总是好事情，但不少时候聪明也有大痛苦，想那韩信以勇略震世被擒、陆机以才名冠世被杀、霍光败于权势逼群、石崇死于财富敌国，其命其情，真个也似“瓜篷豆下床笫乐，不及民间夫与妇”，而“看似木讷似无才，不屑张扬本色在”的人，也未必就无福。常说“巧诈不如拙诚”。巧诈，表面上用一种假相掩饰，当别人是傻瓜，视自己是能人，似乎是机灵的策略，但是时间一久，伎俩被识破，人们就当看你在演戏了。相反，“拙诚”干脆以老实示人，如一个不加涂抹却清丽的村姑，像一位看似愚直却实在的庄稼汉，反而赢得了信任。

生活即思想，处世即做人。灾祸与幸福相通，生存与死亡相邻。生而为人，必当处世，我们在享福之时，要考虑灾祸的发生，经过“华容道”，常想“走麦城”，防患于未然，“肚饱带饭，天晴带伞”，总是不会错的。而当灾祸发生时，也不要怨天尤人，最好换一个角度想问题，想到“阳光总在风雨后”，辩证地看待一切事物，眼光放远，视野拓宽，防止好事变坏事，促使坏事变好事。

〔摘　选〕 中华成语大词典.商务印书馆，2009：696.

【祸中有福】 huò zhōng yǒu fú

〔释　义〕 指不幸之中也包含着产生幸运的因素。

〔出　处〕 《淮南子·说林训》：“失火而遇雨，失火则不幸，遇雨则幸也，故祸中有福也。”

〔典　故〕

宋家添犊

从前宋国有一人家，三代行善，闻名乡里。

这年，家中的黑牛无故生一条白牛犊（按时俗是不祥之兆），因此去求问占卡先生。先生说：“是好事，用来祭神吧。”

一年后，父亲的眼睛无故瞎了，黑牛又生了条白犊，父亲让儿子再问先生。儿子说：“以前问先生您却失明了，还去问有什么用呢？”父亲说：“先生的话先离后合，事未明了，再试一次吧。”儿子再去问，先生说：“还是好事，再用来祭神吧。”父子俩又按先生的话做了。第二年后，儿子的眼无故也瞎了。

此后，楚国攻打宋国，包围宋都。宋国青壮年战死，老弱病童也上阵守城。楚国猛烈攻破宋城，宋国守城的人全被屠杀。这父子俩因眼瞎而未能守城，相依为命。战后不久，父子俩的眼睛重放光明。

〔摘　选〕 汉语成语大全（第2版）.商务印书馆，2011：682.

【寂然无声】 jì rán wú shēng

〔释　义〕 寂然：寂静的样子。非常寂静，没有一点声音。也作“寂静无声”。

〔出　处〕 《淮南子·修务训》：“或曰：‘无为者’寂然无声，漠然不动，引之不来，推之不往，如此者乃得道之像。”《淮南子·泰族训》：“高宗谅暗，三年不言，四海之内寂然无声；一言声然，大动天下。”

〔示　例〕 明·冯梦龙《醒世恒言》：“这些和尚是山野的人，收了这残盘剩饭，必然聚吃一番，不然，也要收拾家伙，为何寂然无声？”

〔感　悟〕

“寂然无声”之绝唱

——读《再别康桥》

陆机在《文赋》中曾说过：“黯然销魂者，唯别而已矣。”一般的离别多如柳永的“执手相看泪眼，竟无语凝噎”（《雨霖铃》），或是杜甫的“牵衣顿足拦道哭”（《兵车行》），给人无限离愁别恨。但是徐志摩的《再别康桥》跳出了一般离别诗的俗套，塑造了一种无声胜有声的离别。陆小曼说徐志摩“有些神仙似的句子看了真叫人神往，叫人忘却人间有烟火味”（《云游·序》），作为徐志摩代表作的《再别康桥》的确具有如此超脱和飘逸的意境。

诗人在离别数年后再到康桥，他别具才情，连用了三个“轻轻的”。他对康桥的无限眷恋，在寂然无声中尽展无余。妩媚的金柳在波光中也在诗人的心中荡漾，青荇在招摇，一幅幅流动的画面被诗人以绚丽的色彩展现在读者面前。但此时不宜出声，“悄悄是别离的笙箫”，“沉默是今晚的康桥”。

康桥的事物在诗人的心头漾起一阵不可抑止的柔情，他心中充满无法排解的忧愁，这一切让诗人忆起寸寸黄金的剑桥求学生涯，那艳丽的黄昏，那蜜甜的闲暇与孤独。看天，听鸟，读书，寻梦，“我倚暖了石栏的青苔，青苔凉透了我的心坎……”康桥是如此不沾染丝毫尘埃，一切都要用心凝神去欣赏。是康桥培养了徐志摩的学识、理想和情操。

清幽的康桥，甜美的记忆，这一切使数年后旧地重游的诗人排除了心中离别的块垒。他沉浸在自然的秀美之中，正如清代学者王国维所说：“一切景语皆情语。”那与诗人依依作别的西天云彩，已幻化成人，有了灵性；那夕阳的新娘无限柔媚地立在那儿；那柔柔的水草在向诗人轻轻地招手……康桥的美丽，如今已变成了轻烟笼罩般的伤感，无需送行，无需洒泪而别，甚至连一片云彩也不带走，只是悄悄地来，悄悄地离开，静默已是此时最恰当的语言。

诗人激情荡漾，神思飞扬，在自然风光中体验一种超凡脱俗的美，仿佛我们眼前就站立着这位沉醉于康桥美景的主人公。胡适在《追悼志摩》中说：“他的人生观真是一种‘单纯信仰’，这里面只有三个大字：一个是爱，一个是自由，一个是美。”

没有一颗与自然融合的心，没有一种本能的感应与认同，诗人便无法写出这寂然无声之绝唱，几十年后的我们便无法读到如此唯美的诗篇。

〔摘　选〕 新华成语大辞典.商务印书馆，2013：680.

【推陈出新】 tuī chén chū xīn

〔释　义〕 现多指对旧文化进行分析批判，剔除其糟粕，吸取其精华，创造新文化。泛指一切旧事物的除旧更新。也作“去陈出新”、“推陈致新”、“出陈易新”、“翻陈出新”、“刊（削除）陈出新”。

〔出　处〕 《淮南子·天文训》：“姑洗者，陈去而新来也。”

〔示　例〕 孙犁《澹定集·答吴泰昌问》：“即使是演剧、绘画，也要在同一流派之中，不断推陈出新，才能发展进步。”

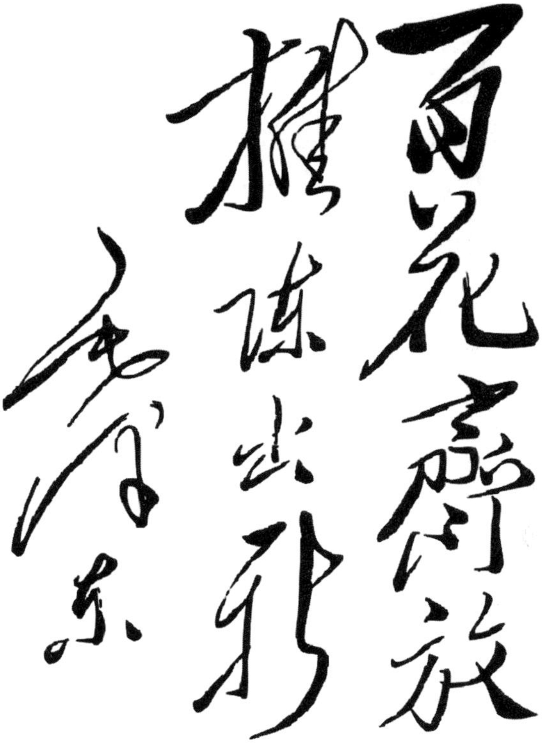

1951年4月3号，以著名京剧表演艺术家梅兰芳任院长的中国戏曲研究院在北京成立，毛泽东主席亲笔题词：“百花齐放，推陈出新。”这一题词为新中国文化艺术的发展指明了方向。

〔典　故〕

韩信管粮仓

当年韩信刚投奔刘邦时，刘邦让他管理粮仓，韩信提出了“推陈出新”的管理理念，即把粮仓开设前后两个门，把新粮从前门运送进去，把旧粮从后门运出来，这样可以防止粮食在蜀中炎热潮湿的环境下腐败变质，从而使蜀中粮仓不再有变质浪费的现象。这在古代无疑是仓储管理史上的创举。

〔摘　选〕 中华成语大词典.商务印书馆，2009：1495.

【推诚相与】 tuī chéng xiāng yǔ

〔释　义〕 推诚：以诚意待人。指以诚恳的态度跟别人相处和交往。也作“推诚相信”、“推诚待物”、“推诚与人”、“推诚相见”。

〔出　处〕《淮南子·主术训》：“故圣人……抱德推诚，天下从之，“如响之应声，景之像形，其所修者本也。”（景：通“影”）《吕氏春秋·慎行》：“凡乱人之动也，其始相助，后必相恶；为义者则不然，始而相与，久而相信，卒而相亲，后世以为法程。”后世将“推诚”、“相与”合而用之，遂为成语。

〔示　例〕茅盾《虹》：“如果人家能够推诚相与，那她即使受点牺牲，也很甘心。”

〔摘　选〕汉语成语源流大辞典.开明出版社，2009：1188.

【推心置腹】 tuī xīn zhì fù

〔释　义〕指真心实意地待人。也作“推诚置腹”。

〔出　处〕《淮南子·泰族训》：“惟其诚心，施之天下而已矣。”《东观汉记·光武帝纪》：“萧王（更始封光武刘秀为萧王）推赤心置人腹中，安得不投死！”后世将“推其诚心”与“置人腹中”合而简用，遂为成语。

〔示　例〕唐·白居易《七德舞》：“功成理定何神速？贵在推心置人腹。”明·秦淮墨客《杨家将演义》：“吾推诚置腹，何愁彼不宾服？”

〔摘　选〕新华成语大辞典.商务印书馆，2013：1487.

【推诚布公】 tuī chéng bù gōng

〔释　义〕布：表明。指以真诚、公正之心待人。也作“推诚布信”、“开诚布公”、“开诚相见”。

〔出　处〕《淮南子·主术训》：“抱德推诚，天下从之。”《淮南子·泰族训》：“推其诚心，施之天下而已矣。”宋·杜范《经筵已见奏札》："明谕大臣推诚布公，毋使人疑其寻宝绍之旧辙也。"后世将"推诚"、"布公"合而用之，遂为成语。一说语见宋·王致远《开禧德安守诚录》；一说出自宋·杜范《经筵已见奏札》；也有的成语词典没有标明出处。

〔示　例〕元·王礼《石城县重修城池记》："至县按兵亲诣各所，推诚布公。"

〔摘　选〕汉语成语大全.商务印书馆，2011：1510.

【绳之以法】 shéng zhī yǐ fǎ

〔释　义〕绳：即准绳，引申为标准、法则，又引申为按一定的标准去衡量、制裁。根据法律制裁。也作"绳之以刑"、"绳以峻法"。

〔出　处〕《淮南子·泰族训》："若不修其风俗，而纵之淫辟，乃随之以刑，绳之以法，法虽残贼天下，弗能禁也。"一说出自《史记》。《史记》晚于《淮南子》，应以《淮南子》为源。

〔示　例〕《史记·酷吏列传》："其治米盐，事大小皆关其手，自部署县名曹实物，官吏令丞不得擅摇，痛以重法绳之。"

〔浅　析〕《淮南子》分析了"法"产生的原因和依据，认为"法者非天堕，非地生，发于人间，而反以自正"，"法生于义，义生于众适，众适合于人心"。即法律源于人类"自正"的需要，而"自正"的标准必须得民心。同时由于社会不断发展变化，应"论世而立法，随时而举事"，"不法其已成之法，而法其所以为法"。

法律是正义的体现，法律制定以后，执法应当公正。"中程（符合奖赏制度程序）者赏，缺绳（触犯法律法规）者诛"，不论尊卑贤愚，都应当按照法律制度进行奖赏或惩罚。其中"尊贵者不轻其罚"、"犯法者虽贤必诛"，可谓衡量执法公正与否的两条最重要原则。尊贵者不能因为其社会地位或手中权力而徇私枉法；贤能者在个人表现上虽一向看好，也不能以此为资本而逍遥法外。

《淮南子》认为，执法公正最重要的保障，是要求君主须成为执法守法的楷模。“人主之立法，先自为检式仪表，故令行于天下”，“所立于下者不废于上，所禁于民者不行于身”。身正才能令行。执法者必须有“德”，否则，法律会成为以权谋私、权钱交易的工具，法律的公正性就难以实现。正如孔子所言：“其身正，不令而行；其身不正，虽令不从。”执法公正还涉及公正如何被确保的问题，如果没有保证执法公正的相应制度，“绳之以法”就只是一句空话。“天下之事，不难于立法，而难于法之必行。”

法律的主要功能是通过外在的强制性手段禁民为非，依法治国还需要从内在的道义教化上使人心向善。“国之所以存者，非以有法也，以有贤人也；其所以亡者，非以无法也，以无贤人也。”《淮南子》中的这些法制理念，对于当今科学立法、严格执法、公正司法、全民守法都具有可贵的借鉴意义。

〔摘　选〕 新华成语大辞典.商务印书馆，2013：1340.

【寂若无人】 jì ruò wú rén

〔释　义〕 寂静得像没人一样。形容非常寂静，没有一点声响。也作“寂无人声”。

〔出　处〕 《淮南子·泰族训》：“圣主在上，廓然无形，寂然无声，官府若无事，朝廷若无人。”一说语出汉·桓宽《盐铁论》。《盐铁论》是桓宽根据汉昭帝时召开的盐铁会议记录整理的一部著作，此书较晚，当以《淮南子》为源。

〔示　例〕 晋·陈寿《三国志·魏书·陈登传》裴松之注引《先贤行

状》："乃闭门自守，示弱不与战，将士衔声，寂若无人。"

〔摘　选〕 成语大词典（彩色版）.商务印书馆，2009：446.

【据图刎首】 jù tú wěn shǒu

〔释　义〕 一只手抓住占据天下的地图，另一只手拿刀割自己的喉咙。比喻贪图虚名而断送自己的生命。也作"据图斋喉"、"据图刎颈"。

〔出　处〕 《淮南子·泰族训》："君子虽死亡，其名不灭；小人虽得势，其罪不除。使人左据天下之图而右刎喉，愚者不为也，身贵于天下也。"（《文子》上也有此话）

〔示　例〕 《后汉书·马融传》："古人有言：'左手据天下之图，右手刎其喉，愚者不为。'所以然者，生贵于天下也。"

〔摘　选〕 汉语成语源流大辞典.开明出版社，2009：650.

十二画

【朝生暮死】 zhāo shēng mù sǐ

〔释　义〕 早晨刚生，晚上就死亡。今亦形容事物生命短暂。也作“朝生夕死”。

〔出　处〕 《淮南子·说林训》：“鹤寿千岁，以极其游；蜉蝣朝生而暮死，尽其乐。”一说出自《大戴礼记·夏小正》。此书成书时间应在东汉中期，晚于《淮南子》，故《淮南子》应为源。

〔示　例〕 巴金《探索集·灌输和宣传》：“任何一部文学作品，只要不是朝生暮死的东西，总会让一些人喜欢，让另一些人讨厌。”

〔浅　析〕 《诗经·曹风》说：“蜉蝣之羽，衣裳楚楚。……蜉蝣之翼，采采衣服。”古人对于蜉蝣，有的说它形似天牛而小，有甲角；有的说它似甲虫有角，大如指，长三四寸；有的说它似蛣蜣而小，身狭而长，有角，黄黑色，下有翅能飞，夏天雨后生在粪土中。

《本草纲目》里说：“蜉蝣虫也，状似蚕蛾，朝生暮死。”蜉蝣的生命仅有几小时，然而在这几小时内，要经过两次蜕壳，练习飞行，交尾产卵，非常忙碌。生命过程短暂，生活内容充实，从不虚度光阴。

〔摘　选〕 成语大词典（彩色版）.商务印书馆，2009：1289.

【雄鸡夜鸣】 xióng jī yè míng

〔释　义〕 古代认为雄鸡夜鸣为异常现象，预兆战事。

〔出　处〕 《淮南子·泰族训》：“故人主有伐国之志，邑犬群嗥，雄鸡夜鸣，库兵动而戎马惊。”

壬午冬寒悲鸿

〔摘　选〕 汉语成语大全（第2版）.商务印书馆，2011：1672.

【敬小慎微】 jìng xiǎo shèn wēi

〔释　义〕 敬：谨慎小心。对细微的事物也采取小心谨慎的态度，以免造成重大的损失。现多指过分的小心谨慎，以致流于畏缩。也作“谨小慎微”、“小心敬慎”。

〔出　处〕 《淮南子·人间训》：“圣人敬小慎微，动不失时；百射重戒，祸乃不滋；计福勿及，虑祸过之。同日被霜，蔽者不伤；患者有备，与知者同功。”一说出自汉·董仲舒《春秋繁露·立元神》。该书是后人辑董仲舒遗文而成，书中篇名和《汉书·董文志》所载有所不同，今人题其不尽出自董仲舒一人之手。故《淮南子》当为源。

〔示　例〕 董仲舒《春秋繁露·立元神》：“故为人君者，谨本详始，敬小慎微，志如死灰，形如委衣，安精养神，寂寞无为，休形无见影，抢声无出声。”

〔浅　析〕 《淮南子·人间训》把随时随事而求其宜、得其正的思想主张精确地概括为“敬小慎微，动不失时”。所谓“敬”，即在内心对于天道正义保持一种诚敬的态度，只有如此，才能不为私念私欲所动摇，才能正其“心”、得其“术”、行其“道”；也即对于世间万象要能够体察入微，对有些不好的苗头要万般预防、层层戒备，这样灾难就不易产生。“人皆务于救患之备，而莫能知使患无生。”只是人们大都不能够做到“敬小慎微，动不失时”，却往往被外在的功名利禄所牵绊罢了。

〔摘　选〕 汉语成语大全（第2版）.商务印书馆，2011：794.

【超然独立】 chāo rán dú lì

〔释　义〕 超然：超脱的样子。指超出世事，离群独居。也作“超然独处”。

〔出　处〕《淮南子·修务训》：“观始卒之端，见无外之境，以逍遥仿佯于尘埃之外，超然独立，卓然离世，此圣人之所以游心也。”（《战国策》上作“超然独处”）

〔示　例〕郁达夫《沉沦》：“便觉得自家是一个孤高傲世的贤人，一个超然独立的隐者。”

〔摘　选〕汉语成语大全（第2版）.商务印书馆，2011：211.

【傲视一切】 ào shì yī qiè

〔释　义〕傲慢地看待一切。形容极端傲慢狂妄。

〔出　处〕由“敖世轻物”衍生而来。一说出自秦牧的《爱友·诤友》。

〔示　例〕秦牧《爱友·诤友》：“凡是优秀的文艺家……他们对于飞扬跋扈、意气骄横、傲视一切、鄙薄群伦那一套花样缺乏兴趣。”

〔摘　选〕汉语成语大全.商务印书馆，2011：23.

【傲然不群】 ào rán bù qún

〔释　义〕高傲地显出与众不同的样子。也指一个人超凡脱俗，不随波逐流。

〔出　处〕由“敖世轻物”衍生而来。有的成语词典没有注明出处。

〔摘　选〕汉语成语大全.商务印书馆，2011：23.

【嵬然不动】 wéi rán bù dòng

〔释　义〕嵬然：高峻挺立的样子。形容高大坚固，不能动摇。也作“岿然不动”、“巍然不动”、“屹然不动”、“屹然不拔”。

〔出　处〕《淮南子·诠言训》：“至德道者若丘山，嵬然不动，行

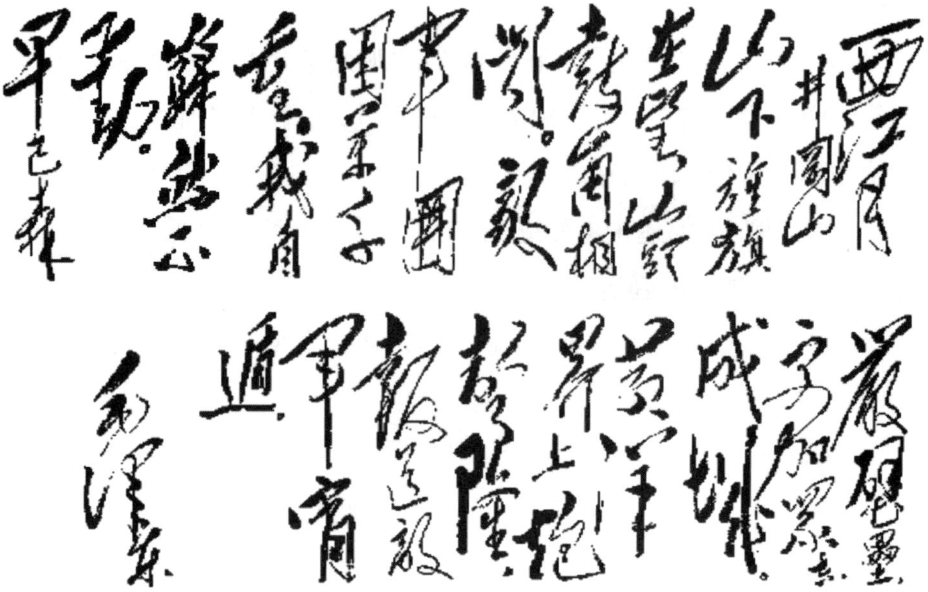

《西江月·井冈山》 毛泽东

者以为期也。”一说出自《三国演义》或《西游记》或清吴伟业的诗等。这些后世诗、书只是引用《淮南子》之词意，不足为源。

〔示 例〕 元·揭傒斯《谦上人自牧诗》：“唯有罗池千丈碧，岿然不动白云中。”

〔摘 选〕 成语探源辞典.首都师范大学出版社，2008：367.

【智圆行方】 zhì yuán xíng fāng

〔释 义〕 圆：圆满，周全；方：端正，不苟且。知识要广博周备，行事要方正不苟。

〔出 处〕 《淮南子·主术训》：“凡人之论，心欲小而志欲大，智欲圆而行欲方，能欲多而事欲鲜。”

〔示 例〕 明·张居正《襄毅杨公墓志铭》：“维公之德，智圆行方，忠不近名，言不泥常。”

〔典　故〕

因棋赋诗

唐代名臣李泌，七岁时因棋赋诗的故事，一直被传为弈林佳话。

唐玄宗李隆基是个多才多艺的皇帝。有一天晚上，他想要遍观天下贤士，就亲自坐在一座高楼上，下令在楼下摆上酒食，广设座位，召儒、佛、道三教高士共同讲论学问，论辩三教优劣。李泌有一个表哥，时年九岁，也偷偷穿上儒服，坐在大人中。开讲后，他词锋敏锐、辩论精微，满座皆惊。唐玄宗非常惊讶，把他召到楼上，问他的亲戚、学友中，还有没有像他这样才学兼备的神童。他回答说：“我的表弟李泌，年方七岁，已遍观经史，而且心思敏捷，他比我可要强多了。”唐玄宗听了更为惊异，就命令中使想法把李泌带到宫中来，并再三叮嘱，这件事不要让李泌的家人知道。

第二天早晨，中使来到李泌家门外，见李泌出来玩，使扑上前去，把他背起来就跑。

来到宫中，唐玄宗正与宰相张说下棋。玄宗见李泌唇红齿白，一脸稚气，十分喜欢。当下便命令李泌以围棋作诗，咏出方圆动静的诗意。张说见李泌年纪太小，先作诗一首说：“方如棋盘，圆如棋子，动如棋生，静如棋死。”然后，又对李泌解释：“诗就是这种作法，要扣住方圆动静的喻义，而不是以物咏物，描写棋子、棋盘的样范。”

李泌听了，歪着头想了一想，说了声“有了”，使双手叉腰，不慌不忙地念了起来：“方如行义，圆如用智，动若聘才，静若得意。”

玄宗听了，不住地称赞李泌才思敏捷。他把李泌揽到怀里，爱抚备至，又命中使赏给他许多果子，带他到皇宫各院去玩。

过了两个月，玄宗想起李泌的父母必然十分着急，命令中使把李泌送了回去，并下旨说："这孩子年龄太小，还不能给官职，但长大了一定会成为国家的栋梁。"

李泌长大后，成了玄宗最主要的谋臣，"安史之乱"中，他为玄宗出谋划策，制定方略，为平叛立了大功，被封为"邺侯"。

〔摘　选〕 汉语成语大全（第2版）.商务印书馆，2011：1992.

【凿培而遁】 záo péi ér dùn

〔释　义〕 凿：穿空，打孔；培：垒土，引申为屋后墙，挖穿房屋的后墙而逃走。表示隐居不仕。也作"凿坏而遁"（坏：通"培"）、"凿坯以遁"（坯：屋的后墙）。

〔出　处〕 《淮南子·齐俗训》："颜阖，鲁君欲相之而不肯，使人以币先焉，凿培而遁之。"一说语出汉·扬雄《解嘲》，此书较晚，当以《淮南子》为源。

〔示　例〕 清·刘鹗《老残游记》第六回："宫保一定要先生出来做官，先生却半夜里跑了，一定要出来摇串铃。试问，与那凿坏而遁、洗耳不听的，有何分别呢？"

〔典　故〕

颜阖凿墙

从前，有位隐士叫颜阖。鲁哀公想让他为相，而颜阖不愿意。鲁哀公先派人送来礼物，企图感动颜阖。颜阖却掘开后墙，逃离了自己的家。后来成为天下显赫的人物。苏轼有诗云："颜阖古有道，躬耕自衣食。区区鲁小邦，不足隐明德。"

〔摘　选〕 汉语成语源流大辞典.开明出版社，2009：1524.

【善游者溺，善骑者堕】 shàn yóu zhě nì, shàn qí zhě duò

〔释　义〕 擅长游泳的人容易溺水，擅长骑马的人容易摔下来。比喻擅长某一技艺的人，往往因大意而招致失败。也可将“善游者溺”或“善骑者堕”单独使用。

〔出　处〕《淮南子·原道训》：“夫善游者溺，善骑者堕，各以其所好，反自为祸。是故好事者未尝不中，争利者未尝不穷也。”一说出自东汉·袁康《越绝书》：“悲哉！夫好船者溺，好骑者堕。”此书较晚，当以《淮南子》为源。

〔示　例〕 清·蒲松龄《聊斋志异》：“旨在古言，骑者善堕。”

〔浅　析〕 传说很久以前共工力大无比，一怒之下头撞不周山，使

大地往东南倾斜，起因是与高辛氏争夺帝位，结果变成异物潜入深渊中，他的宗族也因此灭绝，后代死尽。

所以放纵情欲的人没有不伤损自身的，争名夺利的人没有不被名利困扰的。“土处下不争高，故安而不危；水流低不争先，故疾而不迟。”善于游泳的人往往溺水，善于骑马的人常常摔伤，皆因依仗自己的特长而粗心大意，招致灾祸。在日常生活和工作中，每个人都有自己可以凭借的优势，但往往会因此而粗心大意，以致反自为祸。其实，很多小故事或历史事件早就提醒过我们，比如“龟兔赛跑”、“淝水之战”等。因优势而粗心，是人性的弱点，《淮南子》的告诫不失警示意义。

〔典　故〕

三个旅行者

有三个旅行者住进了一家旅店。早上出门时，一个人带了一把伞；一个人拿了一根拐杖；第三个人则两手空空。晚上回来时，拿雨伞的人淋湿了衣裳；拿拐杖的人跌得全身是泥；空手的人却衣不湿、身无泥。

三人面面相觑，空手的人问带雨伞的人：“你为什么淋湿了衣裳却没摔跤呢？”

“下雨的时候，我很高兴有先见之明，就撑开伞大胆地在雨中走，可是衣服还是湿了不少；当我走到泥泞的地方，小心翼翼，就没有摔跤，一路走回。”

“那你怎么没湿衣服而满身是泥呢？”空手的人问拿拐杖的人。

“下雨时，我挑能避雨的地方走，或停下来躲雨；泥泞的地方我只管用拐杖拄着走，反而跌了几跤。”

空手的人哈哈大笑：“下雨时，我躲雨不走；路泥泞，我格外谨慎。所以，本人雨不湿衣，衣不沾泥。”

〔摘　选〕 中华成语大词典.商务印书馆，2009：1295.

【援鳖失龟】 yuán biē shī guī

〔释　义〕援：得。得了鳖而失去了灵龟。比喻得不偿失。

〔出　处〕《淮南子·说山训》：“杀戎马而求狐狸，援两鳖而失灵龟，断右臂而争一毛，折莫邪而争锥刀，用智如此，岂足高乎？”

〔摘　选〕成语大词典（彩色版）.商务印书馆，2009：1887.

【葵藿倾日】 kuí huò qīng rì

〔释　义〕葵：葵花；藿：豆类植物的叶子。某些菊科植物的花序和豆类植物的叶子倾向太阳。比喻一心向往所尊崇的人。多用于臣子表达对君王的忠心。也作“葵花向日”、“葵藿倾心”、“葵藿微心”、“葵藿之诚”、“葵藿”、“葵诚”、“葵倾”、“倾藿”、“葵忠”。

〔出　处〕《文选》李善注引《淮南子》：“圣人之于道，犹葵之与日也，虽不能与终始哉，其乡之诚也。”（乡：通“向”）一说语出《三国志·曹植传》：“若葵藿之倾叶，太阳虽不为之回光，然向之者诚也。”此书较晚，当以《淮南子》为源。

〔示　例〕唐·白居易《江南谪居十韵》：“壮心徒许国，薄命不如人。……葵枯犹向日，蓬断即辞春。”唐·刘禹锡《为杜相公慰王太尉薨表》：“臣伏事陛下，五年于兹。葵藿微诚，已蒙识察，桑榆暮景，所冀哀怜。”宋·司马光《客中初夏》：“四月清和雨乍晴，南山当户转分明。更无柳絮随风起，唯有葵花向日倾。”（爱国忠君，溢于言表）

〔摘　选〕汉语成语源流大辞典.开明出版社，2009：683.

【赏信罚明】 shǎng xìn fá míng

〔释　义〕赏罚得当，公正清楚。也作“赏罚分明”、“赏罚信明”、“赏罚严明”。反其意而用作“赏罚不明”。

〔出　处〕《淮南子·兵略训》："平原广泽，白刃交接，而卒争先合者，彼非轻死而乐伤也，为其赏信而罚明也。"一说出自《汉书·张敞传》。《汉书》较晚，当以《淮南子》为源。

〔示　例〕《汉书·因日食举直言复奏封事》："孝宣皇帝赏罚信明，施与有节，记人之功，忽于小过，以致治平。"

〔浅　析〕军队之所以强大，在于得到民众的拥戴；民众之所以不怕牺牲，在于这场战争的正义性；正义之所以为民众信仰，在于国家利益与民众利益一致，且君王将帅具有崇高的威信。《淮南子·兵略训》在论述了战争的这些内在条件之后指出，人都是喜欢活着，憎恨死去的。但是，面对高高的城墙、深深的壕沟、矢箭如雨、平原广泽、短兵相接时，士兵们仍然争先恐后抢在前面与敌军交战，不是他们轻视生命、乐意受伤，而是因为奖赏守信用、惩罚严明的缘故。

〔摘　选〕汉语成语词典.四川辞书出版社，1985：725.

【羡鱼结网】 xiàn yú jié wǎng

〔释　义〕比喻希望得到，就要实地去做。

〔出　处〕《淮南子·说林训》："临河而羡鱼，不如归家结网。"

〔示　例〕晋·郭璞《游仙诗（其八）》："希贤宜励德，羡鱼当结网。"

〔摘　选〕汉语成语源流大辞典.开明出版社，2009：732.

【鲁阳挥戈】 lǔ yáng huī gē

〔释　义〕表示流连光景，珍惜时光，希望日照延长。也用来指精诚所至，天从人愿。比喻气概豪迈，力挽危局。多指含精诚而有感召力。也作"驻景挥戈"、"挥戈返日"、"鲁阳挥日"、"挥戈再昼"、"鲁阳回日"、"却日挥戈”、“鲁阳麾戈”、“鲁戈回日”、“挥戈挽日”、“挥戈驻日”。

〔出　处〕《淮南子·览冥训》：“鲁阳公与韩构难，战酣日暮，援戈而㧑之，日为之反三舍。”

〔示　例〕清·冯班《余生》：“挥戈漫道能回日，炼石由来解补天。”清·朱经《惜日》：“江河日流注，难挽东逝波。义和日奔驰，难回鲁阳戈。”常任侠《八十一岁生日咏怀》：“百足之虫死不僵，年过八十气堂堂。一身硬骨撑肝胆，独对寒花研汉唐。著作岂为升斗计，育才翻忘鬓毛苍。无功报国空伏枥，欲借鲁戈挥夕阳。”

〔典　故〕

挥戈回日

鲁阳公，楚平王之孙，司马子期之子。传说为周武王的部下，极其勇猛善战。周武王兴兵伐纣，与商朝军队在牧野决战。旌旗飘扬，杀声四起，战斗非常激烈。鲁阳公愈战愈勇，敌人望风披靡。眼看天色已晚，鲁阳公举起长戈向日挥舞，吼声如雷，太阳又倒退三个星座，恢复光明，终于全歼敌军。鲁阳公建立了不世奇功，被后人作为

挥戈返日

勇将奇才的典型。

〔摘　选〕 成语探源辞典.首都师范大学出版社，2008：367.

【鲁阳之戈】 lǔ yáng zhī gē

〔释　义〕 比喻扭转时日，使之延长的力量。也作“鲁阳戈”。

〔出　处〕 由《淮南子》中“鲁阳挥戈”衍生而来。

〔示　例〕 隋·薛道衡《奉和临渭源应诏诗》：“微臣惜暮景，愿驻鲁阳戈。”唐·司空图《有赠》：“试问羲和能驻否？不劳频借鲁阳戈。”

〔摘　选〕 汉语成语源流大辞典.开明出版社，2009：516.

【鲁戈难再】 lǔ gē nán zài

〔释　义〕 鲁阳挥戈难于使时日再返回。指时光不再来。

〔出　处〕 由《淮南子》中“鲁阳挥戈”衍生而来。

〔示　例〕 清·袁于令《西楼记·检课》：“只管悠悠忽忽，一任窗前之驹隙。不愁镜里之霜华，吾以为鲁戈难再，江笔可危也。”（江笔：传说南朝梁人江淹少时，梦人授以五色笔，故文采俊发。后以“江淹笔”比喻杰出的文才或文才出众者。亦省作“江笔”）

〔摘　选〕 汉语成语源流大辞典.开明出版社，2009：516.

十三画

【暗无天日】 àn wú tiān rì

〔释　义〕 天日：天空和太阳，借指光明。①形容境地阴暗凄惨，见不到光明。②比喻社会极端黑暗。也作“惨无天日”、“暝无天日”。

〔出　处〕 由《淮南子》中“不见天日”衍生而来。一说出自《聊斋志异》；一说出自梁启超《说动》。二书皆引用《淮南子》之词意而用，不足为源。

〔示　例〕 茅盾《虹》：“唉，锦绣之邦，天府之国，然而暗无天日，谁在这里住满一年，准是胀破了肚子的！”

〔摘　选〕 新华成语大辞典.商务印书馆，2013：17.

【意气风发】 yì qì fēng fā

〔释　义〕 形容精神振奋，气概昂扬。也作“意气飞扬”、“意气轩昂”、“意气扬扬”、“意气纵横”、“意气横逸”、“意气激昂”。

〔出　处〕 《淮南子·兵略训》：“主明将良，上下同心，气意俱起，所谓实也。”一说出自《史记·李将军列传》；一说出自《后汉书·皇甫嵩传》。二书较晚，分别引用《淮南子》中“气意”、“俱起”之词意，不足为源。

〔浅　析〕 将帅不守正道，士卒内心不满，互有矛盾，互不支持，这就是“虚”。国君英明，将帅精良，上下同心，意气风发，斗志昂扬，这就是“实”。所以，善于打仗的，不在于人少；善于把守的，不在于地方小。胜利由于得到威力，失败因为丧失士气。

〔示　例〕唐·杜甫《戏为六绝句》："庾信文章老更成，凌云健笔意纵横。"宋·王十朋《张廷直挽词》："意气轩昂盖一时，床头《周易》造深几。"

〔摘　选〕中华成语大词典（第2版）.内蒙古大学出版社，2012：1619.

【毁钟为铎】 huǐ zhōng wéi duó

〔释　义〕铎：铃。将钟改铸为铃。毁大物为小物。比喻随心所欲的愚蠢行为。也可与"毁舟为杕"连用。

〔出　处〕《淮南子·说林训》："心所悦，毁舟为杕；心所欲，毁钟为铎。"

〔摘　选〕中华成语大词典.商务印书馆，2009：685.

【毁舟为杕】 huǐ zhōu wéi duò

〔释　义〕杕：通"舵"。将船改成舵。毁大物为小物。比喻愚蠢无知，也比喻随心所欲的不当行为。也可与"毁钟为铎"连用。

〔出　处〕《淮南子·说林训》："心所悦，毁舟为杕；心所欲，毁钟为铎。"

〔摘　选〕汉语成语大全（第2版）.商务印书馆，2011：670.

【摄威擅势】 shè wēi shàn shì

〔释　义〕摄威：威胁；摄：通"慑"。擅势：独揽权势。指凭借权势，专横跋扈。也作"社威擅势"。

〔出　处〕《淮南子·氾论训》："昔者齐简公释其国家之柄，而专任其大臣将相，摄威擅事，私门成党，而公道不行。"

〔典　故〕

太柔与太刚

过去齐简公放弃了国家的权柄，而一味宠信大臣将领，以致使他们形成威势，结党营私，而导致国家的政策法规无法贯彻下去，让陈成常、鸱（chī）夷子皮能够实现篡政的阴谋，使太公吕望传下来的齐国断了继嗣、亡了国家，吕氏的齐国变成了陈氏的齐国。这正是齐简公柔弱懦怯造成的后果。

郑国子阳刚毅而好刑罚，实施刑罚非常坚决，从不宽赦。子阳门客中有一人将弓折断了，惧怕因此而被处死，就趁街市上人们追杀疯狗的机会，将子阳杀死了。这正是刚毅凶猛造成的悲剧。

正如《淮南子·氾论训》所云："天地之气，莫大于和。……故圣人之道，宽而栗，严而温，柔而直，猛而仁。太刚则折，太柔则卷，圣人正在刚柔之间，乃得'道'之本。积阴则沉，积阳则飞，阴阳相接，乃能成和。"

〔摘　选〕 中华成语大词典.商务印书馆，2009：1308.

【剽疾轻悍】 piāo jí qīng hàn

〔释　义〕 剽：轻捷；悍：勇敢。作战勇猛，动作迅捷，而性格急躁轻敌。

〔出　处〕 《淮南子·兵略训》："剽疾轻悍，勇敢轻敌，疾若灭没，此善用轻出奇者也。"

〔浅　析〕 两翼轻捷，四边便利，或前或后，聚散分合，进退有序，队伍整齐，这是善于训练管理的行军队列；明白奇正、阴阳、刑德、五行、望气、占星、龟策、祭祀，这是善于运用天道；定计划，设埋伏，用水攻、火攻，造假象，让士兵鼓噪呐喊扰敌听觉，拖树枝扬尘迷敌视觉，这是善于运用欺诈佯装战术；意志坚定毫不动摇，权势利益不能诱惑，死亡威胁恐吓不退，这是善于鼓舞士气；刚猛快速，英勇果断，藐视敌人，行动神速，瞬间即逝，这是善于运用轻骑兵；观察地形，因地宿营，修筑战壕，查明路障，驻扎高坡，能进能退，这是善于利用有利地形；利用敌军饥冻渴热，疲劳困倦，松懈混乱，恐惧困窘之机，派出精兵，深夜偷袭，这是善于利用时机；平地用战车，险峻用骑兵，渡水用弓箭，白天作战用旌旗壮大声势，夜晚作战用篝火营造气氛，雨雾天气多用战鼓，这是善于利用各种器械装备。《淮南子·兵略训》研究的以上八种战术，至今仍有借鉴意义。

〔摘　选〕 古今汉语成语词典.山西人民出版社，1985：775.

【谨毛失貌】 jǐn máo shī mào

〔释　义〕 中国画术语。原指绘画时小心地画出了细微而无关紧要之处，却忽略了整体面貌。后用以比喻注意了小处而忽略了大处。

〔出　处〕 《淮南子·说林训》："画者谨毛而失貌，射者仪小而遗大。"

〔示　例〕 清代王里说："画失大貌为大失，失细节为小失，小失易改，大失难救，画者不宜不慎。"

〔浅　析〕 明亮的月光，可以看到远处的物体，但不可以靠月光来写蝇头小字；大雾的早晨，可以看清蝇头小字，却看不清几米以外的物体。绘画者如果只注意画好毛发，就有可能画不好人物的全貌；射箭者瞄准若有微小的偏差，就会带来很大的差错。捉老鼠挖开鼠穴而破坏宅院，挑破叮疱而引发毒疮。正所谓："玉之有瑕，置之而全，去之而亏。"

〔感　悟〕

丹青难写是精神

《淮南子》包含了大量的美学思想与文艺评论的内容。文中的"谨

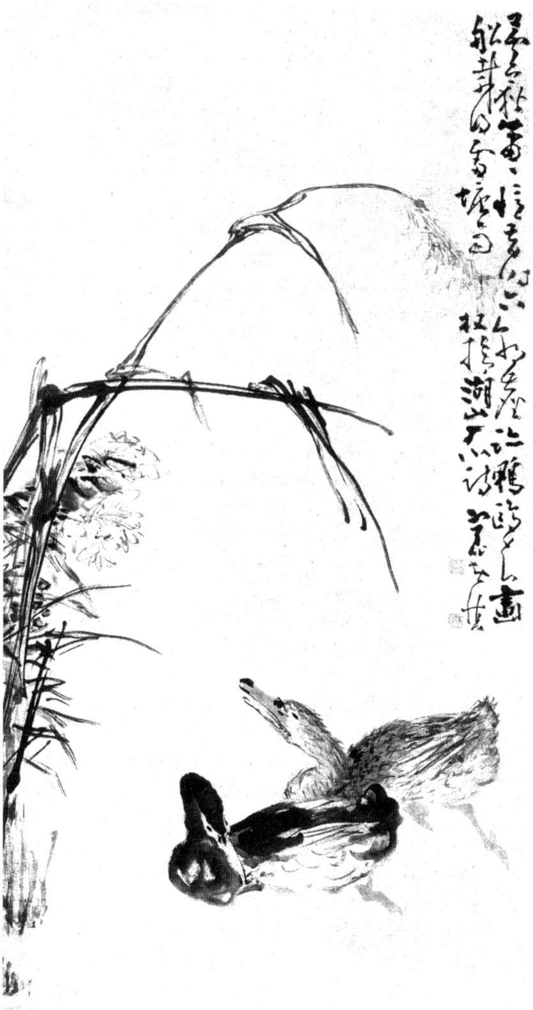

《芦鸭图》 黄慎

毛失貌”论是现知的中国古代真正意义上最早的绘画理论，反映了汉代知识分子对绘画评价的标准，在当时被广泛认同。不仅对绘画产生了影响，而且对汉代的整个美术领域都产生了作用，形成了汉代美术注重表现整体气势的美学风貌，为以后的艺术创作提供了宝贵的经验。

丹青难写是精神。瓷像画家章鉴年轻时给一位军队要员画瓷像。那人长得魁梧雄壮，遗憾的是生有满脸的大麻子。章老师精心地绘制，连脸上大麻子也描绘出来，自以为麻子军官看了会满意。谁知他竟把头摇得像拨浪鼓，连说“不像不像”。这就是“谨毛”，而其结果是“失貌”，在细节上花过多的工夫而忽略了人物精神气质的表现。

作画应从大处着眼，不要像照相一样照搬客观事物，而应有所概括取舍，删繁就简。“扬州八怪”之一黄慎的《芦鸭图》，画的是柳溪之中，二鸭游于水上。可是水在哪里？作者未画一笔。但由于二鸭的动态惟妙惟肖，虽不画水，而波自现。画家们所说的“只画鱼儿不画水，此中亦自有波涛”，指的就是这种技法。今人所谓“源于生活又高于生活”。

傅抱石曾列作画程序：不似（入手）——似（经过）——不似（最后），把“不似之似”当作绘画的最高境界。

〔摘　选〕中华成语大词典.商务印书馆，2009：787.

【鹊巢知风】 què cháo zhī fēng

〔释　义〕喜鹊在窝里知道将要有风。比喻人有预见性。也比喻能预见远患而看不到近忧。

〔出　处〕《淮南子·缪称训》：“鹊巢知风之所起，獭穴知水之高下，晖目知晏，阴谐知雨，为是谓人智不如鸟兽，则不然。”《淮南子·人间训》：“夫鹊先识岁之多风也，去高木而巢扶枝。大人过之则探鷇（kòu，幼鸟），婴儿过之则挑其卵。知备远难而忘近患。”

〔示　例〕明·杨慎《升庵诗话》：“鹊巢知风起，獭穴知水生。”

〔浅　析〕鸟鹊筑巢根据风向而选择合适的位置，水獭建穴是根据水位的高低来决定的，雄鸩高叫预报天要放晴，雌鸩鸣唱预报天要下雨。这些现象，只是一些动物的本能反应。而人具有相当的预见性。《淮南子·缪称训》用史例来说明这个问题：纣王用象牙筷而使箕子哀叹不已，并预感到纣王的贪欲将导致国家灭亡；鲁国用木偶人殉葬使孔子心痛叹息，诅咒不仁者将断子绝孙。以上两种预见果真实现。江河流水必定注入大海，长在田野的庄稼将会收归粮仓。所以明智的人看到事物的征兆，就能预知事物的结局。

〔摘　选〕中华成语大词典.商务印书馆，2009：1218.

【辞烦就简】 cí fán jiù jiǎn

〔释　义〕 离开任务繁重的职位，改就比较清闲的位置。也作“弃繁就简”。

〔出　处〕 由“删繁就简”衍生而来。

〔示　例〕 陈夔龙《梦蕉亭杂记》：“缘端邸不慊于余，几为彼所中伤，不得不辞烦就简，暂避凶焰。”

〔摘　选〕 汉语成语源流大辞典.开明出版社，2009：1039.

【漠睧势力】 mò mǐn shì lì

〔释　义〕 形容拼命追求权利。

〔出　处〕 《淮南子·原道训》：“贪饕（tāo，贪婪，贪食）多欲之人，漠睧于势力，诱慕于名位。”

〔浅　析〕 人的形体是生命的居舍；气血是生命的支柱；精神是生命的主宰。三者一旦失去各自的地位和作用，就会受到损伤。比如，那些疯子的神和气的运用与常人不一样，失去了应有的职位，与形体分离了。所以他们的举止行为免不了被人羞辱耻笑，终身如行尸走肉。因此，以神为主宰，形依从神则对人的生命有利；以形为制约，神依从形则对人的生命有害。贪婪多欲的人，被权势迷惑，受名位引诱，希望超出常

人而跻身于社会上层，他的精神每日耗损而偏离应处的位置，形体闭塞而内心不开窍，精神就无法进入。《淮南子·原道训》告诫人们："夫精神气志者，静而日充者以壮，躁而日耗者以老。"

〔摘　选〕 古今汉语成语词典.山西人民出版社，1985：804.

【塞翁失马】 sài wēng shī mǎ

〔释　义〕 塞：边界险要之处；翁：老头。比喻一时虽然受到损失，也许反而因此能得到好处。也指坏事在一定条件下可以变为好事。也作"塞翁之马"、"塞翁得马，未必非祸"、"塞翁失马，安知非福"、"塞翁得失"、"北叟失马"、"塞翁马"、"塞马"、"翁马"、"失马"。

〔出　处〕 《淮南子·人间训》："近塞上之人有善术者，马无故亡而入胡，人皆吊之。其父曰：'此何遽不为福乎？'居数月，其马将胡骏马而归，人皆贺之。其父曰：'此何遽不为祸乎？'家富良马，其子好骑，堕而折其髀，人皆吊之，其父曰：'此何遽不为福乎？'居一年，胡人大入塞，丁壮者引弦而战。近塞之人，死者十九，此独以跛之故，父子相保。故福之为祸，祸之为福，化不可极，深不可测也。"一说语见宋·魏泰《东轩笔录》："塞翁失马，今未足悲；楚相断蛇，后必有福。"其文是概括《淮南子·人间训》的典故之意而用之，并非原创，应以《淮南子》为源。

〔示　例〕 宋·陆游《长安道》："人生易尽朝露曦，世事无常坏陂复。士师分鹿真是梦，塞翁失马犹为福。"宋人司马光《自嘲》："穷巷昼扃户，闲轩卧读书。有心齐塞马，无意羡川鱼。"宋·戴复古《石屏诗钞》："志士失途为鬼笑，佳人泣血送君行。塞翁得马非为福，公论如天久自明。"清·张问陶《船山诗草》："失马事难论祸福，信天人不避孤虚。"清·蒲松龄《聊斋诗集》："世事于今如塞马，黄粱何必问道逢！"

〔浅　析〕 塞翁失马的故事不仅情节跌宕起伏、一波三折，而且生动折射了现实生活中人之命运的无常。求福避祸，权衡计算，是人之常情。然而，历史和现实告诉人们，诸如此类，非计所能为。或许今日之福，成他日之祸；前辈之祸，成后代之福。对此，人多长期迷惑，不解此理，在功名利禄的驱动下求福邀赏，往往事与愿违，昏昏其中。

然而，昏昏中也有昭昭者，塞翁就是一位智者。塞翁家的马无故走失，邻居均来劝慰，可塞翁说：“这说不定还是好事呢。”数月后，走失的马引来一匹好马。邻居又来祝贺，塞翁却说：“这或许是件坏事。”家有良马，儿子好骑，不料从马背上摔下来断了腿。邻居再来慰问，塞翁的话更出人意料：“这可能是他的福气呀！”后来战争爆发，塞翁之子因腿跛而免于兵役。近塞之人十有八九战死，而塞翁却父子相保。

这正验应了《老子》中的话：“祸兮福之所倚，福兮祸之所伏。”换言之，当你做成一件有福、有利的事时，不能被胜利冲昏了头脑，要考虑这件事的负面效应，努力使其减至最小。当你遇到挫折、失败时，应振作起来，吸取教训，以求新突破，力争早日成功！

《塞翁失马，焉知非福》　范曾

〔摘　选〕 成语探源辞典.首都师范大学出版社，2008：368.

【寝丘之志】 qǐn qiū zhī zhì

〔释　义〕 指知足和与世无争之心。

〔出　处〕 《淮南子·人间训》：“夫孙叔敖之请有寝之丘、沙石之地，所以累世不夺也。”（《列子·说符》也有此典故）一说出自南朝齐·王俭《褚渊碑文》。此文较晚，引其典故之意而用，不足以为源。

〔示　例〕 南朝齐·王俭《褚渊碑文》：“既秉辞梁之分，又怀寝丘之志。所受田邑，不盈百井。”

芍陂

〔典　故〕

寝丘之地

公元前597年楚国和晋国争霸，邲之战发生。孙叔敖辅佐楚庄王打败了晋国，楚国夺得中原霸权。楚庄王论功行赏，想要封赏孙叔敖，但是，孙叔敖不愿接受，楚庄王作罢。

过了好几年，孙叔敖生了重病，垂危时告诫儿子："我死后楚王必定会封赏你。但你不能接受肥沃的土地！在楚国和越国之间有个地方叫'寝丘'（今河南固始县内）的地方，土地不肥沃，沙石布其间，而且地

孙叔敖（前630—前593），名敖，字孙叔，华夏族，楚国人。据今2600多年，淮河洪灾频发，孙叔敖毛遂自荐，主持治水，历时三载，终于修筑了我国历史上第一座水利工程——芍陂，借淮河古道泄洪，筑陂塘灌溉农桑，造福淮河黎民，至今仍在发挥着作用。因积劳成疾，孙叔敖病逝他乡，年仅38岁。《孟子·告子·下》载，"舜发于畎亩之中……孙叔敖举于海……然后知生于忧患，而死于安乐也"，司马迁《史记·循吏列传》列其为第一人。毛泽东主席在视察淮河时多次提到孙叔敖，说他是一个了不起的治水专家。

孙叔敖像

名难听，被众人所厌恶，但想让子孙长久保留土地生存的，也只有这个地方。”

孙叔敖死后，楚王果然要将肥沃的土地封赏孙叔敖的儿子。孙叔敖的儿子按其父的遗嘱，推辞不要，请求封赏“寝丘”这个地方。楚王只好把“寝丘”赏赐给了孙叔敖的儿子。按照楚当时封赏的规定，有功之臣的两代人可以享受祖上留下来的封赏，而只有孙叔敖的十几代子孙保住“寝丘”，享受着孙叔敖留下来的福报。

〔摘　选〕 中国成语大辞典（王力题）.上海辞书出版社，2008：551.

【寖弱之渐】 jìn ruò zhī jiàn

〔释　义〕 寖：同“浸”，浸入，浸润，逐渐；渐：征兆，迹象，事物发展的开端（如防微杜渐）。逐渐形成颓弱情势的苗头。

〔出　处〕 《淮南子·原道训》：“是故欲刚者，必以柔守之；欲强者，必以弱保之。积于柔则刚，积于弱则强。观其所积，以知祸福之乡。”

〔示　例〕 明·涂宗濬《及时议修内政治实政事疏》：“夫军马日减，是寖弱之渐也；饷不时给，是脱巾之因也。见小利而忘远忧，奚可哉？”

〔摘　选〕 汉语成语源流大辞典.开明出版社，2009：536.

【群轻折轴】 qún qīng zhé zhóu

〔释　义〕 大量很轻的东西积聚起来，也能压断车轴。比喻小的坏事任其滋长，会造成严重后果。也比喻众多的流言蜚语，会给人以致命的中伤。也作“丛轻折轴”。

〔出　处〕 《淮南子·缪称训》：“君子不谓小善不足为也而舍

之，小善积而为大善。……是故积羽沉舟，群轻折轴，故君子禁于微。”（《战国策·魏一》也有此话）一说出自《史记》。《史记》较晚，不足为源。

〔示　例〕 唐·李白《雪谗诗赠友人》：“白璧何辜，青蝇屡前。群轻折轴，下沉黄泉。众毛飞骨，上凌青天。”汉·刘胜《闻乐对》：“臣身远与寡，莫为之先，众口铄金，积毁销骨，丛轻折轴，羽翮（hé）飞肉。”

〔摘　选〕 汉语成语源流大辞典.开明出版社，2009：984.

【雷同一律】 léi tóng yī lǜ

〔释　义〕 雷同：相互间的声音、说法大致相同；一律：本指同一音律，后用来指一样、一例。多指诗文套用一种形式，毫无变化。

〔出　处〕 《礼记·曲礼上》：“毋剿说，毋雷同。”《淮南子·说林训》：“异音者不可听以一律，异形者不可合于一体。”后世将“雷同”、“一律”合而用之，遂为成语。

〔示　例〕 清·王夫之《夕堂永日绪论》内编：“建立门庭，自建安始。曹子建铺排整饰……伸纸挥毫，雷同一律。”

〔摘　选〕 汉语成语源流大辞典.开明出版社，2009：703.

【雷同一词】 léi tóng yī cí

〔释　义〕 指众人随声附和，用一个腔调说话。

〔出　处〕 由“雷同一律”衍生而来。

〔示　例〕 唐·无名氏《玉泉子》：“一旦失势，当歧路者，率多仇隙附丽之徒，钓射时态，志在谀媚，雷同一词。”

〔摘　选〕 汉语成语源流大辞典.开明出版社，2009：703.

【肆应之才】 sì yīng zhī cái

〔释　义〕肆应：应对。形容人善于应对。

〔出　处〕《淮南子·原道训》："是故响不肆应，而景不一设，叫呼仿佛，默然自得。"

〔示　例〕《清世宗宪皇帝实录》："为牧令者，即有肆应之才，亦难治理。"

〔摘　选〕汉语成语词典.四川辞书出版社，1985：795.

十四画

【蝉蜕秽浊】 chán tuì huì zhuó

〔释　义〕像蝉蜕壳一样，摆脱浊世的污染。

〔出　处〕《淮南子·精神训》：“若此人者，抱素守精，蝉蜕蛇解，游于太清，轻举独往，忽然入冥。”《史记·屈原贾生列传》：“蝉蜕于浊秽，以浮游尘埃之外。”后世将二段语意合用，遂为成语。

〔示　例〕南朝梁·刘勰《文心雕龙·辨骚》：“昔汉武爱《骚》，而淮南作《传》，以为《国风》好色而不淫，《小雅》怨诽而不乱，若《离骚》者，可谓兼之。蝉蜕秽浊之中，浮游尘埃之外，皭（jiào，洁白，干净）然涅而不缁，虽与日月争光可也。”

〔摘　选〕新华成语大辞典.商务印书馆，2013：168.

【蝉蜕尘埃】 chán tuì chén āi

〔释　义〕比喻超脱世俗，进入清高的境地。也作“蝉蜕尘垢”、“蝉蜕俗外”、“蝉蜕尘坌（bèn）”。

〔出　处〕由“蝉蜕秽浊”衍生而来。

〔示　例〕宋·张孝祥《水调歌头·泛湘红》：“买得扁舟归去，此事天公付我，六月下沧浪。蝉蜕尘埃外，蝶梦水云乡。”

〔摘　选〕汉语成语源流大辞典.开明出版社，2009：149.

【蝉蜕蛇解】 chán tuì shé jiě

〔释　义〕蝉蜕：幼蝉化为成蝉时所脱下的皮；解：脱。蝉脱壳，蛇换皮。比喻摆脱某事物而进入更高境界。

〔出　处〕《淮南子·精神训》:“若此人者,抱素守精,蝉蜕蛇解,游于太清,轻举独往,忽然入冥。”

〔浅　析〕一般来说,入世与超脱似乎是两种相反的处世态度。入世是基于对社会和人生的积极态度,希望能在有限的人生中积极作为;超脱则基于对现实世界的悲观情绪,希望摆脱时俗而自我超越。学术界大都以儒家为主张入世的典型,以孔子为代表;以道家为提倡超脱的典型,以老子为代表。

其实,孔子和老子的思想中,同时包含入世与超脱之两面,而这两面是如何融通在一起的,二人都没说出缘由。唯独《淮南子》清晰地给出了答案:是因为儒、道两家共同推崇的理念——“道”。

《淮南子》中的“执道要之柄,而游于无穷之地”与庄子的“与天地精神往来”相似,是超脱的;同时,《淮南子》与天地万物为一体的情怀,和儒家“为生民立命”的拳拳之心相通,是入世的。

《淮南子》描述的得道真人,既“提挈人间之际”,又“浮游无方之外”,入世而又脱俗。关节点在于,真人能够克私智除私欲,对待万事万物只有一个“乐”字,“不以奢为荣,不以廉为悲”,既入于世又不为世俗所拘、所累,且能够自由地遨游于其中。心境平和,至德者乐,心底无私天地宽。

当今进入了快节奏时代,发展经济已成为时代的主题。焦虑和压抑笼罩着一些人的心灵,很少有人去体味真人那种和乐心境了。为了使自己生命情态美好而优雅,默默地去读读来自远古的描绘,应该是时候了……

〔摘　选〕汉语成语大全(第2版).商务印书馆,2011:201.

【槁骨腐肉】 gǎo gǔ fǔ ròu

〔释　义〕 槁：枯干；腐：腐烂。枯槁的骨头，腐烂的肉。指死者。

〔出　处〕 《淮南子·齐俗训》："非不能竭国麋民，虚府殚财，含珠鳞施，纶组节束，追送死也，以为穷民绝业，而无益于槁骨腐肉也。"

〔浅　析〕 表达悲哀的仪式要合乎实情，恰如其分，就不会受人非议。古人也并不是不会消耗国力、劳民伤财，为达官贵人举行葬礼，让死者口含珠玉、衣着玉衣，用绵丝裹束，以追悼死者，而是认识到这样做太浪费财物、扰乱政事，只能使百姓更穷困、事业受破坏，而对死者的枯骨腐肉毫无益处。所以安葬只求能够收埋掩盖就行。过去舜南巡，去世于苍梧，就地埋葬，而且也无国葬仪式，都市店家照样开门营业。禹视察江南，死后埋于会稽山，农民照常在田间耕作劳动。他们真的通晓奢俭之间的界限、生死之分的道理了。

〔摘　选〕 汉语成语词典.四川辞书出版社，1985：280.

【碧海青天】 bì hǎi qīng tiān

〔释　义〕 碧绿色的大海，湛蓝色的天空。以海天之茫茫一色，衬托无限怅惘的情思。形容天水青碧一色，浩渺无涯。也作"碧海青霄"、"碧澥（xiè，古代海的别称）青霄"、"海碧天青"。

〔出　处〕 由《淮南子·览冥训》"月里嫦娥"衍生而来。一说出自李商隐《嫦娥》诗。此诗语意本于《淮南子》"月里嫦娥"之神话，不足为源。

〔示　例〕 唐·李商隐《嫦娥》："云母屏风烛影深，长河渐落晓星沉。嫦娥应悔偷灵药，碧海青天夜夜心。"清·钱谦益《永遇乐·中秋大雨》："烛灭香残，暗风吹雨，魂梦空凄切。月宫深锁，桂轮何处？莫被愁人攀折。应自恨，青天碧海，茫茫奔月。"清·朱应镐《楹联新话》:“如此江山,对海碧天青,万里烟云归咫尺。”

〔摘　选〕 汉语成语源流大辞典.开明出版社,2009:54.

【漏卮难满】 lòu zhī nán mǎn

〔释　义〕 卮:古代盛酒的器皿。渗漏的酒器难于盛满。多比喻权利的外溢。也比喻人心不足,贪得无厌。

〔出　处〕 《淮南子·氾论训》:“今夫霤水足以溢壶榼,而江、河不能实漏卮。”

〔示　例〕 唐·祖君彦《为李密檄洛州文》:“而科税繁猥,不知纪极,猛火屡烧,漏卮难满。”

〔浅　析〕 通达于“道”的人,自己该得的不放弃,不该得的不索取;人有满足感,屋檐漏下的水就能装满盆盂酒壶;而没有满足感,就是江河之水也不足以装满盆盂酒杯。吃饱穿暖就能怡养人的七尺之躯了。反之,不检束自己,即使给你万乘之国的权势,也不嫌尊贵;给你天下的财富,也不觉得满足。孙叔敖三失令尹而无忧色,是因为爵禄不能拖累他。所以“心平志易,精神内守”,“知足者常乐也”。

〔典　故〕

齐人盗金

古时候,齐国有个人偷金子,在街市最繁华热闹的时候,看到金子拿着就走,被捉住后问他:“你怎么敢在集市里偷金子?”那人回答说:“我没看到人,只看到金子。”

〔摘　选〕 中华成语大词典.商务印书馆,2009:950.

十五画

【鹤知夜半】 hè zhī yè bàn

〔释　义〕 鹤夜半而鸣。比喻各有专长。也比喻偏知一隅。

〔出　处〕 《淮南子·说山训》:“鸡知将旦,鹤知夜半,而不免于鼎俎。”

〔示　例〕 晋·葛洪《抱朴子·至理》:“适偶有所偏解,犹鹤知夜半,燕知戊己,而未必达于他事也。”

〔摘　选〕 中华成语大词典.商务印书馆,2009:633.

鹤有所长知夜半　七十二行出状元

【踞蛙食蛤】 jù wā shí gé

〔释　义〕 秦始皇时博士卢敖游于北海，在蒙谷山上见一人逃匿于碑阴，距坐龟壳而食蛤蜊。卢敖见后欲与他交朋友而一同游历。形容超脱尘世，遨游四方。

〔出　处〕《淮南子·道应训》："卢敖就而视之，方倦龟壳而食蛤梨。"

〔典　故〕

卢敖漫游

卢敖漫游到了北海，在蒙谷山上，发现有个人眼眶深陷，鬓发乌黑，长长的脖子，双肩耸起像老鹰，上身丰满，下身瘦削，正迎着风翩翩起舞。

此人回头看见卢敖，停止舞动，逃避到山脚后面。卢敖走近观察，此人正蹲坐着像乌龟壳而在吃蛤蜊，于是上前与他搭话："我卢敖，远离人群，览遍六合之外的所有地方，只是还没见过北阴，这样的人恐怕难找第二个吧！在这里突然与你相遇，你愿意与我为友吗？"

那位人士露齿而笑说："这儿只是个小角落。我向南游过无边无际的空旷之地，到北方休息在寂静幽暗之处，向西跑遍幽深边远的地方，往东一直来到日出之处。现在你才游历到这里，就认为看尽了一切，与我说的相比，你不觉得差远了吗？我与汗漫先生已约好在九垓之外会面，所以不能在这里久留。"说完，一举臂、一耸身飞入云端远去了。

卢敖仰面遥望那人的身影，惊惧困惑，若有所失，自言自语地说："我和这位先生相比，如同黄鹄与小虫。我整天奔波不停，还在咫尺之地，却自以为很遥远了，真是悲哀呀！"

〔摘　选〕 中华成语大词典.商务印书馆，2009：827.

【澄心涤虑】 chéng xīn dí lǜ

〔释　义〕澄清思虑，使心意纯正。后指清除私心杂念，使意念淡薄，心绪宁静。也作“澄心清意”、“澄心静虑”、“澄思寂虑”、“定气凝神”、“沉心息虑”、“澄心净意”、“澄心澹虑”、“澄心定虑”、“澄心定意”、“澄心静气”、“澄心息念”、“澄心息虑”、“安神静虑”、“澹虑澄情”、“涤虑澄神”、“涤虑清心”、“涤思凝心”、“定神绝虑”、“静虑凝神”、“凝神定志”、“凝思默虑”、“凝情涤虑”、“宁神静气”、“斋心澄虑”、“神凝意注”。

〔出　处〕《淮南子·泰族训》：“人莫不知学之有益于己者，然而不能者，嬉戏害人也。……以弋猎、博弈之日诵《诗》、读《书》，闻识必博矣。……凡学者能明于天下之分，通于治乱之本，澄心清意以存之，见其终始，可谓知略矣。”

〔示　例〕宋·魏了翁《坐忘居士房公文集序》：“读孔孟书，超然有见，谓穷性之道，不外乎心。于是澄思静虑，而求其自得者。”

〔摘　选〕汉语成语源流大辞典.开明出版社，2009：176.

【澄思渺虑】 chéng sī miǎo lǜ

〔释　义〕指深思远虑。

〔出　处〕由《淮南子》中“澄心涤虑”衍生而来。

〔示　例〕清·宗稷辰《姚适庵怡柯草堂诗赋抄序》：“然而澄思渺虑，顺事婉陈，虽处危急烦扰之地，而所宣不失其和平。”

〔摘　选〕汉语成语大全（第2版）.商务印书馆，2011：235.

【澄神离形】 chéng shén lí xíng

〔释　义〕形容用心太专，如痴如呆。

〔出　处〕 由《淮南子》中“澄心涤虑”衍生而来。

〔示　例〕 清·康有为《〈大同书〉绪言》：“吾朝夕拥书于是，俯读仰思，澄神离形，归对妻儿，慹（zhé，不动）若非人。”

〔摘　选〕 汉语成语大全（第2版）.商务印书馆，2011：235.

【褒衣博带】 bāo yī bó dài

〔释　义〕 褒、博：形容宽大。着宽袍，系阔带。指古代儒生的装束。也作“丰衣博带”。

〔出　处〕 《淮南子·氾论训》：“天下不非其服，同怀其德……岂必褒衣博带句襟委章甫哉？”（句襟：曲领衣；章甫：古代冠名）

〔示　例〕 清·黄遵宪《续怀人》：“褒衣博带进贤冠，礼乐东方万国看。”

〔典　故〕

德不在衣

远古时代，君王尽管衣冠不整齐，但却能治理好天下，因为他的德政使百姓生活得很好，且有尊严，他给予百姓财富而不聚敛民财，所以天下也无人讥笑他的服饰，而纷纷被他的恩德所感化。那时候，阴阳二气平和，风调雨顺，万物繁衍生息，乌鸦喜鹊在低处筑巢，也不会有人去掏窝伤害它们，禽兽被驯服得只需用绳系着就可牵走。那时的人哪需要袍衣宽带，穿曲襟衣、戴章甫帽！

〔摘　选〕 新华成语大辞典.商务印书馆，2013：53.

【褒衣危冠】 bāo yī wēi guān

〔释　义〕 古代儒生的装束。指宽袍高帽。

〔出　处〕 由“褒衣博带”衍生而来。

〔示　例〕 唐·韩愈《上巳日燕太学听弹琴诗序》:“献酬有容，歌风雅之古辞，斥夷狄之新声。褒衣危冠，兴兴如此。”《汉语成语大词典（第2版）》:“羽扇纶巾、褒衣危冠的诸葛亮运筹于帷幄之中，决胜于千里之外，为刘备匡扶汉室的大业立下了汗马功劳。”

〔摘　选〕 中华成语大词典.商务印书馆，2009：66.

【横祸飞来】 héng huò fēi lái

〔释　义〕 突然遭到意外的灾祸。也作“飞灾横祸”、“非灾横祸”。

〔出　处〕 《淮南子·诠言训》:“内修极而横祸至者，皆天也，非人也。”一说语出《后汉书·周荣传》，也有说语见《醒世恒言》、《红楼梦》等。这些书皆晚于《淮南子》，当以《淮南子》为源。

〔示　例〕 元·关汉卿《绯衣梦》第三折:“我救了你非灾，有谁救我横祸。”

〔浅　析〕 《淮南子》认为有道之人，不失时机去帮助他人；无道之人，丧失时机被人剥夺。古代那些会保存自我的人，乐于道德而忘却贫贱，所以清廉而能快乐，虚静而能知足。得到幸福不夸耀自己的功劳，遭受不幸也不后悔自己的行为。内在心性修养遵循一定的准则，时常静漠恬淡，不要因外物牵累，狗吠不惊，保持自己的纯真。如横祸飞来，那就不是人为，而是天意了。《淮南子·诠言训》中这种“知道者不惑，知命者不忧”的观点，对于修身养性，至今仍有一定的借鉴意义。

〔摘　选〕 古今汉语成语词典.山西人民出版社，1985：830.

【撮要删繁】 cuō yào shān fán

〔释　义〕 指言论、著作、纂集等取材严谨，重点突出。也作“总要举凡”、“删繁领要”、“撮要举凡”。

〔出　处〕《淮南子·要略》:“夫作为书论者,所以纪纲道德,经纬人事……总要举凡……又恐人之离本就末也……故著二十篇,有《原道》、有《俶真》……”

〔示　例〕清·曹雪芹《红楼梦》:“(宝钗笑道)更有颦儿这促狭嘴,他用《春秋》的法子,把市俗的粗话,撮其要、删其繁,再加润色,比方出来,一句是一句。”

〔浅　析〕《淮南子》作者的写作目的是,“纪纲道德,经纬人事”,“统天下,理万物,应变化,通殊类”,为治国安邦提供理论依据。该书的写作原则是“道”、“事”结合。“道”指的是自然规律,“事”指的是社会典章制度、伦理道德、风俗习惯以及人们的活动。《要略》对全书二十篇的主要内容及其辩证关系,进行了全面的论述和概括。全书自成一家之言,走学术创新之路,而立于诸子之林。

〔摘　选〕汉语成语源流大辞典.开明出版社,2009:230.

【瞋目裂眦】 chēn mù liè zì

〔释　义〕愤怒地睁大眼睛,眼眶几乎都要裂开了。形容盛怒的模样。

〔出　处〕《淮南子·秦族训》:“荆轲西刺秦王,高渐离、宋意为击筑而歌于易水之上,闻者莫不瞋目裂眦,发植穿冠。”

〔示　例〕清·钱谦益《第三问》:“今之士大夫则可慨矣……其谋国也,瞋目裂眦,挟愤思逞,而无同舟共济之心。”

〔摘　选〕汉语成语源流大辞典.开明出版社,2009:161.

十六画

【凝神注目】 níng shén zhù mù

〔释　义〕 集中精神，注意观看。也作“凝神谛视”。

〔出　处〕 由《淮南子》中“澄心涤虑”衍生而来。

〔示　例〕 唐·黎逢《贡举人见于含元殿赋》：“今则凝神注目，无非绣户金铺；接踵比肩，尽是鸿俦（chóu，同伴）鹤侣。”元·郭麟孙《题赵子固兰蕙卷》：“初观骇目若零乱，缔视凝神还帖妥。想翁落笔风雨疾，不待解衣盘薄裸。”

〔摘　选〕 汉语成语源流大辞典.开明出版社，2009：177.

《猫》　徐悲鸿

十七画

【燕雁代飞】 yàn yàn dài fēi

〔释　义〕 燕子夏天来温带，冬天归南方；大雁冬天来温带，夏天归南方。形容季节轮换。比喻自然规律。

〔出　处〕 《淮南子·地形训》：“磁石上飞，云母来水，土龙致雨，燕雁代飞。”

〔摘　选〕 中华成语大词典.商务印书馆，2009：1713.

【燕雀相贺】 yàn què xiāng hè

〔释　义〕 燕雀因大厦落成有栖身之所而互相庆贺。后多用作祝贺新屋落成之语。也作“燕雀之庆”、“燕雀相庆”、“燕贺”。

〔出　处〕 《淮南子·说林训》：“汤沐具而虮虱相吊，大厦成而燕雀相贺，忧乐别也。”

〔示　例〕 唐·李百药《北齐书·卢询祖传》：“询祖初袭爵封大夏男，有宿德朝士谓之曰：‘大夏初成。’应声答曰：‘且得燕雀相贺。’”（卢询祖借用《淮南子》语，诋朝士为“燕雀”）

〔摘　选〕 新华成语大辞典.商务印书馆，2013：1754.

【澹泊明志，宁静致远】 dàn bó míng zhì, níng jìng zhì yuǎn

〔释　义〕 澹泊：不追求名利；宁静：心情平静沉着。不追求名利，生活简朴以表现自己高尚的情趣；心情平稳沉着，专心致志，才可有所作为。也作“澹薄明志”、“淡泊明志”、“淡泊以明志”。

〔出　处〕《淮南子·主术训》:“非澹薄无以明德，非宁静无以致远，非宽大无以兼覆，非慈厚无以怀众，非平正无以制断。”一说语出诸葛亮的《诫子书》。诸葛亮只是引用《淮南子》之词意，当以《淮南子》为源。

〔示　例〕清·无名氏《杜诗言志》卷三:“至于宽闲之野，寂寞之滨，每自寓其天怀之乐，而澹泊明志，宁静致远，未尝不处处流露。”

〔浅　析〕《淮南子·主术训》提醒君主，其所处的地位显赫，万众瞩目，必须修身养性，具备澹泊、宁静、宽大、慈厚、平正五大素养。其中前两种是针对自身而言，后三种是如何待人而言，因此，前者是基础。澹泊是对人的基本要求，只有把欲望控制在一定的限度之内，才能内守其德，不使心灵驰骋于外物；宁静是不断消除心中时常出现的思虑杂念，心静如止水，心清似蓝天。两者相辅相成，缺一不可。心不澹泊，欲望过多，追逐名利，自然会有许多私心杂念，斤斤计较，自然就不会宁静；心不宁静，思虑重重，没有远大的志向，或志向模糊而不坚定，必然被各种欲望所牵引，便不会澹泊。澹泊与宁静是很高远的精神境界，真要做到并非易事，须下一番修身养性的功夫。即便“虽不能至”，也可“心向往之”。

〔感　悟〕

有感《诫子书》

“非淡泊无以明志，非宁静无以致远。”是诸葛亮54岁时写给他8岁儿子诸葛瞻的《诫子书》中的句子。这既是诸葛亮一生经历的总结，更是对他儿子的要求。在这里诸葛亮用这个“双重否定”的句式，以强烈而委婉的语气表达了他对儿子的教诲与无限的期望：不把眼前的名利看得轻淡就不会有明确的志向，不能平静安详全神贯注地学习就不能实现远大的目标。

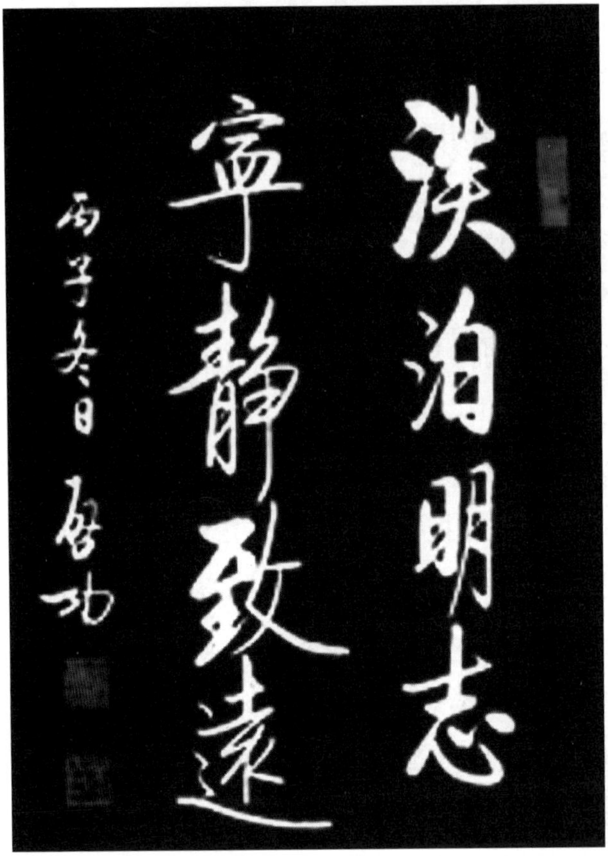

“淡泊”是一种古老的道家思想，《老子》就曾说“恬淡为上，胜而不美”。后世一直继承赞赏这种“心神恬适”的意境，如白居易《问秋光》中的“身心转恬泰，烟景弥淡泊”，反映了作者心无杂念，凝神安适，不限于眼前得失的那种长远而宽阔的境界。

“夫君子之行，静以修身，俭以养德。非淡泊无以明志，非宁静无以致远。夫学须静也，才须学也，非学无以广才，非志无以成学。淫慢则不能励精，险躁则不能冶性。年与时驰，意与日去，遂成枯落，多不接世，悲守穷庐，将复何及！”诸葛亮的《诫子书》，至今仍不失为教育后人的典型教材。

〔摘　选〕 中华成语大词典.商务印书馆，2009：350.

【靡沸蚁动】 mí fèi yǐ dòng

〔释　义〕 靡沸：混乱不安的样子。比喻社会秩序很乱。也作“靡沸蚁聚”。

〔出　处〕《淮南子·兵略训》："攻城略地，莫不降下，天下为之麇沸蚁动，云彻席卷。"一说语出《三国志》，当以《淮南子》为源。

〔示　例〕晋·陈寿《三国志·董卓传》："无故移都，恐百姓惊动，麇沸蚁聚为乱。"

〔摘　选〕中华成语大词典.商务印书馆，2009：1002.

【噬犬不见齿】 shì quǎn bù jiàn chǐ

〔释　义〕噬：咬；齿：牙齿。恶狗咬人不露牙齿。比喻险恶的人凶相不外露。也比喻真正厉害的人在外表是不显露出来的。也作"噬犬不露齿"、"咬人狗儿不露齿"。

〔出　处〕《淮南子·兵略训》："虎豹不外其爪，而噬不见齿。故用兵之道，示之以柔，而迎之以刚。"

〔示　例〕元·张国宾《罗李郎》："那厮正是咬人狗儿不露齿。"清·翟灏《通俗编·兽畜》："虎豹不外其牙，噬犬不露其齿。"

〔摘　选〕古今汉语成语词典.山西人民出版社，1985：841.

十九画

【警心涤虑】 jǐng xīn dí lǜ

〔释　义〕对可能出现的不利情况，在思想上保持警惕。也作“警心惕虑”。

〔出　处〕由《淮南子》中“澄心涤虑”衍生而来。

〔示　例〕《清史稿·明珠传》：“（上谕吏部曰）至于紧要员缺，特令会同推举，原期得人，亦欲令被举者警心涤虑，恐致累及举者，而贪黩（dú）匪类，往往败露。”清·李渔《无声戏》（四）：“他就预先要骄奢淫逸起来了，哪里还肯警心惕虑，刺股悬梁，造到那富贵的地步？”

〔摘　选〕汉语成语源流大辞典.开明出版社，2009：177.

《虎》　徐悲鸿

缘于“淮南国”的成语

一人得道，鸡犬升天　也作“一人飞升，仙及鸡犬”、“一人高升，众人得济”。汉·王充《论衡·道虚》：“淮南王学道，招会天下有道之人，倾一国之尊，下道术之士，是以道术之士并会淮南，奇方异术，莫不争出。王遂得道，举家升天，畜产皆仙，犬吠于天上，鸡鸣于云中。”

淮南鸡犬　也作“淮王鸡狗”、“淮王鸡犬”（指依附权贵而得势的人）。晋·葛洪《神仙传·刘安》：“安临去时，余药器置在中庭，鸡犬舐啄之，尽得升天。”

白日升天　也作“白日上升”、“白日飞升”、“白日上青天”（道家指白昼升入天界成仙）。由“一人得道，鸡犬升天”衍生而来。

一叶障目，不见泰山　也作“一叶障目”、“一叶蔽目，不见泰山”、“一指蔽目，不见泰山”、“一叶迷山”。《鹖（hé）冠子·天则》：“楚人居贫，读《淮南子》……一叶蔽目，不见泰山；两豆塞耳，不闻雷霆。”

大山小山　也作“大小山”。汉·王逸《楚辞章句·招隐士序》：“著作篇章，分造辞赋，以类相从，故或称‘小山’，或称‘大山’。”

不可奈何　也作“无可奈何”、“无可如何”、“为之奈何”、“无知奈何”。西汉·司马迁《史记·淮南衡山列传》：“上哭甚悲，谓袁盎曰：‘吾不听公言，卒亡淮南王。’盎曰：‘不可奈何，愿陛下自宽。’”北宋·晏殊《浣溪沙》：“无可奈何花落去，似曾相似燕归来。”

尺布斗粟　也作“尺帛斗粟”、“尺缕斗粟”、“斗米尺布”、“寸丝尺帛”、“尺布升粟”、“斗粟”、“粟布”。西汉·司马迁《史记·淮南衡山列传》：“一尺布，尚可缝；一斗粟，尚可舂。兄弟二人不能相容。”

汉高祖刘邦取得天下后，大量封赏刘家子侄。他的小儿子刘长幼时就被封为淮南厉王。当刘恒成为汉文帝后，刘长仗着自己是他的弟弟，骄横放肆，不注意君臣之礼。在受到刘恒的训斥后，刘长阴谋叛乱，结果被贬为庶人流放。在押送外地的途中，刘长在封闭的车上绝食自杀。民间因此流传这样一首歌谣：“一尺布，尚可缝；一斗粟，尚可舂。兄弟二人不能相容。”

2005年3月14日，温家宝总理在人民大会堂回答中外记者提问中，在回答有关两岸关系问题时，温家宝说：“中国有一句古话：一尺布，尚可缝；一斗粟，尚可舂。同胞兄弟何不容？”

衣食税租　东汉·班固《汉书·诸侯王表》：“武（武帝）有衡山、淮南之谋，作左官之律，设附益之法，诸侯唯得衣食税租，不与政事。”

众散亲离　唐·房玄龄等《晋书·慕容垂载记》：“淮南之败，众散亲离，而垂侍卫圣躬，诚不可忘。”

忧国忘身　唐·房玄龄等《晋书·淮南忠壮王允传》：“故淮南王允忠孝笃诚，忧国忘身，讨乱奋发，几于克捷。”

身先士卒　也作“身先士众”、“率先士卒”、“首先士卒”。西汉·司马迁《史记·淮南衡山列传》：“当敌勇敢，常为士卒先。”

明月入怀　也作“日月在怀”、“圆魄投怀”、“虚怀入月”。南朝·宋·鲍照《代淮南王》：“朱城九门门九闺，愿逐明月入君怀。”

根深叶茂　汉·刘安《屏风赋》：“维兹屏风，出自幽谷。根深枝茂，号为乔木。”也作“本深末茂”。反其意而用作“根朽枝枯”。

淮南小山　《汉书·艺文志》著录“淮南王群臣赋四十四篇”，《招隐士》当是其中仅存的1篇。此篇始见于东汉王逸的《楚辞章句》，题为淮南小山作。关于文章写作的背景，说法不一。王逸说是小山之徒“悯伤屈原”之作，王夫之《楚辞通释》说是淮南小山“为淮南王招致山谷潜伏之士”而作，而不少研究者则以为是淮南小山思念淮南王的作品。

作品的内容是铺写山中凄厉可怖的景象，召唤隐居的“王孙”，劝他不可久留，企盼他及早归来。作者采用夸张、渲染的手法，极写深山荒谷的幽险和虎啸猿悲的凄厉，造成触目惊心的艺术效果，成功地表达了渴望隐者早日归还的急切心情，艺术构思似受到《楚辞·招魂》的影响。通篇感情浓郁，意味深厚，音节谐和，像“王孙游兮不归，春草生兮萋萋，岁暮兮不自聊，蟪蛄鸣兮啾啾”这样的句子，优美动人，历来为人传诵。所以王夫之说是“绍《楚辞》之余韵，非他辞赋之比。”唐·李白《白毫子歌》：“淮南小山白毫子，乃在淮南小山里。”清·王士禛《香祖笔记》第十二卷：“吾郡遗文，唯晁无咎《北诸亭赋》最为瑰丽，有淮南小山之遗风。”

枕中鸿宝　汉·班固《汉书·刘向传》："上（宣帝）复兴神仙方术之事，而淮南有枕中《鸿宝》、《苑秘书》。书言神仙使鬼物为金之术，及邹衍重道延命方，世人莫见。"颜师古注："《鸿宝》、《苑秘书》，并道术篇名。藏在枕中，言常存录之不漏泄也。"

《淮南子》又有多个书名，如《内书》、《淮南内》、《淮南之古》等。此书原名《鸿烈》，《淮南》之名是西汉刘向整理典籍时所定；《中篇》又名《枕中鸿宝苑秘书》、《淮南变化术》、《淮南万毕术》、《淮南中经》等。《外书》的书名就更多了。这些著录的书大都已经散失，仅有《淮南子》及少数赋文流传下来。

宋·王安石《八公山》："淮山但有八公名，鸿宝烧金竟不成。身与仙人守都厕，可能鸡犬得长生。"

逆天违众　汉·班固《汉书·伍被（pí）传》："夫以吴众不能成功者，何也？诚逆天违众而不见时也。"《汉书》载："伍被，楚人也。或言其先伍子胥后也。"伍被是西汉初年淮南王刘安的谋士。

微文深诋　汉·司马迁《史记·酷吏列传》："使治主父偃及治淮南反狱，所以微文深诋，杀者甚众，称为敢决疑。"

九九之好　也作"九九之术"。东晋·葛洪《神仙传·刘安》（《太平广记》）八引："（八公笑曰）我闻王尊礼贤士，吐握不倦。苟有一介之善，莫不毕至，古人贵九九之好，养鸣吠之技，诚欲市马骨以致骐骥，师郭生以招群英。"

发蒙振落　也作“发蒙启覆”、“发覆振蒙”。汉·司马迁《史记·汲郑列传》：“淮南王谋反，惮黯，曰：‘好直谏，守节死义，难惑以非。至如说丞相弘，如发蒙振落耳。’”

兵戈扰扰　汉·班固清·蒋继伯《茅屋》：“叹息兵戈扰扰中，得居茅屋未奇穷。……干将在匣非无具，拟向淮南事八公。”

狗吠之警　汉·班固《汉书·严助传》：“（淮南王安上书谏曰）今方内无狗吠之警，而使陛下甲卒死亡，暴露中原……臣安窃为陛下重之。”颜师古注：方内，中国四方之内也。

视如敝屣　《太平广记·刘安》引《神仙传》：“（武）帝大懊恨，乃叹曰：‘使联得为淮南王者，视天下如脱屣（脱去不用的鞋子）耳。’”

荆棘铜驼　汉·司马迁《史记·淮南衡山列传》：“（伍被曰）臣闻子胥谏吴王，吴王不用，乃曰：‘臣今见麋鹿游姑苏之台也。’今臣亦见宫中生荆棘，露沾衣也。”唐·房玄龄等《晋书·索靖传》：“靖有先识远量，知天下将乱，指洛阳宫门铜驼。叹曰：‘会见汝在荆棘中耳！’”后世将“荆棘”、“铜驼”合而用之，遂为成语。

笔惊风雨　也作“笑下风生”、“笔挥风雨”。晋·葛洪《西京杂记》：“淮南王安著《鸿烈》二十一篇。鸿，大也；烈，明也。言大明礼教……自云：‘字中皆挟风霜。’”唐·李白《赠刘都使》：“吐言贵珠玉，落笔回风霜。”唐·杜甫《寄李十二白二十韵》：“昔年有狂客，号尔谪仙人。笔落惊风雨，诗成泣鬼神。”宋·黄庭坚《蝶恋花》：“海角芳菲留不住。笔下风生，吹入青云去。”后世据上述语意，简而用之，遂为成语。

渊渟泽汇　明·胡应麟《九流绪论》：“汉兴，董贾诸人，趋势醇朴，一代文章，垂复古始。淮南又群集浮华，纲罗淫僻，渊渟泽汇，萃为此编。”

黄白之术　汉·班固《汉书·淮南王传》：“（刘安）作为《内书》二十一篇，《外书》甚众，又有《中篇》八卷，言神仙黄白之术，亦二十余万言。”明·凌濛初《二刻拍案惊奇》：“何谓黄白之术？方士丹客哄人炼丹，说养成黄芽，再生白雪，用药点化为丹，使铅汞之类皆变黄金白银，故此炼丹叫黄白之术。”

间不相能　汉·司马迁《史记·淮南衡山列传》：“衡山王、淮南王兄弟相责望礼节，间不相能。”

怨入骨髓　汉·司马迁《史记·吴王濞列传》：“楚元王子、淮南三王或不沐洗十余年，怨入骨髓，欲一有所出之久矣。”

拔宅飞升　也作“拔宅上升”。比喻一人飞黄腾达，全家人都沾光。清·蒲松龄《聊斋志异·白于玉》：“顾念一人得道，拔宅飞升。余将远逝，一切付之于卿。”

缘于八公山的成语

八公山上，草木皆兵　也作“草木皆兵”、“草木为兵”。唐·房玄龄等《晋书·苻坚载记》：“坚与苻融登城而望王师，见部阵齐整，将士精锐；又北望八公山上草木皆类人形，顾谓融曰：‘此亦劲敌也，何谓少乎？’怃然有惧色。”

唐·胡曾《咏史诗·八公山》：“苻坚举国出西秦，东晋危如累卵晨。谁料此山诸草木，尽能排难化为人。”

风声鹤唳　也作“风鹤”、“唳鹤”。唐·房玄龄等《晋书·谢玄传》：“余众弃甲宵遁，闻风声鹤唳，皆以为王师已至。”“风声鹤唳”和“草木皆兵”都形容内心恐惧，疑神疑鬼。可单用也可连用。但当强调一听到声音就惊恐万状时，用“风声鹤唳”；当强调看到草木就惊慌失措时，用“草木皆兵”。

投鞭断流　也作“投鞭断岸”、“挥鞭绝流”、“投鞭断浪”。唐·房玄龄等《晋书·苻坚载记》：“以吾之众旅，投鞭于江，足断其流。”

围棋赌墅　唐·房玄龄等《晋书·谢安传》：“安遂命驾出山墅，亲朋毕集，方与玄围棋堵别墅。”

围棋赌墅

草木皆知　由“草木皆兵”衍生而来。后晋·刘昫等《旧唐书·张万福传》：“（德宗召见谓曰）联以为江、淮草木亦知卿威名，若从先帝所改，恐贼不知是卿身也。”

宋·黄庭坚《送范德孺知庆州》：“乃翁知国如知兵，塞垣草木识威名。敌人开户玩处女，掩耳不及惊雷霆。”

草行露宿　唐·房玄龄等《晋书·谢玄传》：“（苻坚）余众弃甲宵遁，闻风声鹤唳，皆以为王师已至。草行露宿，重以饥冻，死者十七八。”宋·司马光《资治通鉴·晋孝武帝太元八年》元·胡三省注：“草行者，涉草而行，不敢由路；露宿者，宿于野次，不敢入人家；皆惧追兵也。”

阳春白雪　楚·宋玉《对楚王问》："客有歌于郢[1]中者，其始曰《下里》、《巴人》，国中属而和者数千人。……其为《阳春》、《白雪》，国中属而和者不过数十人。"

下里巴人　楚·宋玉《对楚王问》："客有歌于郢中者，其始曰《下里》、《巴人》，国中属而和者数千人。"

毋望之福　也作"无妄之福"。汉·司马迁《史记·春申君列传》："朱英谓春申君曰：'世有毋望之福，又有毋望之祸。'"

卷席而居　唐·沈亚之《万胜岗新城录》："冬，纵兵临寿春，屠马塘，走其守令狐通，焚霍丘，淮南郡邑大骇，民人卷席而居。"

淮橘为枳　也作"枳橘可移"、"南橘北枳"。春秋·晏婴《晏子·春秋》："橘生淮南则为橘，生于淮北则为枳。叶徒相似，其实味不同。所以然者何？水土异也。"《周礼·冬官考工记》："橘逾淮而北为枳……此地气然也。"

敌不可假　汉·司马迁《史记·春申君列传》："臣闻之，敌不可假，时不可失。臣恐韩魏卑辞除患而实欲欺大国也。"

珠履三千　汉·司马迁《史记·春申君列传》："春申君客三千余人，其上客皆蹑珠履以见赵使，赵使大惭。"

注：①战国末期，楚考烈王二十二年（前241年）迁都于八公山寿春，改寿春为郢。

留犊淮南　也作“时苗留犊”。西晋·陈寿《三国志·魏书》裴松之注引鱼豢《魏略》：“时苗字德胄，钜鹿人也。……建安中，入丞相府。出为寿春（今安徽省寿县）令……又其始之官，乘薄軬（fàn）车，黄牸牛，布被囊。居官岁余，牛生一犊。及其去，留其犊，谓主簿曰：‘令来时本无此犊，犊是淮南所生有也。’”

人们为了纪念时苗为官清廉，亦把小牛饮水之池取名为“留犊池”，又在牛犊栖身地建起“留犊坊”。明成化年间，知州赵宗顺从民意，又在池北建祠祭祀时公，称“时公祠”或“留犊祠”，池、祠之间的街巷称“留犊祠巷”。

“时苗留犊”的故事在中国历史上产生了深远的影响。自东汉以来，世人常以“留犊”作为为官清廉的代名词，以教后人。《太平广记》、《寿州志》均有记载，历代文人雅士尤推崇备至。唐代李翰《蒙求》一书收有“时苗留犊”的故事，作为儿童的启蒙教材。元代钱选所作《时苗留犊》画卷，今藏于台北故宫博物院。

苏轼、张敏、汤鼐和王九思等也都为时苗留下赞美的诗句。尤其是明代寿州主事董豫的《留犊池》诗，读来令人深思：

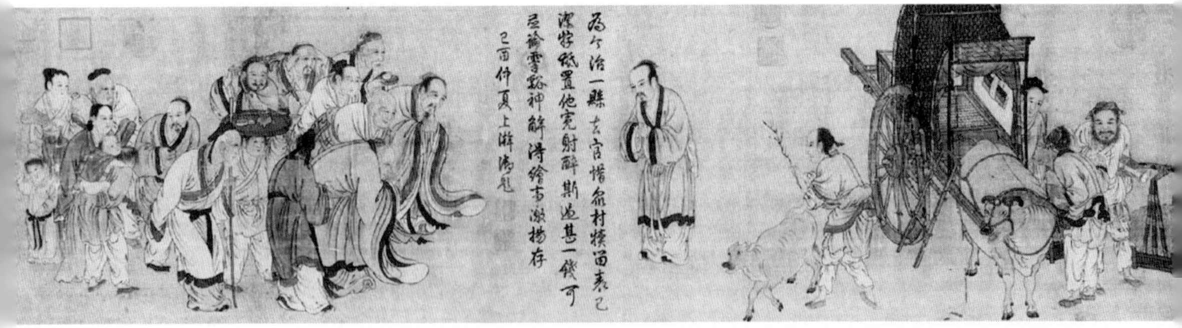

《时苗留犊》　钱选（元）

去任无惭到任时，独留一犊饮斯池。
廉名不持当时重，遗爱能令去后思。
千载清风垂古史，半池明月映荒祠。
停骖几度池边立，漫剔苍苔诵勒诗。

以“时苗留犊”这面镜子照一照，嗜欲淡，营求少，恐惧修省以治身，思患预防以维世，高远纯洁的志向就会主宰我们的心灵。

心得意会　元·戴良《淮南纪行诗后序》：“余于先生之诗，亦唯心得意会，而莫能言其妙者焉。”

负乘之惧　唐·刘太真《为陈大夫谢上淮南节镇表》：“臣亦何功？忽当此任……伏省微躬，实积负乘之惧。”

将功补过　也作“以功覆过”、“将功折过”、“将功赎罪”、“将功恕罪”、“持功补过”、“积功补过”、“责（要求做成）功补过”。五代·钱元瓘等《复遣使自淮南间道上表》（《旧五代史》）：“既容能改之非，许降自新之恕，将功补过，舍短从长。”

锦心绣口　也作“锦绣心肠”、“锦心绣腹”、“锦肠珠唾（tuò，口舌谈吐）”、“肝肠锦绣”、“绣口檀心”。唐·李白《冬日于龙门送从弟京兆参军令问之淮南觐见省序》：“常醉目吾曰：‘兄心肝五藏（脏），皆锦绣耶！不然，何开口成文，挥翰雾散？’”

才不经国　晋·刘颂《除淮南相在郡上疏》：“臣虽才不经国，言浅多违，犹愿陛下垂省。”

十室而九　宋·李心传《建炎以来系年要录》："淮南近经兵祸，民去本业，十室而九；其不耕之田，千里相望；流移之人，非朝夕可还。"

比屋可封　也作"比屋而封"、"比户可封"。前蜀·杜光庭《寿春节进元始天尊帧并功德疏表》："无向隅不获之夫，有比屋可封之俗。"

道傍苦李　也作"道边苦李"、"道旁苦李"。唐·许浑《和淮南王相公……》："道傍苦李犹垂实，城外甘棠已布阴。"

茅山古洞

“淮南”成语歌

淮南小山

卷席而居八公山，
刘安**枕中鸿宝**藏。
博学多闻通古今，
宋画吴冶技艺强。

引譬援类笼天地，
浮称流说涉及广。
标志性传统文化，
顶峰式人类思想。

无为而治无不治，
任其自流汇海洋。
阳春白雪和者寡，
下里巴人众人唱。

和璧隋珠诚可贵，
动不失时价更昂。
孙叔敖**寝丘之志**，
伯乐识**牝牡骊黄**。

处世像**梧桐断角**，
为人则**示柔迎刚**。
巧捷万端理万机，
肆应之才事业旺。

鹤知夜半有所长，
雄鸡夜鸣报天亮。
聋者之歌歌不解，
盲者得镜无用场。

评**人不可**凭**貌相**，
海水不可用**斗量**。
善驭者不忘其马，
亏心人**鸟尽弓藏**。

谨小慎微难成事，
谨毛失貌整体伤。
以汤沃雪雪融化，
抱薪救火火更旺。

削足适履搬教条，
以升量石太荒唐。
求人不如求自己，
好自为之须自强。

牛蹄之涔无尺鲤，
水宽鱼大有丈鳇。
人尽其才材尽用，
推陈出新百花放。

有眼不识荆山玉，
百星不如一月光。
澹泊明志静致远，
举无遗策是栋梁。

才乏肆应求长生，
微文深诋自杀亡。
淮南小山成语多，
万世之后仍弘扬。

塞翁失马

塞翁失马焉知祸?
失马塞翁莫惆怅。
马去马归有得失，
得马生灾足遭殃。

得马折足免征战，
父子相保在家乡。
福祸同门也同行，
祸中有福别沮丧。

宋家添犊人失明，
是喜是忧难自量。
亡羊得牛未足奇，
横祸飞来福也降。

阳虎之逃功为过，
再实之根必然**伤**。
因时制宜因地变，
尾生抱柱把命丧。

智者辨**今是昨非**，
愚夫愁**失马亡羊**。
交浅言深遭嫌疑，
小黠大痴数螳螂。

蚌病成珠多磨难，
包容之心放光芒。
日中则移月满亏，
竟然**明珠出老蚌**。

善游者溺常落水，
善骑者堕常受伤。
乐极生悲悲生喜，
幸福之中灾难藏。

不幸之幸互转化，
莫像鼠目看寸光。
不可揣度无穷尽，
辩证思考寓意长。

补天射日

传说众神造人类，
共工触山闹天荒。
女娲补天成大业，
断鳌立极功无量。

补完天地乘车去，
岿然不动太祖旁。
神龟献不拔之柱，
死无遗忧化山梁。

羿射九日晨曦照，
日薄虞渊映夕阳。
赴火蹈刃是英雄，
封豨修蛇全杀光。

公仆心一定不易，
民族魂至高无上。
壮志凌云感天地，
王母赐药未品尝。

月里嫦娥愁万丈，
只伴玉兔和吴刚。
寂然无声悔吃药，
长夜漫漫夜夜凉。

穿针引线难成衣，
形夸骨佳无人赏。
七宝楼台不胜寒，
素女青娥伴夕阳。

雄鸡夜鸣中秋盼，
明月入怀见一场。
碧海青天放眼望，
但愿人间胜天堂。

一馈十起

手足重茧走四方，
黔突暖席爱无疆。
大禹一沐三捉发，
一馈十起公务忙。

千枝万叶抓根本，
一心同归能兴邦。
执正持平太平世，
百川归海国力强。

能化干戈为玉帛，
推诚布公人敬仰。
尽日极虑百姓事，
家到户至为民想。

吊死抚伤人为本，
户辩家说勤走访。
轻徭薄赋民藏富，
取予有节要适当。

悬鞀建铎多纳谏，
傲世轻物枉自赏。
谏鼓谤木讲民主，
赏信罚明在公堂。

淝水之战

八公山上摆战场，
投鞭断流出言狂。
围棋赌墅巧布阵，
鬼出电入杀声响。

一夫当关寿塘关[1]，
万夫莫开千军挡。
神出鬼没不厌诈，
驻景挥戈似鲁阳。

前呼后应鼓勇气，
虎狼之势下山岗。
决腹断头何所惧，
死不旋踵往前闯。

军心齐**气冲霄汉**，
官爱兵**与死扶伤**。
牢甲利兵敢冲破，
河出伏流难阻挡。

折槁振落兵马壮，
身先士卒斗志昂。
气充志骄兵必败，
决胜千里在庙堂。

草木皆兵心发慌，
风声鹤唳把胆丧。
风吹草动人心乱，
土崩瓦解打败仗。

淝水之战古战例，
西点军校[2]进课堂。
历代兵家作典范，
以少胜多世代扬。

---

① 指八公山上的寿塘关。
② 指美国的西点军校。

留犊淮南

留犊淮南讲廉政，
桑榆暮景树榜样。
来是一牛去一牛，
淡泊功名去后扬。

身体力行做表率，
年近知非心坦荡。
淡泊寡欲能自律，
同甘共苦与民享。

从不见**倡而不和**，
更没有**营私结党**。
蛇雀之报效国家，
忧国忘身爱故乡。

养天年**龟龄鹤寿**，
心系那**穷乡僻壤**。
千载清风垂青史，
半池明月映祠堂。

千里之堤洪水挡，
溃于蚁穴须提防。
群轻折轴莫怨路，
积羽沉舟非海浪。

础润知雨即将下，
一叶知秋天渐凉。
瓶水知寒冰雪至，
望见**鹊巢知风**向。

智圆行方走天下，
一叶障目落法网。
江河不能实漏卮，
人心不足蛇吞象。

一人得道是造化，
鸡犬升天也沾光。
盈缩卷舒多少事，
沉浮俯仰是沧桑。

“五大名山”八公山

八公山由48座山峰叠嶂而成，方圆120多平方公里，主峰白鹗山海拔240多米。八公山历史文化积淀深厚，风景名胜众多，可谓“五大名山”。

历史名山。新石器时期，八公山上就留下了人类遗迹。舜帝南巡在此稼穑。大禹治水在此鞭劈硖石。夏商时期淮夷人在此崛起。春秋战国时期在此建立州来国、下蔡侯国、楚国。公元前221年，秦大将王翦率部攻破寿春郢都，八公山为秦始皇统一中国做出了贡献。汉淮南王刘安礼贤下士，谈经论道，欲求长生，留下“一人得道，鸡犬升天”的美传。淝水之战“风声鹤唳”，“草木皆兵”，以少胜多，名垂青史。贞观之治，太平盛世。五代十国，干戈再起，赵匡胤攻破南唐。元代定都大都（今北京），八公山日渐式微。明朝时作为太祖的故土，八公山上草木为之一盛。万富其人身负烟花，一声巨响腾于咫尺，虽粉身碎骨，却成为史书记载的八公山下敢于实践“飞天梦”的中国第一人。辛亥革命光复寿州。抗日战争矿区沦陷。当谢家荣一行踏上八公山，惊喜地捧起纺锤虫时，一座现代化的煤城在八公山下崛起！

文化名山。八公山下象征淮夷文化的青铜文明，“虎”图腾崇拜。蔡国的历史遗迹、青铜技艺。楚国举世瞩目的水利工程、爰金、文字、青铜器、城市遗迹、国君墓葬等楚文化，乃属世界一流文化。《淮南子》是中国古代哲学思想的巅峰之作，举世闻名，“牢笼天地，博极古今”，所展示的宇宙观，反映出当时知识界所代表的理论水平；其科学观、自然观，闪现出独特的智慧光芒；其文学成就是继《离骚》之后又一巅峰，现已成为全世界共同拥有的精神财富，堪称“传统文化的标志，人类思想的顶峰”。而“始于淮南王刘安”的“豆腐之法”，更是造福于千秋万代。其丰富的道教文化、佛教文化、宗教文化也是不少人修身养性的寄托。历代文人骚客留下妙文华章。孙蟠在八公山中建立学馆，传播近代文化。以花鼓灯、推剧为代表的地方歌舞戏曲等民间文化，使八公山自古至今都渗透着文化的涵养。

地质名山。混沌初开，八公山成为生命的摇篮。25亿年前的“蚌埠运动”，19亿年前的“凤阳运动”，单细胞经过漫长的演化过程，完整的生命体就诞生在八公山。我们今天发现的“淮南虫”化石，距今已有8.4亿年！本地区由陆而海，或为台地，或为海湾，或为沼泽，再而为陆。藻类植物、维管植物、森林植被等，在地壳运动中被承压、聚合在泥沙之下达数亿年之久，物质结构、理化性状在变化融合中不断趋于稳定，形成了八公山下厚荡的煤田。淮淝滋润着山体，山体孕育了资源，资源奉献于人类。

生态名山。林密、石奇、泉清、水秀，这是八公山与生俱来的生态特征。裸露的"石林"流纹深刻，青槾、红槾"他处所无"（清·嘉庆李兆洛著《凤台县志》），向来有名。据《晋书》记载"八公山草木皆如人形"。孙家花园由白鹗山下迤逦而南，上、中、下三部分自然天成，植被盎然。南塘盆地、郝家圩子果树千顷，酷似神话中的蟠桃园。珍禽异兽、名贵中草药、火红的黄连木、高大的麻栎树，更是争奇斗艳。每当阳春三月，桃花如霞，梨花似雪；继而夏秋时节，硕果累累，清香四溢；一年四季，苍松翠柏，生机勃发。山为绿染，绿为水润，人与自然和谐相处在这座生态家园。

古迹名山。春秋战国时期，蔡国、楚国几代国君及楚国名相春申君黄歇、赵国大将军廉颇长眠于此。汉淮南王墓、淮南王庙、淮王隐室、淮王丹井，人们踏访淮南王遗踪，叹息他充满迷幻色彩的一生。吴、楚在此兵戈相交。秦、汉在此厉兵秣马。淝水古战场，代代景仰。赵匡胤困南唐、下蔡十二连城、八公山十八连珠寨，岁月洗磨了原色，古韵仍在山中回荡。茅仙古洞、白塔寺等诸多的寺院道观，一寺有一寺的民间神话；珍珠泉、洗云泉、玉露泉……一泉有一泉的耐人寻味；紫金山、白鹗山、四顶山……一山有一山的流连忘返。

灵秀在于美景，神韵来自文化。八公山佩戴着国家森林公园、国家地质公园、国家4A级旅游区三顶桂冠，欢迎喜爱八公山的海内外游客，走进八公山，感受八公山。

（此文发表在《安徽志苑》2007年第6期）

必有其质，乃为之文

——《语出〈淮南子〉》赏析

任　翀

《淮南子》是一部牢笼古今的百科式巨著，自问世以来，即成为历代研究者关注的重要典籍。然而，对于该书在中国思想史上的地位问题，往往莫衷一是：肯定者认为其融合各家，自成体系；否定者认为其不过是矛盾驳杂的拼凑之作。在此学术争鸣的大背景之下，一本历经数载的书稿——《语出〈淮南子〉》的出版，或许能够为解决这一问题另辟蹊径。

首先，本书对《淮南子》涉及关联的成语文献资料，进行了系统的考辨和梳理，并重新一一加以考察，辨其真伪，澄其异说，述其流衍，使扑朔迷离的《淮南子》的成语词源清晰起来。书中多次对不同出处加以辨析考证，言之有据，体现出一名学者的严谨修养，展示出不同寻常的认真、细腻，许多辨析可以说是心细如发，不下苦功夫是得不来的。

其次，本书在实践层面折射出《淮南子》思想庞杂的现象，揭示了儒、道、法、墨等各家思想的交汇与分别。这点在浅析部分得到多次展现。《淮南子》思想庞杂、体系宏大，让诸多学者颇有难以捉摸之感。然而，只要能够以“无分别心”轻松理解浅析部分，就会发现《淮南子》更像是“思想综合史”——立足于道家，不拘于诸子。因此，可以大胆推测，本书的出版，必然会为这一研究领域启迪思路，为开发《淮南子》思想这一宝藏提供扎实的支撑，为中华文明曾经灿若星河的百家争鸣时代做出有力注脚。

再次，本书还有诸多优点。如体例编排符合现代词典规范，便于相互参照印证；配图恰当，增添文化品位，为读者延伸思考提供了广阔空间；示例通俗而雅致，既便于理解，又丰富了知识量。当然，以上优点无法概全，如果想要一窥全貌，需要读者深入其中，反复琢磨涵泳，方有一番滋味。

以上是《语出〈淮南子〉》一书的诸多优点，可谓“必有其质”的瑶碧玉珠。但从“乃为之文”的角度来看，仍需提出些许可供商榷之处。一是最好补充说明凡例的具体内容，尤其是著作中涉及的具体定义和编纂体例的表现层次，以方便读者理解或进一步查阅；二是《淮南子》一书中，有部分成语源自先秦典籍，特别是《战国策》等成书年代相近的著作，其原始出处有待核准。

总之，我对《语出〈淮南子〉》一书的内容饱含赞叹，期待“语出《淮南子》”这一能够传承文化薪火而又富有时代特色的著作走近普通读者，发挥作用。

细雨“语”儿出

2009年6月，安徽省委宣传部、省文明办、省教育厅发文，确定淮南八公山区作为《淮南子》文化的省级“经典诵读”基地，进行重点培育。市、区相关部门积极响应，制定落实方案。当是时，我们编纂了《淮南子名句集》作为普及读本，受到省、市有关方面的好评，荣获淮南市第十一届“十个一工程”（一本好书）奖。市、区领导要求我们再接再厉，编纂有关淮南地区成语的通俗读物，由此，《语出〈淮南子〉》应运而生。

何谓成语？学术界已有定论。《现代汉语词典》给成语下的定义为：“人们长期以来习用的、简洁精辟的定型词组或短句。”按照这一定义，源于《淮南子》的成语，究竟有多少？各种版本的成语词典，仁者见仁，智者见智，谁也说不出一个“准”儿。尤其对成语出处的审定，由于编者的阅历是“远近高低各不同”，自然就有了“横看成岭侧成峰”的判断。

据《汉书·淮南王传》载：“淮南王安为人好书……招致宾客方术之士数千人，作为《内书》二十一篇……初，安入朝，献所作《内篇》，新出，上爱秘之。”胡适认为《内篇》即今本《淮南子》，刘安入朝献书时，田蚡方为太尉，应在武帝建元元年至二年之间（前140—前139）。从此，这“上爱秘之”，便使得《淮南子》“藏在深闺人未识”，它的价值长期被历史所尘封，有些明明出自《淮南子》的成语，也被别的典籍取而代之。直到近代，《淮南子》才逐渐受到越来越多的海内外学者的重视和研究。

为了验证出自《淮南子》的成语，笔者查阅了大量的经典著作和成语词典（包括南京图书馆的手抄本）。“细雨鱼儿出”，正本清源，还其本来面目，我们发现源于《淮南子》的成语，能列为“主词条”的竟有300多条；与主词条同义异字或字序不同的有600多条；加之缘于“淮南国”、缘于八公山的成语50多条，三项累积可达1000多条（尚未收全）。这在大中华上下五千年浩瀚的书海中，可谓是一个奇迹！

淮南这煤电之城，堪称“成语大市”[①]；八公山这豆腐故里，堪称“成语之山”。成语是文化的精华，文化是城市的灵魂。无论城市建设或旅游开发，成语都是一种世代流传的名牌文化资源。

《淮南子》之所以创立了如此多的成语，根植于它在文学方面的成就。《淮南子》成书于“汉大赋”成熟时期，在语言表现方面，运用各种修辞手段使深奥的道理简明易懂，文章生动形象，具有可读性，许多名言警句为后人所熟知，广泛流传，遂为成语，如“澹泊明志，宁静致远”。赋体特征明显，骈俪色彩极浓，排比、对偶的句子比比皆是。四字格句，变以三字、五字、六字句，婉转多姿，韵律十足。众多的典故，彰显厚实富态，气势充沛。生动的寓言，既有吸收，也有创新，富有哲理，如“塞翁失马”。用以说理的材料既有历史故事，也有神话传说，如“寝丘之志”、“女娲补天”。

① 2005年10月，经中国文联批准，中国民间文艺家协会正式授予邯郸市为“中国成语典故之都”。出自邯郸本土的成语有200多条；与其相关的尚有1000多条。

正是这方“沃土”滋生了大量的成语，为后人所享用、赞赏。东汉高诱评价说：“其义也著，其文也富。”南北朝刘勰认为：“《淮南》泛采而文丽，斯则得百氏之华采，而辞气之大略也。”美国学者安乐哲夸奖：“《淮南子》的独创性和深度，恰恰在于它能够超越思想派别之纷争，融合各派思想之精义，而创造出一个新的理论体系。”

然而，由于秦有“焚书坑儒”之祸，汉有“罢黜百家”之举，秦汉文化在很多方面没有得到全面的解读，有些成语的“源”、“流”难以理清，尤其是《淮南子》与《战国策》、《文子》、《列子》等书中相同的成语出处问题，竟是“公说公有理，婆说婆有理”。

《战国策》是东汉刘向校书时确定的名称，在此之前，无“战国策”之名。但有些内容却在以不同的名称流传着，如“国策”、“国事”、“事语”、“短长”等。在流传过程中，是否有后人掺入的成分，很难界定。1973年马王堆汉墓出土的帛书中，有一批记载了战国纵横策士的言论，整理者将其定名为《战国纵横家书》，共27章。其中11章内容见于现行的《战国策》、《史记》等相关章节，另有16章是久已失传的逸文。而现行的《战国策》与《淮南子》中相同的成语，实乃伯仲难分。

《淮南子》与《文子》的关系殊难判定。《文子》的内容有一半多与《淮南子》相同、相似、相近，两者孰先孰后的“官司”打了上千年。《汉志》虽说“《文子》九篇”，但班固在自注时已对《文子》表示怀疑了，难怪后人会有千年之争。不过，1973年河北定州西汉中山怀王刘修墓中出土的竹简中就有《文子》，与今本《文子》的内容既有相同者，也有不见于今本的逸文。它与《淮南子》的关系，绝非简单的“谁抄谁”的问题。至于同一条成语这两部书里都有，就很难确定哪个是原创了。

《列子》的“真伪”至今仍未定论。《汉志》著录的“《列子》八篇”，是刘向整理过的，其在流传的过程中或许有后人增减的内容，但绝非“伪书”。刘向以为“孝景皇帝时贵黄老术，此书颇行于世”。一说今本《列子》是东晋人搜集古代有关资料编撰而成的，张湛注释并作序。序中称：其祖父少时在戚属家抄录奇书，遭遇永嘉之乱，偕书南渡，途中有所遗失。《列子》八篇只剩三卷。后于亲友家“参校有无，始得全备”。有学者认为《列子》即其编凑。《尸子》说“《列子》贵虚”。《淮南子》也有“贵虚”的一面。而对于这两部书中都出现的成语来说，谁能确定源头呢？

此外，还有一些成语的出处，我们不厌其烦地请教过多位专家、学者，答案大都是一个“约数”，正如“海客谈瀛洲，烟涛微茫信难求”。因此，“哪些是成语，哪些不是；哪些成语要收，哪些成语不必收，这就不容易决定。……遇到这种情形，不得不自己划个界限，无法叫人赞同”[①]。

在编纂过程中，安徽省地方志办公室主任朱文根博士细心审稿，于2014年盛夏专程到淮南八公山调研此事，在客观评估此书价值和意义的前提下，放弃午休，欣然命名并作序，还推荐给时任省委宣传部副部长董庆。董庆当即赞同作为省级“经典诵读”基地的成果立项。中国科技大学硕士生导师任翀书评千言，高屋建瓴；求根探源，意见中肯。

市政协主席李忠了解编纂情况后，要求上档次出精品，表示支持出版发行；提出申报“成语大市”、“成语之山”的意向，计划分步实施。市政府副秘书长程小平审阅样书，为之赞叹，提议将缘于“淮南国”、缘于八公山的成语列为附录，以彰显《淮南子》的本源地位。市财政局局长、现任市政协副主席陈永多，点评样书，颇有见地，提议插入汉淮南国地图。市地方志办公室主任姚尚书逐句审阅修改，严把质量关。

八公山区有关领导大力支持，提供便利。参与编辑人员李亮、庞

① 季羡林.《汉语成语源流大辞典》序，1996：22.

婧文、伏澌、孙自斌、周莉、陈广秀、朱莹莹等先后在查找、摘录、选图、校对等方面做了大量工作。正是这众人拾柴，才使《语出〈淮南子〉》得以面世。在此，谨致以诚挚的谢意！

由于编者水平有限，疏漏差错在所难免，恭请读者指教。随着《淮南子》文化的深入研究和“经典诵读”活动的广泛开展，我们预言还会发现和发展更多的出自《淮南子》的成语，以飨世人。

参考书目

（按书目出版的年份先后为序）

（汉）司马迁：《史记》，中华书局，1959年。

班固：《汉书》，中华书局，1962年。

于大成：《淮南论文三种》，文史哲出版社（台北），1975年。

高亨：《周易大传今注》，齐鲁书社，1979年。

杨伯峻：《列子集释》，中华书局，1979年。

《十三经注疏》，影印（清）阮元校刻本，中华书局，1980年。

鲁迅：《汉文学史纲要》，人民文学出版社，1981年。

张岱年：《中国哲学大纲》，中国社会科学出版社，1982年。

陈鼓应：《庄子今注今译》，中华书局，1983年。

陈奇猷：《吕氏春秋校释》，学林出版社，1984年。

马宗霍：《淮南旧注参正》，齐鲁书社，1984年。

（汉）刘向辑录：《战国策》，上海古籍出版社，1985年。

杨树达：《淮南子证闻》，上海古籍出版社，1985年。

吴光：《黄老之学通论》，浙江人民出版社，1985年。

吴承仕：《淮南旧注校理》，北京师范大学出版社，1985年。

（清）王念孙：《读书杂志》，中国书店，1985年。

《诸子集成》影印本，上海书店，1986年。

姜书阁：《骈文史论》，人民文学出版社，1986年。

（汉）刘向撰，向宗鲁注：《说苑校证》，中华书局，1987年。

牟钟鉴：《〈吕氏春秋〉与〈淮南子〉思想研究》，齐鲁书社，1987年。

刘城淮：《中国上古神话》，上海文艺出版社，1988年。

（清）孙希旦撰，沈啸寰、王星贤点校：《礼记集解》，中华书局，1989年。

刘文典撰，冯逸、乔华点校：《淮南鸿烈集解》，中华书局，1989年。

（明）傅山评注，吴连城释文：《〈荀子〉〈淮南子〉评注》，上海古籍出版社，1990年。

陈广忠：《〈淮南子〉译注》，吉林文史出版社，1990年。

费振刚、胡双宝、宗明华辑校：《全汉赋》，北京大学出版社，1993年。

陈鼓应：《道家文化研究》（第三辑《马王堆帛书专号》）上海古籍出版社，1993年。

袁珂：《中国神话通论》，巴蜀书社，1993年。

袁珂：《山海经校注》，巴蜀书社，1993年。

董治安：《先秦文献与先秦文学》，齐鲁书社，1994年。

［美］安乐哲，滕复译：《主术——中国古代政治艺术之研究》，北京大学出版社，1995年。

胡适：《中国中古思想史长编》，华东师范大学出版社，1996年。

梁启超：《中国近三百年学术史》，东方出版社，1996年。

郭沫若：《十批判书》，东方出版社，1996年。

陈广忠：《刘安评传》，广西教育出版社，1996年。

王云度：《刘安评传》，南京大学出版社，1997年。

金春峰：《汉代思想史》，中国社会科学出版社，1997年。

李学勤：《走出疑古时代》，辽宁大学出版社，1997年。

张双棣：《淮南子校释》，北京大学出版社，1997年。

于迎春：《汉代文人与文学观念的演进》，东方出版社，1997年。

冯友兰:《中国哲学史新编》,人民出版社,1998年。
何宁:《淮南子集释》,中华书局,1998年。
郑杰文:《战国策文新论》,山东人民出版社,1998年。
王利器:《文子疏义》,中华书局,2000年。
刘康德:《淮南子直解》,复旦大学出版社,2001年。
陈广忠:《淮南子》(全本全注全译),中华书局,2012年。